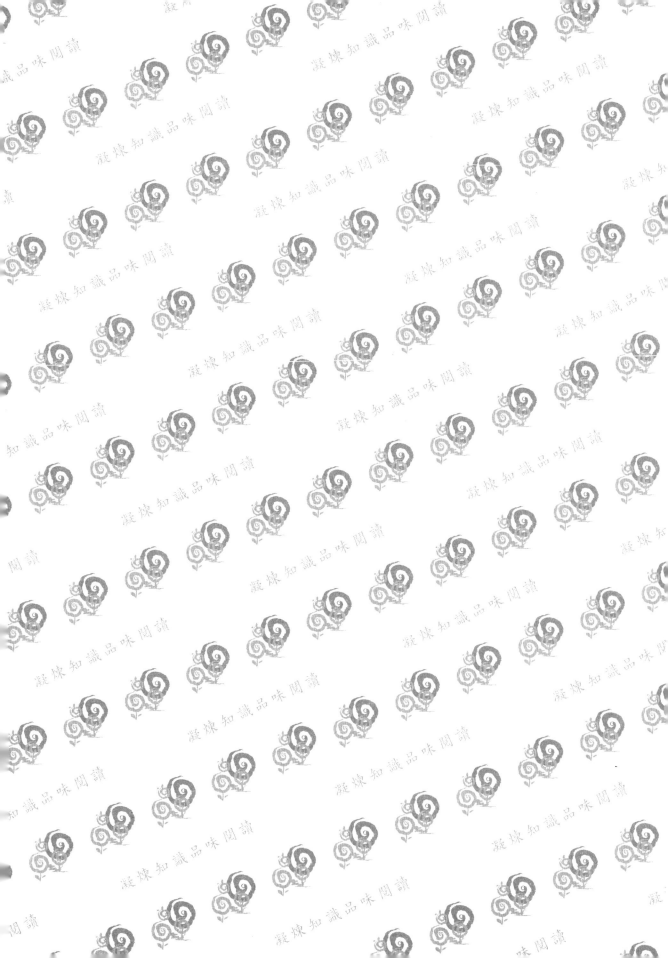

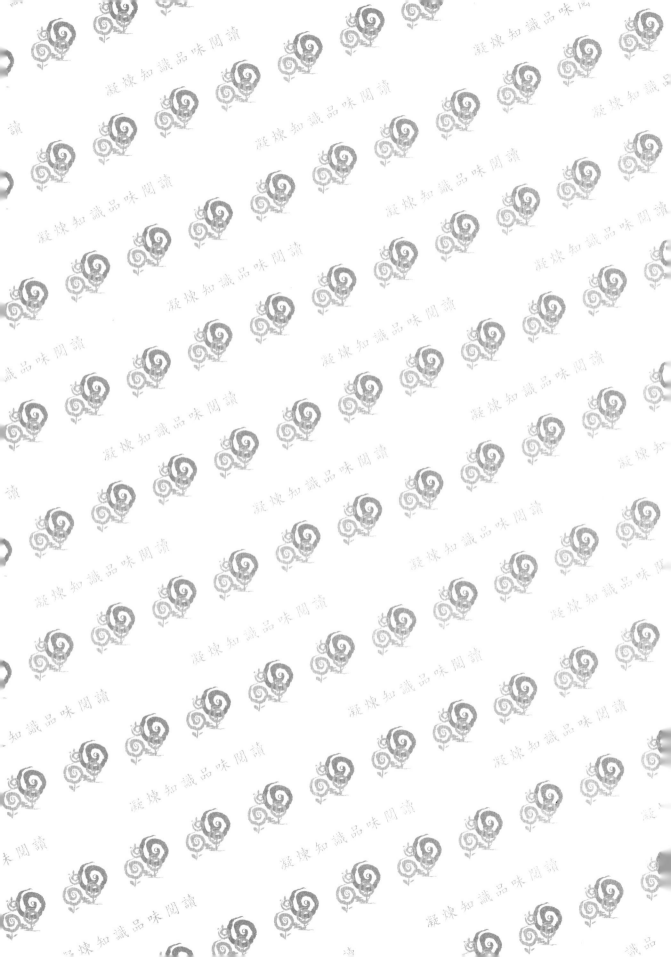

International transportation operations
management: theories and case studies

國際運輸經營管理｜理論與案例探討

五南圖書出版公司 印行

序

從民國90年執教鞭至今，已經超過20年。回首初衷，當初決心踏入教學這個領域只為一個願景——「傳承」。我的教學方針一直以來都是以實務的角度出發；再帶入學術的理論應用。所以我想，在工作之餘，若能將自己畢生的專業經驗與工作時遇到的一些相關事件集結成冊；與之分享，我想這將是我人生最大的願景。

由於全球的經濟、政策常常隨著景氣的好壞而產生波動；海運運輸在國際上的變化巨速。特別是貨櫃運輸業，鑒於成本利潤的前提，無論在策略或結盟、整合及擴大貨櫃輪的容量均為優先考量！為求成本降低，產業鏈的各個環節無時無刻都在調整；如為了承載更多的貨櫃，貨櫃船也愈建愈大，以求利潤而得以生存。也因為這變化莫測的環境，在市面上幾乎找不到可以配合我教學的書籍（特別是國際運輸學這塊領域）！

再加上我的老師：謝宗興，前實踐大學的校長，曾經告訴我：「澄麗，教學到一定的時間後，能將自己教學後的心得與工作的經驗結合，寫一本屬於自己的書，也是對自己的肯定」。

在種種因緣相聚之下，我決定寫一本自己的書，並將我多年工作的心得及教學上，學生最常發生的問題，來做一些解析。在此，非常感謝五南出版社的支持及業界的伙伴Lisa Cheng、臺北港副總經理孫義順等人的協助，讓此本書能夠順利出版。

推薦序1

　　我經常對學生們說：「人生處處是學問，生活就是一本書。讀書是不斷學習關照世界，參透萬物，讓生命的源頭活水，泉湧不斷，歷久彌新。」

　　澄麗在1979年9月的某一天到祕書科辦公室來找我，希望我能協助她進入到一家人壽保險業公司。當時若要成為該公司的員工需要簽一份保單！我的觀念：就是要把自己的學生、同仁帶得像一個家庭。無論是同仁、學生有困難、有心事，我會紓解，並設法解決問題。因此，我決定協助澄麗，雖然當時我的薪資已有固定的安排，但儲蓄也是理財規劃的一種。同時我也告訴澄麗無論將來我在哪裡，永遠會記得當初別人是怎麼幫我的，我也會這樣幫助別人。

　　2002年的10月9日，澄麗又來看我，並告知我，她不僅於2001在美國華盛頓州西堤大學取得企管碩士學位，進而在一面工作一面進修下，於2001年繼續她的博士學程：菲立普大學組織顧問管理心理學博士學位。由於澄麗工作領域的核心是國際運輸及物流運籌，她希望有機會能回母校將自己的所學與實務的經驗能傳授予學弟、學妹，並能藉由教學與他們共學共成長。我建議澄麗將自己的想法與心願與系上做進一步溝通，相信系上會做一個最好的安排。澄麗也如願的目前在國際貿易經營系授課。

　　2017年，澄麗告訴我她要出一本書，將她在職場近40年的專業經驗與工作時遇到的一些相關事件集結成冊；與之分享，這也是她人生最大的願景。在我的人生哲學：「學習是持續的，一步一腳印地累積實力，堅定的步伐從未停止」。澄麗不僅實踐她個人的夢想，也將本校的真諦；也是創辦人謝東閔先生的哲學「樸實、勤儉、心口合一、身體力行」的精神發揚光大。在此，祝福澄麗的這本著作能為未來想實踐夢想的學子們帶來更多共鳴！

前總統府資政　林澄枝

推薦序2

在多年的教學歷程中，我一向鼓勵學生自我挑戰、接受考驗，對自我設定的目標，要一步一腳印堅持理想努力實現。很欣慰澄麗堅持不懈，不但事業、學業有成，並將職場心得詳加整理，出版《國際運輸經營管理：理論與案例探討》一書，實為可喜可賀。

澄麗於1979年畢業於實踐，並於1999年再回實踐大學國際貿易學系在職專班，當時她在運輸服務業已有十多年的工作經驗，其中包括川崎海運（K-line），並擔任國際行銷部經理職務。之後聽聞她繼續向學，先於美國華盛頓州西堤大學取得企管碩士學位，進而在一面工作一面進修下，於2008年取得菲立普大學組織顧問管理心理學博士學位。這段期間，她還曾於本校兼課，教授國際運輸學及全球運籌管理等課程。澄麗築夢踏實的生涯規劃，令人稱許。

澄麗曾在外商公司工作相當長的時間，經常處理跨國企業間的溝通與協調，對於企業文化、人際互動與商業談判有相當豐富的經驗，面對於全球的經濟、政策常常隨著景氣的好壞而產生波動；海運運輸在國際上的變化巨速，澄麗希望在教學能呈現出更多、更新的資訊及實物的動態，讓在學的學生、或業界的同行能一起共學，在本書中不僅搜羅大量資料，更以實務個案作為教學的模式，相信學生們在上課的過程，有如身歷其境。此外還特別針對成為跨國企業的本國企業，如何處理不同國度的運籌經營，也提出不同的新思維，是值得供為參考的書籍。

澄麗以其企業實務與學術經驗編寫此書，介紹各種國際企業經營管理方法，探討臺灣在全球運籌所處重要地位，並以捷安特、瑞士等為個案，分析企業的商機與國家強壯間的關聯性，是一本學術與實務兼具的佳作。個人除藉序言予以推薦，也期盼相關領域的學術界與實務界朋友，能提供本身經驗，深化國內管理領域之研究，此不僅有助國內企業經營，亦有助在校學生及早認識企業運作。

實踐大學董事會監察人及專任教授

目 錄

第一章　國際運輸概論

　　談論到國際貨櫃運輸，海商法就海上運送契約之規定，其種類有三種，包括運送契約，旅客運送契約及船舶拖帶契約，亦即船運貨、船運人及船運船三種情形，簡言之，運送契約乃一方（託運人）支付運費，他方（運送人）以船舶完成一定工作（將貨物、旅客及船舶變更場所）之契約。其法律性質為民法上之承攬契約，且雙方之義務，因具對價性及牽連性，故亦為有償契約與雙務契約。為了對運輸學的一些基本概念加以了解。先從運輸學概念談起：

第一節　運輸學的定義

　　運輸是指利用某種運輸方式，將某財貨從甲地（node A）經由某一路徑（link）運送到乙地（node B），因位置之移轉而增加該財貨價值的經濟行為。以圖形示意如下：

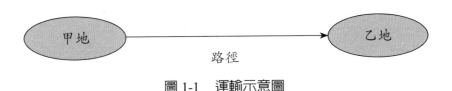

圖 1-1　運輸示意圖

　　其創造的效用有二，分別是地位效用（place utility）與時間效用（time utility）。消費者在地位效用是因為人員或財貨位置的變換，所增加的經濟效用。例如臺灣的香蕉在盛產期時的價格很便宜，但在非產國如日本、韓國等，透過運輸將帶來經濟效用。為了讓香蕉能夠新鮮並保有其價值，透過直航快速運輸的特性，加上後勤（Logistics，如控溫貨櫃運輸）支援，均是運輸能創造時間效用。

　　然而運輸學探討有關如何將人及貨物迅速、安全、經濟、便利、穩當地從甲地運送到乙地，以創造空間效用、時間效用、形式效用及持有效用的科學。其形式效用：如將原料透過運輸轉換成可用的產品形式；地點效用：讓消費者在恰當地點並持有產品。再加上後勤（Logistics＝縮短「物流時間」）支援，如減少物流損失、降低物流消耗、加速物的週轉、及時滿足市場需要、節約資金等，以創造空間效用。

　　然而貨櫃運輸是本書在探討船運貨中的主要標的。

‧運輸的主體是什麼？

運輸的主體，亦即運送人（carrier）是誰的問題。從企業營運的觀點而言，運輸的主體可稱為「運輸事業」。根據不同運輸方式，運輸事業可分為：陸、海、空及管道運輸等，將其圖示如下：

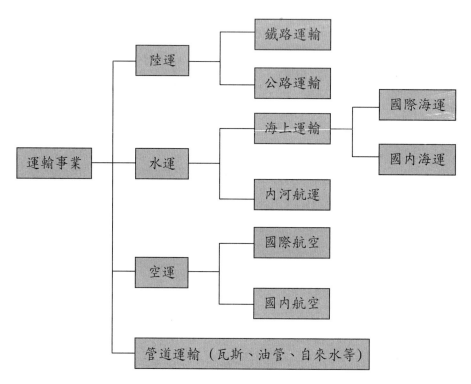

圖 1-2　各種運輸事業

國際（international）及國內（domestic）運輸的差別在於國際運輸有海關（customs）、檢疫（quarantine）、檢驗（inspection）和保安檢查（security）所謂四檢手續，客運則為入出境護照檢查（immigration）。這些手續在一國境內的國內運輸較為簡化。至於各種不同的運輸方式則各有其特點，茲列表說明如下：

表 1-1　各種運輸的特點

運輸方式	長處	短處
海運	· 運量大 · 運輸成本低廉 · 對環保效益最佳	· 運輸季節彈性小 · 無法深入到內陸 · 速度太慢
空運	· 速度快 · 安全性高 · 可延伸至內陸點	· 運輸量不大 · 運輸成本高 · 季節性調整的彈性小 · 容易受天候影響 · 高度依賴支援系統 · 政治敏感度高 · 對貨物選擇性高
公路運輸	· 運輸機動性高 · 初期設立資本低	· 運量小 · 長途運輸成本有遞增的現象
鐵路運輸	· 運輸量大 · 長途運輸成本遞減	· 初期設立成本太高 · 運輸機動性不高

　　至於管道運輸（pipeline transportation）則多指自來水和天然瓦斯等的輸送，是屬特殊運輸方式。

　　每種運輸方式英文都稱爲一種transportation mode，各種不同的方式，即便就海上運輸而言，亦有各種不同的運送方法，例如貨櫃化運輸、雜貨船運輸、散裝貨運輸和針對不同產品而特殊設計的產品船運輸等。但貨櫃化運輸，乃因貨櫃化運輸是當前海洋運輸主流，承運大部分工業製品，和國際貿易具有重要關係。

第二節　國際貿易與航運的關聯性

　　對國際貿易與航運之間的關聯性，簡而言之航運是國際貿易所延伸出來的需求（derived demand），換句話說，航運的需求是來自於人類的貿易行爲，也就是說國際貿易爲因，航運需求爲果。也因爲航運發展，承運能量跟上，才促進了國際貿易的成長。彼此之間，相輔相成。

　　我們從國際運輸角度觀之，則貨櫃運輸的成長速度遠快於整體海運的成長速度。顯示除了一般大宗散裝貨以外，貨櫃運輸已成爲國際間海運的主流。1987～1999年期間，整體海運的平均成長率約爲3.3%，同一期間的貨櫃運輸成長率則爲8.3%。但最

新數據顯示，2016年上半年全球貨櫃吞吐量的銷量增長疲軟，預計本年度全年成交量可能僅增長0.3%。據估計，世界排名前三十的貨櫃港口總吞吐量在本年度上半年上升近0.2%，主要地區均增長乏力。而排名前三十的港口目前占全球貨櫃吞吐量的一半以上，總運力上半年達1.85億TEU，2015年同期則為1.84億TEU。

在排名前三十的港口當中，有12家港口的吞吐量減少，其中包括排名前十的六個港口。包括香港（下降10.5%）、杜拜（下降6.1%）、新加坡（下降5.1%）、丹戎帕拉帕斯港（下降2.8%）、鹿特丹（下降2.3%）。世界上最繁忙的貨櫃港口——上海總吞吐量也下降了0.8%，2016年上半年僅達到1789萬TEU，而去年同期為1803萬TEU。預計今年很有可能成為繼2009年以來的第二低谷，2009年由於雷曼兄弟破產致使全球貨櫃吞吐量縮水8.3%。（原文網址：https://kknews.cc/zh-tw/finance/pkrezz.html）

量的變化率與經濟成長率的關係，從2016到2019年的全球貨櫃量及成長率如下表：

表 1-2　2016～2019 年全球貨櫃量及成長率（海運諮詢機構）

TEU Millions

期間	貨櫃總量（百萬 TEU）	與前期比較的成長 %
2016	205	1.6%
2017	210	4.5%
2018	220	5.1%
2019	230	0.2%

隨著人類各方面的進步，貨櫃運輸設備與裝運技術也日益進步。航運（或運輸）可以說始自於人類有歷史開始，是最傳統的產業。但它與時俱進，永遠不會是夕陽產業。臺灣四面環海，陸地幅員不足，天然資源缺乏，是典型的海島型經濟，對外貿易占國民所得比例頗高，因此對外貿易的依存度高。以進出口總量為標準，排名前五名入超的國家為：日本、沙烏地阿拉伯、科威特、印尼、澳大利亞；排名前五名出超的國家為巴拿馬、阿根廷、加拿大、泰國。貨物的進出，都必須依賴國際海、空運輸，所以國際運輸對臺灣的經濟極具重要性。

若再具體說明國際貿易與航運間的關聯性的話，可再舉出以下幾點：

一、從國際貿易形成的理論來說明

關於國際貿易產生的原因，國際貿易學者提出各種理論，但其中最淺顯易懂的應為

「**比較利益原理**」理論。所謂「比較利益原理」，簡言之為「各國因其各種內在與外在生產因素及生產條件的差異，生產某些產品相對於其他國家會具有比較利益。因此各國會傾向於生產各自具有比較利益的產品，再互通有無，達到國際分工合作的目標。使有限的自然資源發揮最大效用，造福全人類」。甲國可能適合生產A產品，乙國適合生產B產品，兩國各就有利產品從事生產，再相互交易，互通有無，這就產生國際貿易了。但達成國際交易之後，貨品的交付，則需藉國際運輸，因此產生對國際運輸的需求。而國際貨物絕大多數是藉由海運來運送的，因此可說明國際貿易與航運間的密切關聯性。可說如果沒有航運的輔助，國際貿易即無法完成。但如果沒有國際貿易，則航運亦沒有存在的基礎，兩者互相依存。茲以圖1-3表示如下：

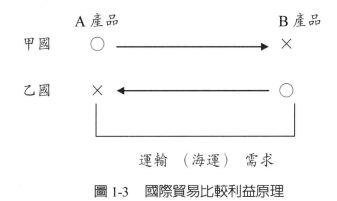

圖 1-3　國際貿易比較利益原理

所以運輸與貿易具有絕對的關聯性。

二、從國際交易的流程來說明

國際交易流程可以大分為銀行及運輸兩個系統，茲以圖1-4表示。

銀行系統是指貨主在簽訂買賣合約之後，如何藉助銀行信用的介入，以便在完成交貨後，能夠取得貨款的部分。由於買賣雙方通常相隔遙遠，因此如無銀行信用的介入，則在雙方無法建立充分互信基礎之下，交易風險將大為提高，國際貿易也將難以推動。因此對銀行授信系統的了解，絕對是國際貿易中很重要的一個部分。這個系統是一般國際貿易所學習的重點，所以海運在國際貿易程序中的重要性，絕不亞於達成貨物買賣交易的過程。兩者必須密切配合，方可順利完成整個交易。因此學習國際貿易，一定要學習國際運輸。

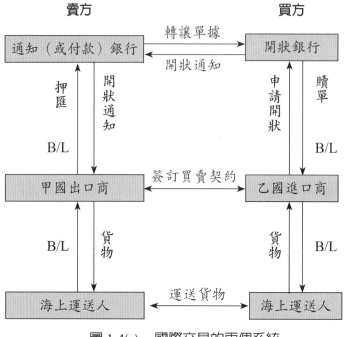

圖 1-4(a)　國際交易的兩個系統

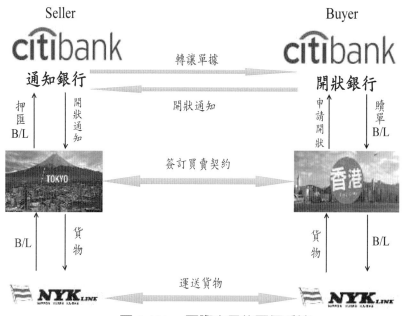

圖 1-4(b)　國際交易的兩個系統

三、從運輸成本來說明

　　貨物的運輸成本為貨物總成本的重要因素之一，為國際貿易報價基礎的一部分。國際貿易不論係採何種貿易條件，例如：Ex-Work、CFR、DDU、DDP或FOB等，運輸成本都是貨物成本的要素之一，其中的差異只是由買方支付（collect）或賣方支付（pre-paid）而已。至於其所占貨物成本比例之高低，則隨貨品類別之不同而異。一般而言，貨品價值愈高或體積愈小，運費所占貨物成本比例相對愈低；反之貨品價值愈低或體積愈大，運費所占貨物成本比例則相對愈高。舉例言之，全車的腳踏車與其零組件的運費所占貨物成本，如果沒有善加掌控運輸操作的話，則貨主在生產及銷售方面所做的努力，這在此全球激烈競爭的微利時代裡，絕對會影響貨品的競爭力。不僅如此，除了貨運成本的考量之外，還要了解到如何迅速與安全的交貨，以及萬一遇有貨損情事時或買主破產，如何和運送人交涉，以迅速獲得理賠，減少公司損失，避免影響到公司的營運。這些都是運輸理論所應探討的範疇，也足以顯示學習航運知識對發展國際貿易業務的重要性。

四、從國家全球運籌的發展的重要性言之

　　一個國家的經濟要發展，交通建設事先要解決的問題，這就是為什麼稱之為**基礎建設**（infrastructure）的緣故。我們從先總統蔣經國的十大建設中，高雄港、臺中港、基隆港至前副總統連戰提及的亞太營運中心，都顯示出若有好的交通建設是解決交通動線和交通流量的問題，再配合臺灣的地理位置，**運輸**在國家經濟發展的重要性。

第三節　公共運送人

　　根據我國《民法》第622條對公共運送人所作定義為：「稱運送人者，謂以運送物品或旅客為營業，而受運費之人」，注重其作為第三方（third party）運輸經營者的角色，以提供運輸為業並收受運費作為報酬。不過此一定義稍嫌簡略，不足以表現公共運送人的要件，因此本書乃另尋較完整的解釋。

　　公共運送人英文稱為Common Carriers，意為：「One who transports goods for rewards for all persons who apply for carriage, provided the goods are of the nature the carrier professes to carry, and that such persons agree to the carrier's terms and conditions.」。

中譯之為：「稱公共運送人者，謂以對所有貨主提供貨物運輸服務而受報酬之人。但對所承運之貨物必須符合其專業能力，並且貨主接受運送人的運送條件。」歸納言之，公共運送人的要件如下：

1. 其是以提供貨物運輸服務為營業內容，並因此而受報酬。這個部分的收入，一般稱為**運費**（freight）。但在運輸過程中，尚將產生其他支出，這部分則稱為**費用**（charges）。運費及費用，構成貨主貨物成本的重要因素之一，

2. 其對所有有需求的一般客戶，均提供運輸服務。這是「公共」運送人最能表現其「公共」（common或public）特性之處，也是公共運送人與大多數人（即使用人，或一般為貨主）利害會有關聯的地方。因此為保障使用人的利益，不致得不到適當賠償而受損，各國法令都會對公共運送人資格加以適當的規範與要求。

3. 對所承運的貨物，運送人必須具備專業能力。而所謂「專業能力」，包括其運輸經驗、組織與運輸設備等。積極條件方面，為要求運送人的承運能力，足以完成貨主託付的任務，經理人具備足夠經驗資歷等；消極條件方面，則在有運送責任產生時，運送人需有賠償的能力，均是為了保障貨主的權益。比如承運冷凍貨、液化石油氣、危險品等時，在運輸工具方面，均需特殊的設備。運送人必須有此種設備及條件，才可承運。這樣的條件，在海運稱為具有**海值**或**適航能力**（sea worthiness），不具適航能力的船舶，依法不得開航。

4. 使用者也就是貨主須接受運送人的運送條件。如果運送條件未獲得合意，運送契約將無法成立，運輸服務就不會產生。所謂運送條件則包含運價、船舶、裝卸港口等，這是運輸服務的基礎。

各國對公共運送人的設立與運作加以規範，我國《海運承攬運送業管理規則》第6條規定：海運承攬運送業之實收資本額，不得少於新臺幣七百五十萬元。每增設一分公司應增資新臺幣一百五十萬元。

第四節 傳統船運輸進入貨櫃化運輸航運危機——韓進破產

雜貨船、散裝船或產品船運輸早在貨櫃化運輸之前就存在了，這種運輸我們就稱之為**傳統船運輸**（conventional ship transportation）。其中散裝船（bulk ships）承運礦砂、原油、煤炭、化學品和穀物等五大類產品，為大宗貨品運輸；**雜貨船**（break bulk ships）在貨櫃化運輸之前擔任一般雜貨的運輸任務。但雜貨船為件貨運輸，亦即貨品交運係以「件」（package）為單位，裝卸速度緩慢，即使後來進展為單位化（unitization）運輸，每一單位的數量在3～5公噸左右，裝卸效率提升還是有限。傳統船尚有一大缺點，貨物在碼頭倉庫或船邊交接，因此運送人責任為吊桿到吊桿（tackle to tackle）或最多為港到港（port to port），海上運送人所能提供的附加價值服務有限，這些受限要到貨櫃化運輸以後才獲得解放。

　　貨櫃之使用於海上運輸係始自第二次世界大戰，美軍為加強後勤補給效率乃率先將運輸貨櫃化。至於貨櫃使用於商業用途則於1956年，由美國人麥克林先生（Mr. Malcom McLean）開始。

　　第一艘裝載53個35呎貨櫃的船舶「Ideal X」於1956年4月26日從紐華克港（Newark）開航，國際間即以這一天作為貨櫃化運輸的起始日，從此展開海洋運輸的新紀元。麥克林先生因為貨櫃可用於海上，也可用於陸上，因此將公司名稱改為後來家喻戶曉的海陸運輸公司（Sea-Land Services Co.）。他的第一條定期航線開始於1957年，為國內航線，往來紐約、佛羅里達州和德州之間；至於國際航線則於1966年開始，往來大西洋兩岸之間。貨櫃化運輸完全改變了海洋運輸的面貌，已成為最重要且最有效率的雜貨國際運輸方式。除少部分工業產品和特殊規格產品還使用雜貨船運輸外，絕大部分都已改用貨櫃運輸，很多航線甚至有雜貨船服務難求的現象。

　　自1995年之後，貨櫃船大型化趨勢加快，當時最大的貨櫃船達到了8000 TEU；到2006年，貨櫃船達到10000 TEU級；到2013年，則出現了15000 TEU的超大型貨櫃船。如今，20000 TEU級的貨櫃船已經閃亮登場。三星重工業建造了世界最大規模的集裝箱船。該船開啓了2萬TEU（1TEU為1個長6公尺的標準集裝箱）級集裝箱船的時代。

　　三星重工業2015年2月收到日本海運公司MOL的訂單，為其建造4艘20150 TEU級的集裝箱船。三星重工業日前建成了第一艘，15日在廣尙南道巨濟造船廠為它舉行了命名儀式。

　　三星重工業社長朴大永和MOL社長池田潤一郎等90多人參加了當天的命名儀式。該船被命名為「MOL TRIUMPH」號（圖1-5）。

圖 1-5　MOL TRIUMPH 號（照片）

　　MOL TRIUMPH號全長400公尺，寬58.8公尺，高32.8公尺，一次可運送20150個標準集裝箱。

　　MOL TRIUMPH號採用了三星重工業獨家開發的節能螺旋槳，是目前世界上已完工的最大集裝箱船，並創造了率先開啓2萬標準箱船時代的紀錄。

　　但是馬士基航運委由大宇造船（DSMW）建造的貨輪「Madrid Maersk」於2017年4月11日交付，該船為20568 TEU，打破了三星重工不久前才交付給商船三井的「MOL Triumph」20170 TEU的紀錄，再次刷新全球最大貨輪紀錄。

　　目前由於供需的失調，再加上全球經濟不景氣，整個航運業吹起了破產或合集聯盟的浪潮。

一、韓進海運（Hanjin Shipping）

- 1977年成立
- 韓國最大航商
- 曾為世界第七大航運公司
- 2016年9月聲請破產

圖 1-6 2016 年韓進股價變化

韓進破產反應出的問題：

一、航運危機。

二、根據英國克拉克松研究公司的統計，截至2015年8月15日，全球貨櫃船船隊中，8000 TEU以上的大型貨櫃船比例明顯偏高，以艘數計，約占14%，而以TEU計，占比達到40%。

三、2015～2017年的訂單情況來看，以艘數計，8000 TEU以上貨櫃船總計237艘，約占55%。

四、其中，8000～11999 TEU的訂單為105艘，約占24%；12000 TEU以上的超大型貨櫃船訂單為132艘，約占31%。如果以TEU計，8000 TEU以上貨櫃船約占88%。其中，8000～11999 TEU貨櫃船占28%，12000 TEU以上貨櫃船占60%。

五、從年份來看，8000～11999 TEU貨櫃船的比例逐年降低，而12000 TEU以上貨櫃船的比例在逐年攀升。預計2017年以後，12000 TEU以上貨櫃船將占全部訂單的8成。

六、從歷史來看，上世紀70年代，最大的貨櫃船僅有3000 TEU；到上世紀80年代後期，開始出現4500 TEU級貨櫃船；1995年之後，貨櫃船大型化趨勢加快，當時最大的貨櫃船達到了8000 TEU；到2006年，貨櫃船達到10000 TEU級；到2013年，則出現了15000 TEU的超大型貨櫃船。如今，20000 TEU級的貨櫃船已經閃亮登場，該型船已達到可同時通過馬六甲海峽和蘇伊士運河的最大尺度。

第五節 航運聯盟——因應辦法

圖 1-7

一、何謂航運聯盟

指航運公司之間在運輸服務領域航線和掛靠港口互補、船期協調、艙位互租以及在運輸輔助服務領域則信息互享、共建共用碼頭和堆場、共用內陸物流體系而結成的各種聯盟。

二、航運聯盟——優點

- 規模經濟
- 減少資本成本
- 增加競爭力

三、全球四大航運聯盟（四大航運聯盟：2M、O3、G6、CKYHE）屆時也將成為歷史

1.航運聯盟——2M
- 馬士基航運（Maersk）和地中海航運（MSC）合作
- 2015年開始營運

- 總運力規模達210萬TEU
- 市占率約34%

圖 1-8

2.航運聯盟──Ocean 3（O3）

- 由達飛海運集團、阿拉伯聯合航運和中海集運（CSCL）簽訂
  合作協議
- 2015年正式營運，合作效期至2016年底
- 市占率約22%

圖 1-9

3.航運聯盟──CKYHE

- 由中遠集運、川崎汽船、陽明海運、韓進海運和德國勝利航運五大公司組成
- 2014由中遠集運、川崎汽船、陽明海運、韓進海運和長榮海運組成新CKYHE聯盟
- 始於2002年，合作效期至2017年
- 市占率約13.5%

4.航運聯盟──G6

- 由總統輪船、韓國現代商船、商船三井、赫伯羅特、日本郵船和東方海外合作組成
- 2012年正式營運
- 亞歐航線約占25%市占率

圖 1-10

四、近期崛起航運聯盟〔全球航運市場 2017 年 4 月 1 日起正式邁入三大聯盟（2M+ 現代、Ocean、THE Alliance）〕新局

1.大洋聯盟──Ocean Alliance

- 主要由長榮、中遠、達飛及東方海外航運公司合作組成
- 2017年4月1日正式營運
- 成員將共同投入350萬TEU的運力
- 預計市占率能達34.5%

2.新海運聯盟——THE Alliance

- 由陽明海運、韓進海運、赫伯羅德、川崎汽船、商船三井、日本郵船宣布合組
- 2017年4月正式營運
- 預計有350萬TEU運力
- 預期市占率約18%
- Hapag-Lloyd、Ocean Network Express和Yang Ming都非常高興地歡迎現代商船（Hyundai Merchant Marine, HMM）成爲THE聯盟的新核心成員。隨著聯邦海事委員會（FMC）接受HMM會員資格，THE聯盟將於2020年4月1日左右推出引人注目的升級產品包。基於THE Alliance現有的綜合網絡，新增強的產品包將提供愈來愈多的服務，特別是來自東南亞的服務以及新的直接港口覆蓋範圍和改善運輸時間。

3.Ocean Network Express

日本3家大型海運企業日本郵船、商船三井、川崎汽船（Nippon Yusen Kaisha, Mitsui O.S.K. Lines, and K Line）2016年7月10日就合併貨櫃船業務後成立的新公司正式起步一事在東京召開記者會。新公司名爲「Ocean Network Express」（ONE），運輸能力約占全球市場7%份額，位居第六。

商船三井（MOL）執行長和川崎汽船（K Line）總裁已就兩家航運公司2018年的發展方向做出積極表態。

聯邦海事委員會（FMC）的監管批准後，擁有全球運力近50%的四家貨櫃航運公司——A.P. Moller-Maersk、MSC、Hapago-Lloyd和Ocean Network Express（ONE）——於2019年4月10日在荷蘭阿姆斯特丹正式成立了數字貨櫃航運協會（DCSA），預計未來還會有更多公司加入。（參考資料：https://kknews.cc/world/mn-66neg.html）

全球十大貨櫃船公司運力排名出現較大變化，榜單排名如下：（Jan. 25, 2020）

航運公司	世界排名	創立時間	國家	總部	船數
馬士基航運	第一	1904 年	丹麥	哥本哈根	714
地中海航運	第二	1970 年	瑞士	日內瓦	515
中運集運	第三	1997 年	中國	上海	479
達飛航運	第四	1978 年	法國	馬賽	508
赫伯羅德航運	第五	1970 年	德國	漢堡	219
海洋網聯船務	第六	2017 年	日本	東京	223
長榮海運	第七	1968 年	中華民國	臺灣	203
陽明海運	第八	1972 年	中華民國	臺灣	101
太平船務	第九	1967 年	新加坡	Cecil Street	136
現代商船	第十	1976 年	韓國	首爾	74

註：2018 年 9 月止
原文網址：https://kknews.cc/finance/o2y5885.html

圖 1-11

五、全球十大海運公司介紹

排名 01

馬士基航運 APM-Maersk

　　馬士基集團成立於1904年，集團總部位於丹麥的哥本哈根，在全球135個國家設有辦事機構，在貨櫃運輸、物流、碼頭運營、石油和天然氣開採與生產，以及與航運和零售行業相關其它活動中，為客戶提供了一流的服務。

　　馬士基集團旗下的馬士基航運（Maersk Line）是全球最大的貨櫃承運輸公司，由Mearsk Sealand合併英國P&O Nedllord後改組而成，素來以其可靠、靈活和環保的服務而聞名。服務網絡遍及全球，覆蓋逾120個國家或地區的300多個港口，實現全球各地之間快速、可靠且定期的連通。（數據來源於MAERSK官網）

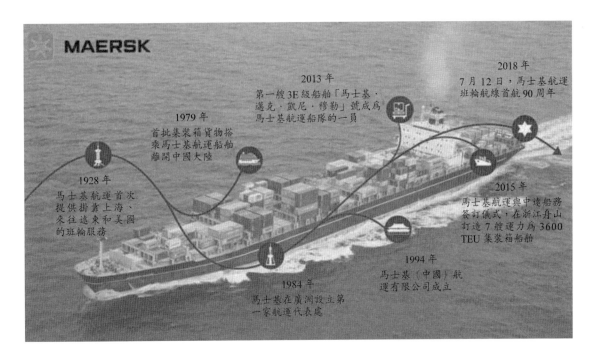

2018年7月，馬士基公司在《財富》世界500強中排行第305位。

排名 02

地中海航運有限公司

地中海航運有限公司（Mediterranean Shipping Company S.A., MSC）成立於1970年，總部位於瑞士日內瓦，是世界第二大航運公司，業務網絡遍布世界各地，目前擁有480艘貨輪，在全球155個國家擁有480個辦事處。

截止至2018年，地中海航運擁有510艘貨櫃船，運力可達310萬TEU。貨運網絡覆蓋全球200條航線，途徑500個港口。無論你要送往何地，只要你有需求，MSC就能幫你把貨物安全送到世界的任何一個角落。

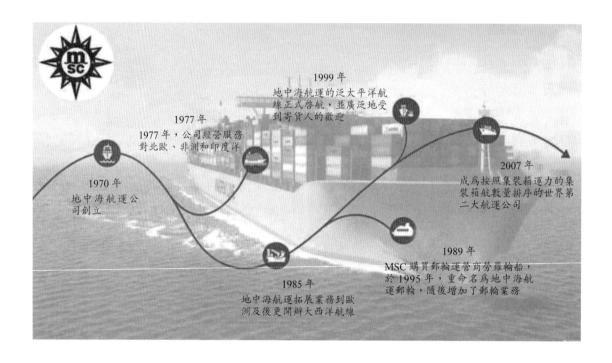

排名 03

中遠貨櫃運輸有限公司 COSCO

中遠貨櫃運輸有限公司（Cosco Container Lines Co., Ltd, COSCON，簡稱中遠集運）是中國遠洋運輸集團（中遠集團）所屬專門從事海上貨櫃運輸的核心企業。中遠集運成立於1998年1月27日（工商註冊登記日期為：1997年11月11日），總部位於上海，是由COSCO貨櫃運輸總部（成立於1993年7月）與上海遠洋運輸公司（成立於1964年4月1日）合併而成。

截至2018年3月底，公司自營船隊包括373艘貨櫃船舶，運力達1,903,294 TEU，貨櫃船隊規模世界排名第四、亞洲第一。公司共經營362條航線，其中227條國際航線（含國際支線）、49條中國沿海航線及86條珠江三角洲和長江支線。公司所經營的船舶，在全球約90國家和地區的289個港口掛靠，在全球範圍內共擁有超500個境內境外銷售和服務網點。

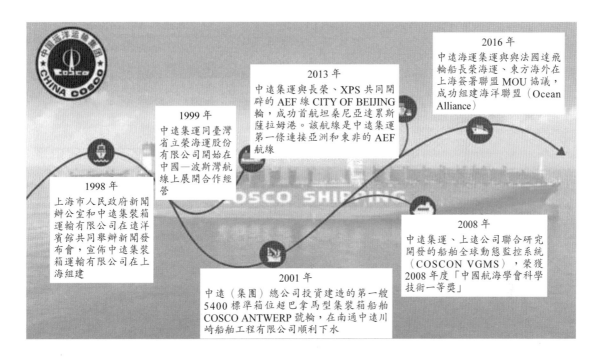

2018年7月，中遠集運公司在《財富》世界500強中排行第335位。

2018年8月，保利電商港隨著菜鳥的入駐，迎來中遠、阿里、保利三家世界500強，強強聯手的局面。

排名 04

法國達飛海運集團 CMA CGM

法國達飛海運集團（CMA CGM Shipping Co., Ltd，簡稱：法國達飛CMA CGM SA）是法國第一、世界第三的貨櫃全球承運公司，成立於1978年，總部位於法國馬賽，北美總部設在美國維吉尼亞州諾福克。

截至2018年，達飛集團在全球運營著494艘年輕而多元化的船隊，運力為1895萬TEU，為全球521個商業港口中的420個提供服務。CMA CGM集團在全球擁有755個辦事處，運營範圍覆蓋全球160個國家的420港口，在全球範圍內擁有雇員3萬多人，海運航線超200條，公司業務遍及世界的每一個海域。

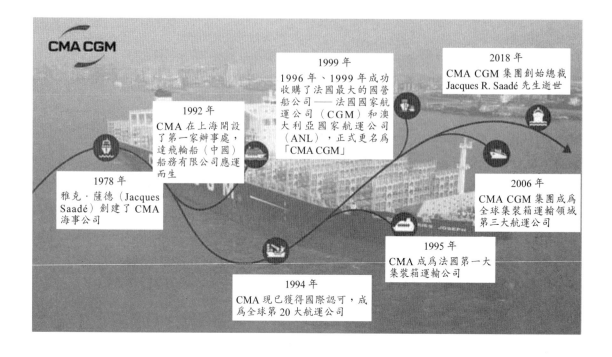

排名 05
赫伯羅特股份公司 Hapag-Lloyd

赫伯羅特股份公司（Hapag-Lloyd AG, HPL）是德國一家從事運輸及物流業務的貨櫃航運公司，總部設於德國漢堡和不來梅。它成立於1970年，由兩家在19世紀便開始運營的公司合併而成：1847年創建的赫伯和1856年創建的羅特。赫伯羅特在1998年被途易收購，並在2002年成為其全資子公司。

截止2018年，赫伯羅特大約擁有226艘各類現代船舶，每年運輸量超過980萬TEU，約1.2萬名員工積極服務於全球127個國家的389個辦事機構。

赫伯羅特船隊的總運力達160萬TEU，及擁有超過250萬TEU容量的貨櫃團隊，是世界上擁有種類最多和最現代化冷藏貨櫃的班輪運輸公司之一。全球運營服務網絡超120條航線，確保快速可靠地對接世界各地600個港口之間的業務。

排名 06

海洋網聯船務 ONE

ONE（海洋網聯船務）由日本三大航運公司—日本郵船、商船三井、川崎汽船整合集運業務而成的Ocean Network Express（簡稱ONE船公司），2018年4月1日正式運營。

2017年7月7日，日本三大船公司發布聯合公告，宣布成立聯合運營集運業務的控股公司和運營公司。其中，控股公司名稱為Ocean Network Express Holdings, Ltd.，位於日本東京；運營公司名稱為Ocean Network Express Pte. Ltd.，位於新加坡。截至2018年3月25日數據計算，ONE以148.42萬TEU的運力規模排名全球第六。

排名 07

長榮海運公司 Evergreen Line

　　長榮集團始於長榮海運公司（Evergreen Marine Corp.），由長榮集團總裁張榮發博士創立於1968年9月1日，總部設在臺灣桃園市蘆竹區。成立之初，僅以一艘十五年船齡的雜貨船刻苦經營，發展迄今，服務網路已遍及全球五大洲，無論是船隊規模、貨櫃承載量與造船理念，皆位居全球領先地位。

　　截止2018年，長榮集團在全世界大約80個國家停靠240個碼頭，是全球十大貨櫃貨運船公司之一。現長榮擁有的營運船隊約200艘貨櫃輪，總運力逾110萬TEU。長榮一直以「綠色地球的守護者」自我期許，盡一切的可能來維護海洋生態、港區安全與人類幸福，為提供客戶一貫、高效率的服務。

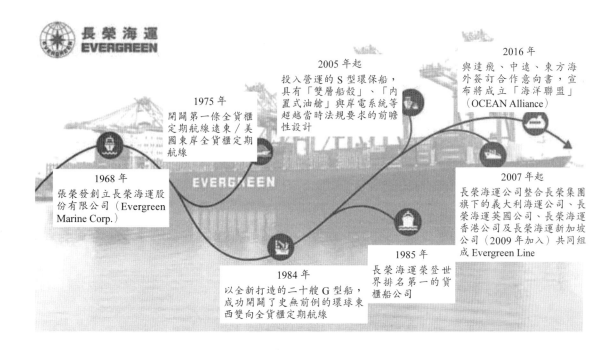

2005 年起
投入營運的 S 型環保船，具有「雙層船殼」、「內置式油艙」與岸電系統等超越當時法規要求的前瞻性設計

2016 年
與達飛、中遠、東方海外簽訂合作意向書，宣布將成立「海洋聯盟」（OCEAN Alliance）

1975 年
開闢第一條全貨櫃定期航線遠東／美國東岸全貨櫃定期航線

1968 年
張榮發創立長榮海運股份有限公司（Evergreen Marine Corp.）

2007 年起
長榮海運公司整合長榮集團旗下的義大利海運公司、長榮海運英國公司、長榮海運香港公司及長榮海運新加坡公司（2009 年加入）共同組成 Evergreen Line

1985 年
長榮海運榮登世界排名第一的貨櫃船公司

1984 年
以全新打造的二十艘 G 型船，成功開闢了史無前例的環球東西雙向全貨櫃定期航線

排名 08
陽明海運股份有限公司

　　陽明海運股份有限公司（Yang Ming Marine Transport Corp.）成立於1972年12月28日，總公司設立於臺灣基隆市。

　　截至2013年10月底止，陽明海運擁有95艘營運船舶，承運力高達505萬載重噸／41萬TEU，船隊以貨櫃船為主。陽明海運與長榮海運、萬海海運並列為「臺灣三大航運公司」，平均船齡更為全球最年輕的公司之一。

排名 09

太平船務有限公司 PIL

太平船務有限公司創立於新加坡，太平船務太平船務PIL是一家以貨櫃航運物流為核心的私營跨國企業，所經營的業務範圍包括海運、貨櫃製造及相關物流服務等。自1967年成立以來，太平船務從經營散貨運輸發展成為東南亞最大的貨櫃船東之一，核心業務覆蓋亞洲、非洲和中東地區。

目前，太平船務在世界貨櫃班輪公司中名列第十位，貨櫃班輪和散貨運輸服務網絡覆蓋全球100個國家500多個地點，並在全球擁有18,000多名員工和船員。太平船務集團擁有及運營一支由157艘總艙位為397,000 TEU的現代化商船組成的船隊。

排名 10

現代商船 Hyundai M.M.

現代商船（HMM）是一家韓國綜合物流和貨櫃貨運運輸公司，創於1976年，總部位於韓國首爾，擁有約138艘先進的船舶，超過50條海上航線，掛靠世界各地100多個

港口。

　　HMM已形成了全球性的網絡業務，截止至2018年，共設立了4家海外總公司，其中包含3個區域性總部；全球共設立了23家分支機構，其中3個總部、56家分公司、8個海外辦事處及3個貨櫃碼頭。它是高度重視同其有針對性的市場前景、高效的組織、一流人才、先進的網際網路系統，為世界頂尖的綜合物流企業之一。

網址：https://kknews.cc/finance/o2y5885.html
數據來源：各航運公司官網、中國港口網、Alphaliner 官網

Rnk	Operator	Teu	Share	Existing fleet / Orderbock		
1	APM-Maersk	4,010,454	17.8%			
2	Mediterranean Shg Co	3,247,925	14.4%			
3	COSCO Grouo	2,811,905	12.5%			
4	CMA CGH Group	2,650,621	11.8%			
5	Hapag-Lloyd	1,578,634	7.0%			

Rnk	Operator	Teu	Share	■ Existing fleet ■ Orderbock
6	ONE (Ocean Network Express)	1,535,568	6.8%	
7	Evergreen Line	1,168,976	5.2%	
8	Yang Ming Marine Transport Corp.	638,049	2.8%	
9	PIL (Pacific Int.Une)	418,296	1.9%	
10	Hyundai M.M.	417,504	1.9%	

註：2018年9月止世界排名前十航運公司基本情況

拆船、併購消化過剩運載力

需求逐漸回升，航運業的供應過剩問題亦見改善。過往國際航運界曾於2010年和2013年出現了兩次集裝箱船訂購潮，令全球商用航運總運力過去十年大增50%，是近年「航運寒冬」的一大原因。但痛定思痛下，航運公司近年新船訂購量大減，「去運載力」進度亦積極，拆船紀錄屢創新高。2016年拆船率便占市場運載力約3.3%，預計此趨勢會持續，漸漸消化多餘的運載力。

除此以外，全球航運業近年也爆發併購潮，包括韓國Harim集團於2014年以約8.9億美元（約69.2億元）收購泛洋海運（PanOcean）；達飛海運集團（CMA CGM SA.）於2015年以24億美元（186.7億元）收購東方海皇集團；馬士基於去年以逾約40億美元（約311.2億元）收購漢堡南美航運公司（Hamburg Sud）等。至於亞洲地區，除了今次中遠集團收購全球第七大航企東方海外，日經中文網報道，日本3家大型海運企業日本郵船、商船三井及川崎汽船亦於差不多時間（7月10日）宣布合併貨櫃船業務，成立新公司「Ocean Network Express」（ONE），運輸能力約占全球市場7%份額，位居第六。

一連串的瘋狂收購合併令國際航運業大洗牌，麥肯錫航運板塊主管SteveSaxon便形容：「3年前，全球排名前20的集裝箱船航運公司中的8家已經不復存在了。」

第六節　複合運輸至全球運籌

一、國際複合運輸的定義

國際複合運送即爲多式或複式運送（multimodal transport），至於美國則稱爲一貫運送（through transportation）或複合運送（intermodal transport）；中國大陸則稱爲

多式聯運，較接近multimodal transport的英文名詞。用語雖有小異，但定義則相近，為「自收貨開始，到交貨為止，涉及兩個以上國家間及兩種以上不同運送方式的運輸，運送人並負全程運送責任。」歸納言之，國際複合運送含有以下幾個特性：

1. 為兩個國家以上間的運輸，這是所謂「國際」的基本條件，其理甚明。

2. 為涉及兩種以上運輸方式的聯合運輸。運輸的形式有多種，例如：海上運輸、鐵路運輸、公路運輸及航空運輸等。為獲得運輸的最大效益，可將不同運輸組合起來使用，截長補短，發揮運輸最大經濟效益。

3. 提供複合運送的人稱為「**複合運送人**」（multiple transport operator, MTO；combined transport operator, CTO），他所承擔的是全程的**運送責任**（through liability），複合運送人既承擔全程運送責任，因此他有權收取**全程運費**（through rate）。

4. 國際化、自由化的衝擊，使國際之間的界線愈來愈模糊。

在此衝擊之下，各種產業在提高效率之外，成本的控管更是保持競爭力的要素。因此使產業趨向於分工合作，各自集中於具有**核心競爭力**（core competence）的部分，其餘不具競爭力部分則應**外包**（outsourcing）給專家執行。此一趨勢，國際運輸亦然，對貨主最有效率的做法是將全程運輸外包給複合運送人，自己則集中精神於生產與銷售的部分。

二、全球運籌管理

由於海運或空運服務延伸，包括前端與後端的服務，以提供國際物流管理已成為全球的重要經濟政策及趨勢。國際物流管理事實上也就是國際複合具有附加價值的服務，當我們在將國際及國內運輸、倉儲、報關通通納到複合運送人的服務內容以後，便是現代國際物流的觀念；如再將國內配送也納進來，便是國內物流觀念了。現代物流管理之所以如此重要，乃國際情勢自然發展的結果。

從國際物流管理的發展歷程而言，目前是到所謂戶對戶（door to door）的階段，指從賣方在一端交貨給複合運送人或國際物流業者開始，到另一端交貨給買方為止，其間含蓋了資訊科技流、金流、物流、商流與人流的整合。因此，戶對戶是對全球物流（運籌）發展現況的基本詮釋及延伸。

第二章　海運提單的闡述

第一節　載貨證卷（提單）的功能

　　「提單」在我國海商法中稱爲「載貨證券（Bill of Lading, B/L）」，係海上運送人或船長於貨物裝載後，因託運人請求，發給託運人爲受領及處分運送物所用之一種有價證券，簡稱爲B/L。我國民法則稱之爲「提單」，一般也習慣以此稱之。唯「提單」不能從字面解釋爲提貨的單據，實務上在提貨之前須將「正本提單」換成「小提單」（或稱提貨單，Delivery order, D/O），憑「小提單」提貨。

　　「提單」是運送人因貨主之請求而簽發，上面記載貨物及運送條款等內容，作爲運送人與貨主之間權利與義務的依據。一項國際商業交易，在最終取得貨物之前，均就提單進行貨物物權的移轉，因此這種交易方式稱爲單據式的交易。提單上所記載之貨物才是交易之目的，至於其他如運輸、保險、報關等，都是依附貨物交易而產生，因此提單是國際貿易最重要的單據。本章擬就和提單有關的問題，從實務角度加以分析。

　　首先，提單能被接受作爲流通的工具，是因爲正本提單具有以下重要功能：

一、爲運送契約之證明

　　運送契約以一方爲要約，一方爲承諾即可成立，而非以提單的作成與交付與否爲要件。又「提單」是運送人因貨主之請求而簽發，因此「提單」不是表現運送契約的要件，而是證明運送人之義務、責任內容及約定之求償方式，包括運送人是否違約、是否可免責等。即使並未簽發提單，運送契約依然存在於運送人與託運人之間。故即使在提單轉讓出去之後，運送人與託運人依舊可就運送契約精神求償。此點在我國《海商法》第56條就貨物受領效力所做規定，是針對受領權利人而言可以看出來。託運人仍可就運送契約向運送人求償，並不因正本提單已轉移而影響其主張權力；運送人亦不得主張提單權利已移轉，而不受理託運人之損害賠償之請求。運送人須依提單所記載之內容負文義責任，運送人與貨主之間的權利與義務均在提單上表彰。海運提單是屬定型化契約，雙方無須再就內容協商，否則將無法配合大量運輸的要求。

二、爲物權憑證

　　提單乃表彰其所記載財貨之權利，因此具有物權證書性質，亦即具有價證券的功能。對貨物權利之發生、移轉或行使，均憑正本提單背書轉讓即可爲之。持有正本提單

的人，即為擁有對所記載貨物主張請求權的人。因提單具有此項重要功能，因此國際貿易交易中，財貨權利之移轉，只要轉讓正本提單即可。在未提取貨物之前，持有提單即表示持有貨物的權利，因此提單是最重要的國際貿易文件。

三、具有流通性

基於提單具有物權證書的性質，故提單的轉讓，即等同於貨物權利的移轉，因此提單具有流通性質。至於提單的移轉方式，一如票據，除非有禁止背書轉讓之約定，否則只要在正本提單背面背書（endorsement）即可。提單經背書轉讓後，最後持有正本提單的人（B/L holder），即為真正有受領貨物權利的人。貨主於寄發正本提單之前，莫忘在正本提單背面背書。實務上偶有因貨主一時疏忽，未在正本提單背書即寄給國外的情事。遇此情況，須再透過運送人的管道回到出口港查詢，相當麻煩，並會耽擱受貨人提貨，以致發生貨櫃延滯費用，因此須加注意。

四、為收貨收據

國際貿易實務上的收貨證明，是另有**收貨收據**（cargo receipt）的存在。一般是**集貨商**（consolidator）在指定倉庫收到貨物，所發給貨主的證明文件。唯如運送人簽發提單，依其是**收貨提單**（received B/L）或**裝船提單**（on board B/L）而定，表示貨物已經如數收到（received），或已裝船（on board）。如係裝船提單，則進一步表示貨物已裝到船上。故簽發提單，不管是收貨提單或裝船提單，都具有收貨收據的功能。

五、為交貨證書

誰最後持有正本提單，誰就是有提貨權利之人，使正本提單具有提貨證書的功能。我國《海商法》第58、59兩條即係就提單交貨效力，所作之規定。因此，提單若遺失必須馬上登報作廢，以便由運送人再重新再製作一套新的提單。

第二節　載貨證卷（提單）形式與記載內容

一、提單形式

　　第一節論及提單依簽發主題分類可分船公司提單或主提單（Master B/L），和海運承攬運送人提單或分提單（House B/L）兩種。因為都必須依照我國《海商法》第54條規定內容做記載，並且依據相同的國際公約法令，因此兩者形式大同小異，茲說明如下：

（一）船公司提單

BILL OF LADING

SHIPPER (Principal or Seller licensee and Full Address)				PAGE	B/L NUMBER
PT. MILENIA ARMADA EKSPRES KOMPLEK RUKAN MITRA BAHARI JL. PAKIN RAYA BLOK A NO. 15 JAKARTA UTARA 14440 - INDONESIA				2 OF 2	APLU 078547811
				EXPORT REFERENCES	

CONSIGNEE (Name and Full Address /Non-Negotiable Unless Consigned to Order.) (Unless provided otherwise, a consignment "To Order" means "To Order of Shipper")	FORWARDING AGENT (References, F.M.C. No.)
×××× CO., LTD 10FL-1, NO. 160, SEC.3, CHUNG HSIAO E. ROAD, TAIPEI, TAIWAN, R.O.C	.
	POINT AND COUNTRY OF ORIGIN OF GOODS 　　　　10160

NOTIFY PARTY / INTERMEDIATE CONSIGNEE (Name and Full Address)	ALSO NOTIFY (Name & Full Address) / DOMESTIC ROUTING/ EXPORT INSTRUCTIONS / PIER — TERMINAL / ONWARD ROUTING FROM POINT OF DESTINATION
SAME AS CONSIGNEE # PIC : DINA TSAI	* JAKARTA, INDONESIA

INITIAL CARRIAGE (MODE)*	PLACE OF RECEIPT
	TG. PRIOK, *

EXPORT CARRIER (Vessel, Voyage, & Flag)	PORT OF LOADING
APL LOS ANGELES 123	TG. PRIOK, *

PORT OF DISCHARGE	PLACE OF DELIVERY
KAOHSIUNG, TAIWAN	TAICHUNG, TAIWAN

Excess Valuation - Please refer to Clause 7 (iii) on Reverse Side — PARTICULARS FURNISHED BY SHIPPER — Payment by Cheque must be made to the order of APL. Co. Pte Ltd

MARKS & NOS./CONTAINER NOS.	NO. OF PKGS.	H.M.	DESCRIPTION OF PACKAGES AND GOODS	GROSS WEIGHT	MEASUREMENT
			ISSUED BY : CATHAY UNITED BANK, TAIPEI - TAIWAN NET WEIGHT : 11,070.00 KGS SHIPPED ON BOARD AT TG. PRIOK, JAKARTA-INDONESIA BY APL LOS ANGELES V.123 ON NOVEMBER 27, 2016 ***FREIGHT COLLECT***		
CTR NBR ****SEAL NBR**** T/S HT MODE QUANT/TYPE CAIU975049-8 AS60032694 D40 96 CY/CY 2650CTNS ** SHIPPER'S LOAD, STOW AND COUNT **					
			SHIPPED ON BOARD NOV. 27, 2016		

B/L TO BE RELEASED AT:		OCEAN FREIGHT PAYABLE AT:			
FREIGHT RATES CHARGES, WEIGHTS AND/OR MEASUREMENTS (SUBJECT TO CORRECTION)		PREPAID U.S.$	COLLECT U.S.$	LOCAL CURRENCY	The undersigned Carrier hereby acknowledges receipt of the sealed container or packages or other shipping units said to contain the Goods described above in apparent external good order and condition unless otherwise stated. The Shipper agrees, and the Consignee and every person purchasing this instrument for value, if Negotiable, or otherwise having an interest in the Goods is advised that the receipt, custody, carriage and delivery of the Goods are subject to all the terms and conditions set forth and by incorporated by reference on this side and the reverse hereof, whether written, stamped or printed. A set of 3 originals of this bill of lading is hereby issued by the Carrier. Upon surrender to the Carrier of any one negotiable bill of lading, properly endorsed, all others shall stand void.
LOS	123	TOTAL PREPAID			
VESSEL	VOYAGE	TOTAL COLLECT			*American President Lines,Ltd., The Carrier*
BL Number:	APLU 078547811	Date:	NOV. 27,2016		*BILL OF LADING COMPLETE*
THANK YOU FOR SHIPPING WITH APL		Place Issued:	JAKARTA, ID		

** Proof Read Copy **

圖 2-1

　　船公司提單就是以船公司為運送人所簽發的提單。船公司一般都自行設計提單，即便如此，各公司的提單樣式並無多大差異。船公司所簽發的貨運單證有兩種：

1.海運提單
具備提單全部功能，是海運最重要的貨運單證。

2.海上貨運單

　　為不可轉讓的貨運單證，不具流通性。一般使用於航程較短且無須轉讓單證的情況，因此使用不像海運提單那樣普遍。

（二）海運承攬運送人提單

　　依照《信用狀統一慣例UCP500》第30條規定，除非信用狀有明文約定不接受，否則銀行將自動接受海運承攬運送人以運送人或運送人代理人身分所簽發出來的提單，正式承認了海運承攬運送人所簽發提單之效力。至於海運承攬運送人所簽發的提單，可能是自己印製的提單，或者是國外代理的提單，分別說明如下：

1.自行印製之提單（見圖 2-2）

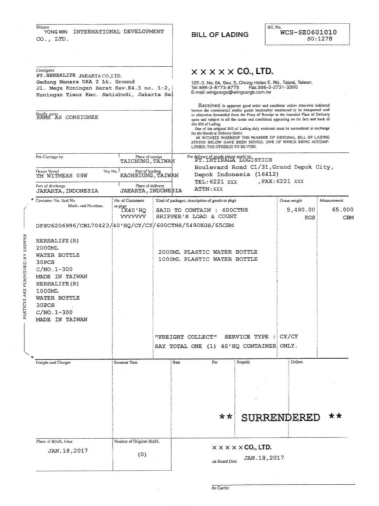

圖 2-2

海運承攬運送人可自行設計及印製所簽證之提單，但該提單必須印製公司中英文全名、地址及許可證字號，樣本並須送請當地航政機關備查。

2.FIATA 提單

FIATA提單是國際複合運送協會聯盟設計供全球會員公司使用提單格式，因爲臺北市海運承攬運送商業同業工會是其會員，因此凡會員公司亦可向工會申請印製。使用FIATA提單可以省卻自行設計的麻煩，請工會印製成本也和自行印製差不多，因此相當便利。但必須知道FIATA提單的運送責任基礎適用《UNCTAD/ICC複合運送單據統一規則》，稍高於1924年《海牙規則》和1968年《海牙威士比規則》。

3.國外代理的提單

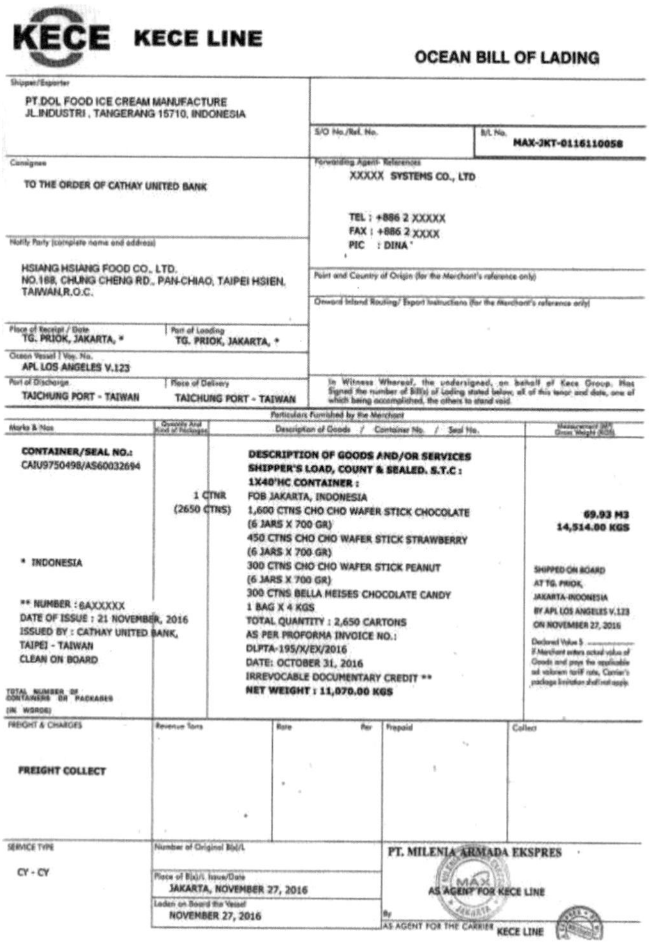

圖 2-3

　　海運承攬運送業者常有代簽國外代理提單的情事，此乃實務所需。但代簽的業者就此提單樣本依法須向當地航政申請備查，並且和委託人就所應負責任事項，負連帶責任。

二、提單記載內容

　　提單記載內容可就提單正面和背面分別說明：

（一）提單之正面記載事項

1.收據功能之記載事項

　　所謂收據功能之記載，乃指就貨物名稱、情狀、數量及包裝種類、個數等，這些內容於運送人完成收穫後始予記載，具有確認收穫細節之功能，可歸納爲以下內容：

(1) 貨櫃號碼、封條號碼、標誌及箱號（Container No., SealNo., Marks and Numbers）。

(2) 數量及包裝之種類（quantity and kind of packages）：指貨物大包裝及件數，例如紙箱（carton）2,650箱或（wooden）木箱100箱，布匹100捆等。

(3) 貨物內容陳述（description of goods）：就貨物品名及小包裝件數所爲之記載，例如巧克力1,600件、運動鞋2,000雙等。

(4) 材積、重量（measurement, gross weight）。

(5) 依託運人通知記載（particulars furnished by the merchant）。

(6) 運送人以外觀狀況良好收受貨物，除非另有註記（received by carrier the goods an specified above in apparent good order and condition unless otherwise noted）：依照本記載，若有貨物外觀情況不良者，必須在提單上加以註記，否則運送人即確認以外觀狀況良好收受貨物。

2.契約證明之記載事項

　　屬於本功能之記載指運送契約當事人——運送人、託運人及運費和費用等內容，可歸納爲以下內容：

(1) 運送人名稱及簽名之名義：運送人通常在提單表頭印製，至於提單簽名通常在證本提單右下角。

(2) 託運人名稱（shipper）。

(3) 船名、航次（Vessel No., Voyage No.）。

(4) 裝、卸港，收受地點及交貨地點（port of loading, port of discharge, place of receipt, place of delivery）。

(5) 貨物價值之聲明（declared value）：如有特別申明貨物價值者，在提單上必須表明。

(6) 運費、附加費、匯率及支付方式等（freight, charges, rate of ex-change, collect or prepaid, etc.）。

(7) 貨物之收受、保管及交付悉依本載或證券正面及背面記載及運送人之費率表（the receipt, custody and delivery of the goods are subject to the terms appearing on the face and back here of and to carrier's applicable tariff）：此約定貨主必須注意，當你接受本提單就表示同意費率條件及正面和背面約定條款。

3.承諾條款

此類記載，可歸納為以下內容：

(1) 載貨證卷或提單（Bill of Lading, B/L）：表明本單證為載貨證券或提單，為物權證書。根據我國《民法》第757條：「物權，除本法或其他法律有規定外，不得創設。」載貨證券及提單微物權證書之法定名詞。

(2) 在此證明已簽發三張正本提單（除非另有聲明）。收回其中一張，其餘失效（In witness where of original bills of lading have been signed if not otherwise stated below, one of which to be completed the others to be void.）。本約定表明除非另有聲明，否則只要三張正本提單中任何一張收回，其餘便自動失效。

(3) 若經運送人要求，應繳回完整背書之三張正本以交換貨物或小提單（If required by the carrier, the three original bill of lading must be surrendered duly endorsed in exchanged for the goods or delivery order）。本約定說明提貨最後是憑小提單，並且提出交換小提單之正本提單必須經完整背書（duly endorsed）。

有關提單其內容上的各欄位所記載的說明如下所列（參考圖2-2）：

1.運送人

運送人，簡單地說，即為簽發海運提單的公共運送人，也是與託運人成立運送契約承擔運送責任的人。運送人的名稱，一般均在提單的開頭以大標題表示出來。至於

簽發提單的主題，如前面所述可爲**船舶運送人**（**VOCC**），例如OOCL、Yang Ming Marine Transport Corporation、Evergreen Marine Corporation；也可爲**無船公共運送人**（**NVOCC**）或**海運承攬運送人**（ocean freight forwarder），例如：××××× Co., Ltd。各國的航業主管機關，基於對此行業管理之需要，都會要求業者報備所簽發的提單格式。依我國法令規定，運送人需標明中英文全名、地址及海運承攬運送人許可證字號。於受有國外運送人委託簽發時亦然，簽發人並與國外委託人負連帶責任。如果提單有授予國外代理或分公司簽發者，應注意其行業水準，以及提單責任是否經過保險，避免簽發提單失控，增加自己運送責任負擔。

2.託運人

託運人爲將貨物交予運送人承運之人，也是與運送人成立運送契約之當事人。一般託運人就是貨主，爲貨物買賣雙方當事人的賣方，例如：YONG MIN INTERNATIONAL Co., Ltd。但於有無船公共運送人或海運承攬運送人介入運送的情形，彼等亦可爲船舶運送人提單上的託運人，在託運人欄位記載海運承攬運送人的名稱，例如：××××× Co., Ltd.。1998年美國海運修正法即直指無船公共運送人與船舶運送人的關係，是爲託運人：「Is a shipper in its relationship with an ocean common carrier.」。

3.受貨人

受貨人爲提單上指定接受貨物的人。基於提單的可以轉讓功能，因此這欄位的記載一般有三種型式：

(1) 直接記名式：亦即直接將受貨人的名稱記載其中。但既使至記名式提單，除非有禁止轉讓的約定，否則經由背書轉讓，故該欄位所記載的受貨人，例如：PT.HERBALIFE JAKART Co., Ltd，不一定就是眞正的受貨人。

(2) 由銀行指定（to order of bank）：在有銀行信用介入的情況，銀行爲確保其權益，會要求受貨人尤其指示。在貨主完成繳款後，始將提單背書轉讓予受貨人。例如：To Order of CATHY UNITED BANK，在向出貨人履行付款以後，取得提單。而向受貨人取得付款以後，始交予提單，完成國際交易。

(3) 代指定（to order）或由託運人指定（to order of shipper）：是指受貨人將由託運人指定，本欄只記載「To order」或「To order of shipper」字樣。

4.受通知人

我國《海商法》第50條規定：「貨物運達後，運送人或船長應即通知託運人指定之應通知人或受貨人。」此欄位既要記載「應受通知」之人。因此運送人案例會要求所提供之資料，須力求詳盡，以利寄送到貨通知。例如受貨人是「PT.HERBALIFE JAKART Co., Ltd Gedung Menara DEA 2 Lt. Ground J1 Mega Kuningan Barat Bav. E4.3 no.1-2, Kuningan Timur Kec. Setiabudi Jakarta Sel」提單上會註明：「Same as Consginee.」在目前電話、傳真及e-mail極為普遍的時代裡，提供傳真號碼或e-mail地址，尤為兩相便利之事。受通知人一般情形下，常常是真正的受貨人。但在提單上既僅列名為受貨通知人，在就單據而論的原則下，除非他能提出正本提單，否則並非受貨人，並無主張提貨權力。

5.收貨地與收貨日期

目前由於複合式運輸已經相當普遍，當運送人責任起始的收貨地點與裝船港有所不同時，即將收貨地點與收貨日期在此欄位表示，例如：KAOHSIUNG, TAIWAN

6.船名與航次編號

顧名思義，即將承運的船舶名稱與航次編號標示於此欄位內，例如：YM WIT-NESS V.09W。

7.裝貨港

記載貨物的裝船港，例如在高雄港裝船，此欄位既記載：KAOHSIUNG, TAIWAN

8.卸貨港

記載貨物的卸船港，例如到雅加達卸船，此欄位及記載：JAKARTA, INDONESIA

9.交貨地

於卸貨港與運送人責任交貨地不同時，即將交貨地記載於此欄位內。

10.提單編號

記載提單編號。至於提單編號的方式，大多由運送人自行編排方式為佳。例如：WCS-SE0601010，或KKLUTW3073009。

11. 聯繫代理

為方便受貨人在貨到時的聯繫之需，因此會在提單上提供這項資料。

12. 貨櫃及封條號碼及箱號和碼頭

不論是以整櫃或併櫃方式交運，均須記載貨櫃號碼。如有數櫃時，同時記載數櫃的櫃號，在櫃號之後並標明船公司所提供之封條號碼，以為劃清運送責任之依據。整貨櫃的情形，只要在目的地提貨時，封條是完整無缺的話，即可推定貨櫃內容的短少，與運送人責任無涉。除此之外，臺灣地區的進出口重櫃，在完成海關手續後，會加上海關封條，但並不在提單上標示。

13. 種類及數量包裝

本欄為記載關於貨物包裝的種類，例如：60紙箱（cartons）或包（packages）、捆（bales）及數量等資料。數量的記載，如為整櫃時，則記載整櫃數，例如：1 CON-TAINER（S）（600 CTNS）3×40'；但如為併櫃的話，則記載貨櫃場收貨的件數，例如：150 cartons。

14. 貨物內容說明

本欄位所記載者，為關於貨物的資料，包括：貨物品名，如2000ML PLASTIC WA-TER BOTTLE等。貨物性質，如危險物品、冷凍貨等。運送如有特別要求，如冷凍設定之溫度等的話，也在此記載，以及件數，包括整櫃時，貨主所告知的大包裝件數，如150 cartons。但因整貨櫃是由貨主自裝並告知件數，因此記載件數時，會同時出現「shipper's load and count：said to contain 600 cartons」的字眼，以示對所記載件數有所保留之意。儘管如此，除非能證明貨主申報數量不實為受貨人所悉，否則運送人仍須就此數量向善意的提單持有人或受貨人負責，並以之作為責任限額的單位數量。貨物的小包裝數量，亦可表示於此欄位內，例如1,000 pieces，但運送人並不以此做為責任限額的單位數量。最後關於運費支付為預付到付的約定，按例亦於此欄內記載「freight prepaid」或「freight collect」。

15. 材積與重量

本欄位所記載者為貨物的材積和毛重資料，例如：65 CBM/ G.W. 5,490 KGS。對材積和毛重的記載，運送人均會請公證行（sworn measurer）丈量，以昭公信。在目前

整櫃運輸，多以整櫃為計費單位的情形下，貨主除非有其他意圖，例如：逃逸關稅或走私，對材積與重量一般並無虛報的必要。

16.貨櫃數與包裝個數

此欄的記載與前述第13項所載之包裝種類及數量呼應。為慎重起見，數量須以文字表示。就好比我國票據上的金額，也須再以文字表示是一樣的意思，也就是如果前者記載為櫃數，此地亦標示櫃數，如貨物箱數或件數時，則亦對應為之。例如：前為ONE(1) CONTAINER(S) ONLY。

17.運費及費用

運費及費用用整個欄位的表示，從左到右，包含**計費項目**（freight & charges）、**計費單價**（rate per）、**計費單位**（revenue tons）的櫃數或頓量、運費總數等。運費總數則再依**預付**（freight pre-paid）或**到付**（freight collect），分別標明於適當格位內。為避免買賣雙方獲悉運費金額，引起不必要困擾起見，實務上這些格位多籠統以「as arranged」處理，而不將運費直接在提單上表示。

18.服務模式

即指運送人的收貨及交貨的方式。依貨物為整櫃或併櫃，可排列組合，分成以下四種服務方式：

(1) CY/CY或FCL/FCL：即收貨和交貨均為整櫃作業。

(2) CY/CFS或FCL/LCL：收貨為整櫃，交貨則需先拆櫃的作業方式。

(3) CFS/CFS或LCL/LCL：即收貨和交貨為並拆櫃作業。

(4) CFS/CY或LCL/FCL：收貨為併櫃，交貨為整櫃的作業方式。

對上述不同服務模式，擇其合適者，記載於此欄內。

19.正本提單張數

正本提單為一物權證書，並可轉讓流通，因此正本提單的張數須予表明。正本提單一般為三張，一般僅記載正本（original）字樣。有些運送人則註明「第一正本」（first original）、「第二正本」（second original）、「第三正本」（third original）。唯不論用哪種方式表示，每張正本提單的效力均相等。

20.提單簽發日期及地點

依我國《航業法》規定，運送人如簽發載有裝船日期的提單，則須於貨物裝船後始得簽發。因此提單簽發日期應在裝船日當天或之後。如為複合運送提單，則在內陸收貨即可簽發，此時貨主即不應堅持**裝船提單**（on board B/L）。

21.裝船日期

為記載貨物的裝船日期。我國《航業法》第28條及《海運承攬運送業管理規則》第17條，均有須於貨物裝船後始可在提單上登載裝船日之規定。換言之，即不得虛填裝船日。如原簽發者為收貨單提單，於貨物裝船後再加填裝船日期，即可成為裝船提單。

22.提單簽名

船舶運送人得簽發提單者，為運送人之授權簽字人、船長及其船務代理人。至於海運承攬運送人則須以運送人或運送人代理身分簽發提單，旨在防杜海運承攬運送人意圖以運送人身分從事營業又逃避運送人的責任。綜上所述，提單簽名欄格式應為下述兩者之一：

(1) 運送人　　　　　　　　　　　　(2) 運送人之代理人

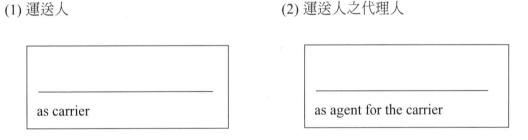

23.貨物申報價值

依我國《海商法》第70條第2項規定，貨主的貨物價值有高於法定責任限額時，託運人應於裝載前聲明，並註明於提單上。此欄位即供託運人聲明貨物價值之用。在運送人對保險公司的關係，亦有此需要。不過實務上，貨主做此聲明的幾未曾見，因此大多數運送人的提單，並不設此欄位。貨主有須要提高貨物賠償額度的話，不如購買保險，較有保障。

（二）提單之背面記載事項

提單的背面，如為副本提單的話，則為空白。但如為正本提單的話，則背面有多條運送責任條款，做為運送人與貨主之間權利義務的依據。此約定條款內容會在附錄中敘述並列表說明。

第三節　運輸包裝

國際貿易交易中，賣方常應買方之要求，供給貨物以習慣上之包裝（Conventional Packing）或標準外銷包裝（Standard Export Packing）、充分包裝（Sufficient Packing）、賣方標準（Vender Standard Packing）等，或照契約規定供給指定之包裝。所謂習慣上之包裝又稱為合理包裝（Reasonable Packing），多為經驗、研究與環境要求之結果，而為各該行業一般所採用者。輪船公司在運價表（Tariff Sheet）上列有各種貨物之包裝，亦為以習慣包裝為根據。故在若干合約中，亦有不特別表明採用何種之包裝方法，而僅用按慣例包裝（To be packed in the usual way）字樣者。唯不論如何，對於包裝費用、包裝方法，所用材料等須視貨物性質之不同而在合約中有明確之規定。茲就有關運輸包裝說明如下：

一、習慣包裝應具備之條件：

習慣包裝是種含糊而抽象的名詞，怎樣才能做好包裝，並符合「標準外銷包裝」的要求，端賴貨主和包裝公司之經驗來判斷。

以下所述係原則性之參考：

（一）包裝須堅固完整。《海牙規則》（Hague Rules）、英美日等國海上貨運法規及我國《海商法》或在運送契約（Freight Contract）或提單（Bill of Lading）內均明文規定貨物包裝不良而致發生短損，運送人概不負責任（Ship not accountable for leakage or loss though frail or unsufficied packing）。

（二）包裝材料應乾燥強韌適用貨物品質及特性，並注意運輸途中氣候之變化，以免因包裝材料不適宜，而影響貨物品質。

（三）包裝應盡量減少重量與體積，並避免過長或過大。

（四）包裝費用在安全原則下，應儘量節省，以減輕貨物成本。

（五）包裝上之標誌，應力求清晰完備，歷久而不脫落，以便識別。

（六）包裝應考慮到出口對方國家港口之規定。

（七）如有殘箱，盡量以環保且重量輕之填充物，填滿避免貨物受損。

（八）每件大小應整齊劃一，以便裝卸、堆積、計算、檢量及識別。

（九）應遵照買方的指示辦理。

二、包裝費用之分擔

包裝費用可在合約中規定，不包括於售價以內，如說明包裝費用由買方負擔（Export Packing for Buyer's Account）則應另在發票中加計之。如不另由買方負擔，則應在合約價格內註明，包括出口包裝（Including Export Packing）等字樣。

三、包裝之種類

外銷商品的保護，由商品包裝之時開始，其保護功能必須持續至消費者不需要該包裝時為止。故對於不同商品採用不同包裝方式是需要的。

包裝方式的種類繁多，但大致可分下列各種：

（一）個體包裝（Unitary Packing）：直接接觸商品主體的包裝，並不限於紙類製品，可使用其他種材料。最重要的必備條件是保護商品主體的品質和外形。包裝的形體也必須最適合被包裝之商品。液體商品可使用玻璃瓶、金屬罐和樹脂容器等。

（二）捆包（Bale Packing）：最有代表性者係運輸用的捆包。大型捆包有專門適用於船舶、貨車等的形狀、大小。箱子也可列為捆包之一種。包裝有如上的區分，但依適品的種類，有個體包裝兼捆包者，也有只用捆包者，主要是根據商品的性質而改變包裝方式。

（三）裸裝貨物（Nude Cargo）：指型態上自成件數，猶如包裝貨物，而毋需加以包裝之貨物，如鋼鐵、錫塊、車輛、遊艇、小艇。

（四）散裝貨物（Bulk Cargo）：高粱、玉米、大麥、黃豆、小麥、燃煤、鐵礦砂、尿素。

（五）液體、氣體（Liquid、Gas）。

（六）超重、超長機器（Over Weight/Length Machine）。

（七）內包裝（Inner Packing）：為保護貨物之品及吸引客戶，增加銷售，以適當之材質作為容器之包裝。

（八）外包裝（Export Packing）：為方便搬運與儲存，集合多量貨品第二次之包裝，關係貨物之運送安全至鉅。貨物在運輸過程中，包裝需按其特性，用適當的包裝才不致讓貨物受損，許多先進國家往往基於：

1. 保障消費者權益。
2. 生態環境之保護（包裝廢棄物之避免、回收、再利用等）。
3. 公平競爭。
4. 誠實信用。

制定各種嚴格法令俾能提升包裝品質，業者應注意避免糾紛之發生。

四、包裝容器種類：

國際貿易上所採用之包裝容器種類很多，目前最常使用者為：

（一）箱裝，如：

1. 大型箱：case，代碼CAS；適裝雜貨、機件、食品。
2. 中型紙箱：carton，代碼CTN；適裝輕量雜貨。
3. 小型箱：box，代碼BOX；適裝一般小巧雜貨。

（二）桶裝，如：

1. 大桶：barrel，代碼BLL；適裝油及酒類產品。
2. 中桶：cask，代碼CSC；適裝染料及水泥。
3. 小桶：keg，代碼KIG；適裝帽類之產品。

（三）瓶裝，如：

1. 圓桶：cylinder，代碼CYL；適裝液體瓦斯或氧氣。
2. 瓶：bottle，代碼BOT；適裝一般體類物品。
3. 甕：jar，代碼JAR；適裝酒精類產品。

　　運輸包裝於材質上應以比較堅固耐久不易受外力壓擠與震盪之影響而發生破損，卸裝時比較安全，但因體積與重量加大，運費負擔較高。

五、裝運標記

　　裝運標記（Shipping Marks），又稱裝運麥頭，簡稱刷麥（Marking），係指在包裝容器上用油墨、油漆或以模板加印標誌或麥頭（Marks），以便在搬運貨物時易於識別，避免誤裝或誤卸。

　　裝運標記可分為主標誌（Main Marks）、副標誌（Counter Marks）、小心標記（Caution Marks）與側標記（Side Marks）等四項。茲有關標誌內容如下：

（一）主標記（Main Marks, Principal Marks）：又稱主麥，包括圖案部分（有時無圖案）及代表受貨人或發貨人之英文字母或契約號碼。例如買方指示主麥為「API in diamond」，即將API標示於diamond形之圖案中，該API可能是買方名稱之開頭字母縮寫，亦可能另有其他意義。主麥一般均由買方指定，應於買賣契約中約定「如買方未及時指示，將由賣方自行決定」。

（二）卸貨港或目的港標誌（Discharging Port, or Destination Port）：此乃標示卸貨港名稱，若須經其他港口轉運時，應將兩個港口名稱同時列出，並以「via」（即「經由」或「取道」）連接，例如「A Port via B Port」，即經由B港口到A港口。

（三）包裝件數標誌（Package Number）：係供搬運及倉儲人員作業參考用，如本批貨物共打包成300箱，本箱屬第1箱，則標示為「C/NO.1/300」一般文件上將包裝內容相同者一併表達，如「c/NO.1-300」表示從第1箱到第300箱之內容。

（四）產地國標記（Country of Origin）：

1.輸出貨品產地標示

　　根據我國《貨品輸出管理辦法》第20條規定，輸出貨品，應於貨品本身或內外包裝上標示產地，其標示方式應具備顯著性與牢固性，但因貨品特性或包裝情況特殊致無法依據規定標示者，得向貿易局申請專案核准。又該辦法第21條規定，輸出貨品係在我國產製者，應標示「中華民國製造」（MADE IN R.O.C.）、「中華民國臺灣製造」（MADE IN TAIWAN ROC）或「臺灣製造」（MADE IN TAIWAN），或以同義之外文標示之。但有下列情形之一者，得於貨品本身標示其他產地，即：

(1) 供國外買主裝配用之零組件，其產地標示在表明其最後產品之產地，並經貿易局專案核准者。

(2) 供國外買主盛裝用之容器或包裝材料。

(3) 輸出貨品係外貨復出口者，其原產地標示得予保留；進口時未標示產地者，得依原樣出口。

2.輸入貨品之產地標示

由於產業結構改變，許多業者遠赴外地（如中國大陸、泰國等）投資設廠，生產零組件、半成品、包裝容器、吊牌及標籤等運回國內組合後，再銷往世界各地。我國政府迎合產業界之需要，准許所進口之半成品、包裝容器及標示上標示「臺灣製」字樣，唯必須先向國貿局辦理專案申請。

3.輸入大陸貨品之產地標示

我國廠商申請進口委託大陸加工之成衣應於貨品本身標示「MADE IN CHINA」或類似文字，且標示方式應具顯著性與牢固性，否則不准通關稅放（如僅以黏性標籤浮貼著即不具牢固性）。

（五）副標記（Counter Marks, Sub-Marks），如圖2-4上之「L」字可能為賣方或製造商名稱之開頭字母、所屬部門、進（出）貨物批數或承辦該批貨物的代表人等。副標誌有時尚包括品質標誌（Quality Marks）或等級標誌（Grade Marks），如圖2-4上之「A」字即表示該貨物品質為A級。

（六）小心標誌（Caution Marks），又稱注意標誌（Care Marks）、安全標誌（Safety Marks）或保護標誌（Protective），係為了避免及減少貨物於運送期間遭受損害，而印刷於包裝箱外側之文字或圖案（圖2-4），作為提醒小心搬運、裝卸或保管之標誌。

（七）側標誌（Side Marks），包括重量與體積標誌（Weight and Measurement Marks），用以表示該件貨物之毛重、淨重及體積，此種標誌大多印在包裝箱側面。一般貿易單據上所要求標示之嘜頭，並不包含側標誌。

謹列舉裝運標記之實例如下：

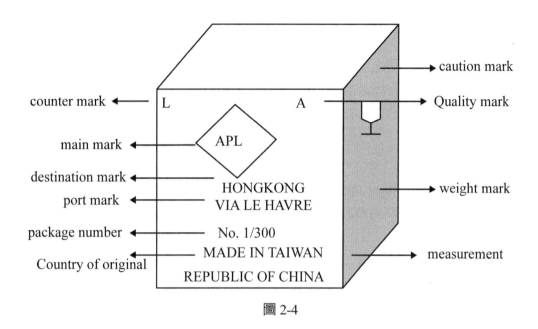

圖 2-4

六、包裝條件之用語

（一）關於包裝之約定，如：

1.除非買方及時指示外，否則將由賣方自行決定貨物包裝及刷麥（Unless otherwise instructed by the Buyer in time, the Seller shall decide marking and packing of the merchandise at their discretion）。

2.裝運標記：以HAP在三角形圖案內，從臺灣港口起運，經由B Port到A Port，箱號從一起計，不得標示R.O.C.字樣（Shipping Marks： APL in triangle, form Taiwan Port LE HAVRE Port via HKG Port, with carton number 1 up, and don't show R.O.C.）。

（二）包裝之寫法：應按照包裝物體大小次序，由小而大寫出或由大而小寫出，切忌大大小小混雜在一起。

1.由大而小之包裝，寫法用Contain，如：Each case weights 60KGM, and each case contains 30 boxes, each box contains 12 bottles, each bottle contains 80 tablets.（每箱重60公斤，每箱裝30盒，每盒裝12瓶，每瓶裝80粒）。

2.由小而大之包裝，寫法用In，如：Every eighty tablets in a bottle, 12bottles in a box, 30 boxes in a big case than each case weights about 60 KGM.（每80粒裝一瓶，每12瓶裝一盒，每30盒裝一箱，每箱重60公斤）。

（三）產品輸往先進國家，不宜用Export Standard Packing避免因認知上之差異而造成誤解。

七、完善包裝應注意事項

（一）應配合貨品內容、運送方式及途徑，選用適當之材料，以求堅固耐航。

（二）包裝之尺寸應配合貨物之重量、運輸工具及運輸設施。通常重貨（如五金、罐頭）之包裝不可太大也不可太小，太大人力搬運困難，容易破損，太小則搬運不便。

（三）遵守相關國家規定：例如德國基於生態環境保護之原則，明文規定包裝材料之使用與回收。限制以紙類、玻璃、PE、PP或少量之PET、PS、天然紡品及植物性原料為包裝材料，對有公害危險之黏膠、PVC、含氟氯碳化物（CFC）之發泡塑膠及含重金屬之印刷原料等，均不宜使用。

（四）應求牢固堅固完整。

（五）包裝材料應適合貨物的性質、運輸方式，並應注意裝卸港（地）的氣候變化。

（六）應儘量減少重量及體積，不宜超長、超大、超重。

（七）應在安全的原則下，儘量節省包裝費用。

（八）每件大小應整齊劃一，以便裝卸、堆積、計算、檢量及識別。

（九）應適照買方的指示辦理。

（十）應合乎進口國家海關規定。

第四節　提單的分類

本節擬從提單的分類角度來說明提單的性質：

一、記名式與指示式的提單

所謂記名式提單（straight B/L），是從提單受貨人（consignee）欄位看。如直接載明受貨人名稱者，即為記名式提單，例如PT.HERBALIFE Co., Ltd

（一）記名提單

　　1. Consignee：PT. HERBALIFE Co., Ltd

　　2. Deliver：PT. HERBALIFE Co., Ltd

　　3. Onto：PT. HERBALIFE Co., Ltd

（二）指示提單

　　1. 憑銀行指示。即提單收貨人欄填寫為「to the order of xx Bank」。

　　2. 憑收貨人指示。即提單收貨人欄填寫為「to the order of ABC Co., Ltd」。

3. 憑發貨人指示。即提單收貨人欄填寫為「to the order of shipper」。

這是業務中最常用的提單了，這種提單必須要背書。

背書的方法有兩種：

可以做成空白背書：誰背書誰在單據背面蓋個章+簽字就可以轉讓提單，誰拿到正本提單誰提貨。

可以做成記名背書：還是誰背書誰在單據背面蓋個章+簽字，然後打印一句話 Please deliver to XXX公司，這個XXX公司就可以憑正本提單去提貨了。

但提單記名與否，並不是決定提單得否轉讓的因素。依我國《海商法》第60條準用《民法》第628條之規定：「提單縱為記名式，仍得以背書移轉於他人，但提單上有禁止背書之記載者，不在此限。」因此常態之下，提單是可以轉讓的，縱然是記載受貨人名稱也一樣。如欲禁止轉讓提單，必須在提單上做**不得轉讓**（non-negotiable）的約定。

二、單式運送提單與複式運送提單

單式或複式運送提單，係以所涉之運送方式而定。單式運輸時所簽發的提單謂為單式運送提單；複式運送提單，則為含有兩種以上不同運輸方式時所簽發的單據。後者，簽發人是以**複合運送人**（combined transport operator, CTO）的身分簽發提單。

如圖2-5示，K-line並負全程運送責任。於有貨損發生時，貨主可僅向複合運送人提出求償。我國《海商法》第74條規定：「載貨證券之發給人，對於依載貨證券所記載應為之行為，均應負責。前項發給人，對於貨物各連續運送人之行為，應負保證之責。但各連續運送人，僅對自己航程中所發生之毀損滅失及遲到負其責任。」發給人為運送契約當事人（contractor），由其向貨主負責。連續運送人則為履行契約輔助人（sub-contractor），要對提單發給人負責。由此構成複合運送人之間責任的網路關係，也是我們所敘述的一條龍作業。

三、清潔提單與不清潔提單

提單的清潔與否無關提單製作表面之乾淨與否，而是指提單上是否有關於**貨物瑕疵**（defect）的批註（remark），例如：生鏽（rust）、破裂（broken）或潮濕（wet）等而言。若沒有批註，即為清潔提單；如有批註，則為不清潔提單。基本上除非是併裝貨可能在進倉時淋濕或擠壓、撕裂等，此時收貨的理貨員會提供破損單據。不過從實務角度來看，如果僅為了少數貨品的小瑕疵，影響整批貨無法交運，賣方固有損失，買方恐也不樂見。因此遇有少數貨品有瑕疵的情況，實務上，通常是由託運人向運送人出具**切**

20170118   1340

Shipper

×××××CO., LTD.

106, TAIWAN (R.O.C.)

Forwarding Agent

1278   B/L No.
KKLUTW3073009

Consignee

PT.INTIRAGA LOGISTICS
Boulevard Road C1/31, Indonesia (16412)
TEL: xxx , FAX: xxx
ATTN: xxx
e-mai:

K"K" LINE
KAWASAKI KISEN KAISHA, LTD.

COMBINED TRANSPORT BILL OF LADING

COPY NON-NEGOTIABLE

Notify party

SAME AS CONSIGNEE

EXTRACT OF MAIN DESCRIPTION
OF ORIGINAL BILL OF LADING

Pre-Carriage by	Place of receipt
	TAICHUNG,TAIWAN CY

Ocean Vessel	Voy. No.	Port of loading	
YM WITNESS	V.09W	KAOHSIUNG,TAIWAN	JKT5006901

Port of discharge	Place of delivery	*Final Destination (for the Merchant's reference)
JAKARTA, INDONESIA	JAKARTA, INDONESIA CY	

Container No.	Seal No. Marks and Numbers	No. of Containers or pkgs.	Kind of packages; description of goods	Gross weight (KGS)	Measurement (CBM)
DFSU6206986 (40DRY96)	CBL70423	600CTNS	CY /CY	G.W 5,490	65.000
HERBALIFE(R) 2000ML WATER BOTTLE 30PCS C/NO.1-300 MADE IN TAIWAN HERBALIFE(R) 1000ML WATER BOTTLE 30PCS C/NO.1-300 MADE IN TAIWAN		"SHIPPER'S LOAD AND COUNT" 1 CONTAINER(S) 600 CTNS 2000ML PLASTIC WATER BOTTLE 1000ML PLASTIC WATER BOTTLE ---------------- 1 CONTAINER(S) (600 CTNS)		G.W 5,490	65.000

PARTICULARS FURNISHED BY SHIPPER

SURRENDERED

Declared Value US$	If shipper enters a value, the ad valorem rate will be charged (See Clause 24)		
Total No. of Containers or Packages (in words)	ONE (1) CONTAINER(S) ONLY	G.W 5,490	65.000

Freight and Charges	Revenue Tons	Rate	Per	Prepaid	Collect
"FREIGHT COLLECT AS ARRANGED"					

Ex. Rate	Prepaid at TAIPEI	Payable at JAKARTA	Place and date of issue TAIPEI Jan.18,2017
	Total prepaid in local currency	No. of original Bts/L THREE (3)	KAWASAKI KISEN KAISHA. LTD. AS CARRIER

ICS
B/L

SHIPPED on board the Vessel
Date Jan.18,2017

By
..."K" LINE (TAIWAN) LTD.....
AS AGENTS FOR THE CARRIER

By
..."K" LINE (TAIWAN) LTD.....
AS AGENTS FOR THE CARRIER

圖 2-5　複式運送提單

結書或認賠書（letter of indemnity），換取簽發清潔提單，以便順利辦理提單轉讓及押匯。

四、收貨提單與裝船提單

收貨提單即是收貨物所提供的證（CARGO RECEIPT）其不具有提單的功能（on board date）的話，則爲裝船提單。裝船提單以及前述清潔提單的要求，通常貨主在買賣契約或信用狀上合併約定爲「full set of clean on-board original bill of lading」，意爲「全套清潔裝船正本提單」。

由於收貨到裝船的中間，仍存有不可預見的風險，例如結關後因颱風豪雨肆虐，貨櫃泡水或落水等，致無法裝船。因此如接受憑收貨提單付款的話，對買方的風險較高。故除非是委託**集貨商**（consolidator）代爲收貨、併貨的情形，否則買方一般都約定要求裝船提單。至於在超過**裝船最後期限**（shipping deadline）才出貨者，實務亦存在出具切結書以換取倒填裝船日（back date）提單，以符買賣契約或信用狀約定的做法，則屬另一層面的問題。對運送人提單做back dating，尚有以下兩點須加以注意：

1. 依我國《航業法》第24條規定：「簽發裝船提單，應於貨物裝船以後爲之，且不得虛列裝船日期。」明文禁止運送人預發提單及虛列裝船日期，所以back dating是明確違反《航業法》的行爲。
2. 請求倒填裝船日所出具之切結書內容，明確是違反法令，因此可想而知，該切結書無法得到法律保護。因此是否對貨主的要求加以配合，運送人應搭配其他因素來考量，而不宜過於浮濫，畢竟這是與法不合的行爲。

五、海運提單與海上貨運單

海運提單是一種物權憑證，是承運人或其代理人簽發的貨物之收據，是貨物所有權的憑證。收貨人憑此單提貨，是可以背書轉讓的。

而海上運貨單Seaway bill類似於航空貨運的Airway bill，亦有稱爲直交單者，顧名思義，即運送人得將貨物直接交予單據上所記載之收貨人。是證明海上運輸合同和貨物由承運人接管或裝船，以及承運人保證交付貨物給單證所載明的收貨人之一種不可流通的單證，它不是物權憑證，故不可轉讓，收貨人不憑此提貨而是憑到貨通知提貨，因此海上運貨單收貨人應該填寫實際的收貨人的名稱和地址。

它的形式與作用同海運提單相似，其主要的特點在於收貨人已明確指定。收貨人並不需要提交正本單據，而僅僅需要證明自己是海上運貨單載明的收貨人即可提取貨物。正是這個特點所以海上貨運單不可轉讓，操作過程和電放提單差不多。

SHIPPER
LOGIMAR SRL
AS AGENT ONLY

SC:GOA5028701

WAYBILL NO.
KKLUGOA125546
SEAWAYBILL

Sheet# 1

"K" LINE
KAWASAKI KISEN KAISHA, LTD.

WAYBILL
NON-NEGOTIABLE

CONSIGNEE
××××× CO., LTD
10F-1,NO.160,SEC.3 ZHONG XIAO
ROAD TAIPEI CITY 10655
PH. N.+886 2

NOTIFY PARTY
××××× CO., LTD
10F-1,NO.160, ONG XIAO
ROAD TAIPEI C... ...5
PH. N.+886 2

EXTRACT OF MAIN
DESCRIPTION OF WAYBILL

COPY
NON-NEGOTIABLE

PRE-CARRIAGE BY	PLACE OF RECEIPT		
	GENOA CY		
OCEAN VESSEL	**VOY NO.**	**PORT OF LOADING**	
COSCO AFRICA	033E	GENOA	
PORT OF DISCHARGE	**PLACE OF DELIVERY**		*** FINAL DESTINATION** (FOR THE MERCHANT'S REF.)
KAOHSIUNG	TAICHUNG CY		

CONTAINER NUMBER	SEAL NO. MARKS & NUMBERS	NO. OF CONTAINERS OR PACKAGES	KIND OF PACKAGES, DESCRIPTION OF GOODS	GROSS WEIGHT KGS	MEASUREMENT CBM
KKTU7711997	3086795	1	CONTAINER 20'BX		
			SAID TO CONTAIN		
N/M			20 PLTS	26.312,000	
			(STC 480 ROLLS)		
KKTU7622307	404230	1	CONTAINER 20'BX		
			SAID TO CONTAIN		
N/M			20 PLTS	26.312,000	
			(STC 480 ROLLS) BREIGLAS POL 5MM SAND SURFACE POLYESTER REINF 180 GR/SQM NON-WOVEN 7,680 M2 (WATERPROOFING MEMBRANES/FISHER FP-5000) FREIGHT PREPAID		
TOTAL NO. OF CONTAINERS OR PACKAGES (IN WORDS)			TWO CONTAINERS ONLY	52.624,000	

FREIGHT AND CHARGES	REVENUE TONS	RATE	PER	PREPAID	COLLECT

EX. RATE	PREPAID AT	PAYABLE AT	PLACE AND DATE OF ISSUE
			GENOA, MAY 30, 2016
	TOTAL PREPAID IN LOCAL CURRENCY	NO. OF WAYBILLS	
		ONE (1)	

ICS WAYBILL

SHIPPED ON BOARD THE VESSEL COSCO AFRICA / 033E
DATE MAY 30, 2016

BY ....

BY ....

圖 2-6　Seaway bill

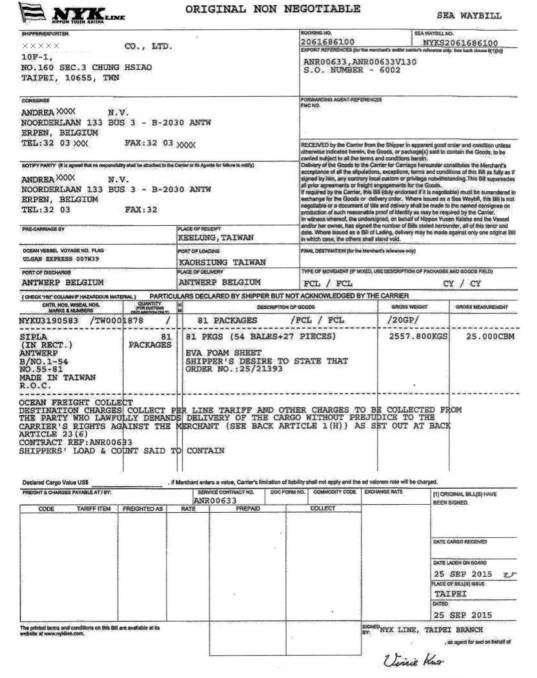

圖 2-7 Seaway bill

六、船公司提單與海運承攬運送人提單

這是以提單簽發主體爲標準所作的分類，如爲船舶運送人所簽發時，即爲船公司提單（VOCC B/L）或通稱爲主提單（master B/L）（圖2-8）。

BILL OF LADING

APL

SHIPPER (Principal or Seller licensee and Full Address)		PAGE	B/L NUMBER
PT. MILENIA ARMADA EKSPRES KOMPLEK RUKAN MITRA BAHARI JL. PAKIN RAYA BLOK A NO. 15 JAKARTA UTARA 14440 - INDONESIA		2 OF 2	APLU 078547811
		EXPORT REFERENCES	

CONSIGNEE (Name and Full Address /Non-Negotiable Unless Consigned to Order.) (Unless provided otherwise, a consignment "To Order" means "To Order of Shipper")	FORWARDING AGENT (References, F.M.C. No.)
×××× CO., LTD 10FL-1, NO. 160, SEC.3, CHUNG HSIAO E. ROAD, TAIPEI, TAIWAN, R.O.C	.
	POINT AND COUNTRY OF ORIGIN OF GOODS 10160

NOTIFY PARTY / INTERMEDIATE CONSIGNEE (Name and Full Address)	ALSO NOTIFY (Name & Full Address) / DOMESTIC ROUTING/ EXPORT INSTRUCTIONS / PIER — TERMINAL / ONWARD ROUTING FROM POINT OF DESTINATION
SAME AS CONSIGNEE # PIC : DINA TSAI	* JAKARTA, INDONESIA

INITIAL CARRIAGE (MODE)*	PLACE OF RECEIPT
	TG. PRIOK, *

EXPORT CARRIER (Vessel, Voyage, & Flag)	PORT OF LOADING
APL LOS ANGELES 123	TG. PRIOK, *

PORT OF DISCHARGE	PLACE OF DELIVERY
KAOHSIUNG, TAIWAN	TAICHUNG, TAIWAN

Excess Valuation - Please refer to Clause 7 (iii) on Reverse Side | PARTICULARS FURNISHED BY SHIPPER | Payment by Cheque must be made to the order of APL Co. Pte Ltd

MARKS & NOS./CONTAINER NOS.	NO. OF PKGS.	H.M.	DESCRIPTION OF PACKAGES AND GOODS	GROSS WEIGHT	MEASUREMENT
			ISSUED BY : CATHAY UNITED BANK, TAIPEI - TAIWAN NET WEIGHT : 11,070.00 KGS SHIPPED ON BOARD AT TG. PRIOK, JAKARTA-INDONESIA BY APL LOS ANGELES V.123 ON NOVEMBER 27, 2016 ***FREIGHT COLLECT***		
CTR NBR ****SEAL NBR**** T/S HT MODE QUANT/TYPE CAIU975049-8 AS60032694 D40 96 CY/CY 2650CTNS ** SHIPPER'S LOAD, STOW AND COUNT **					
			SHIPPED ON BOARD NOV. 27, 2016		

B/L TO BE RELEASED AT:				OCEAN FREIGHT PAYABLE AT:			
FREIGHT RATES CHARGES, WEIGHTS AND/OR MEASUREMENTS (SUBJECT TO CORRECTION)			PREPAID U.S. $	COLLECT U.S. $	LOCAL CURRENCY	The undersigned Carrier hereby acknowledges receipt of the sealed container or packages or other shipping units said to contain the Goods described above in apparent external good order and condition unless otherwise stated. The Shipper agrees, and the Consignee and every person purchasing this instrument for value, if Negotiable, or otherwise having an interest in the Goods is advised that the receipt, custody, carriage and delivery of the Goods are subject to all the terms and conditions set forth and by incorporated by reference on this side and the reverse hereof, whether written, stamped or printed. A set of 3 originals of this bill of lading is hereby issued by the Carrier. Upon surrender to the Carrier of any one negotiable bill of lading, properly endorsed, all others shall stand void.	
LOS	123	TOTAL PREPAID					
VESSEL	VOYAGE	TOTAL COLLECT					

BL Number:	APLU 078547811	Date:	NOV. 27,2016	American President Lines,Ltd., The Carrier
THANK YOU FOR SHIPPING WITH APL		Place Issued:	JAKARTA, ID	BILL OF LADING COMPLETE

** Proof Read Copy **

BILL OF LADING

SHIPPER (Principal or Seller licensee and Full Address)		PAGE			B/L NUMBER	
PT. MILENIA ARMADA EKSPRES KOMPLEK RUKAN MITRA BAHARI JL. PAKIN RAYA BLOK A NO. 15 JAKARTA UTARA 14440 - INDONESIA		2 OF 2			APLU 078547811	
		EXPORT REFERENCES				
CONSIGNEE (Name and Full Address /Non-Negotiable Unless Consigned to Order.) (Unless provided otherwise, a consignment "To Order" means "To Order of Shipper")		FORWARDING AGENT (References, F.M.C. No.)				
×××××× CO., LTD 10FL-1, NO. 160, SEC.3, CHUNG HSIAO E. ROAD, TAIPEI, TAIWAN, R.O.C		.				
		POINT AND COUNTRY OF ORIGIN OF GOODS				
		10160				
NOTIFY PARTY / INTERMEDIATE CONSIGNEE (Name and Full Address)		ALSO NOTIFY (Name & Full Address) / DOMESTIC ROUTING/ EXPORT INSTRUCTIONS / PIER — TERMINAL / ONWARD ROUTING FROM POINT OF DESTINATION				
SAME AS CONSIGNEE # PIC : DINA TSAI		* JAKARTA, INDONESIA				
INITIAL CARRIAGE (MODE)*	PLACE OF RECEIPT					
	TG. PRIOK, *					
EXPORT CARRIER (Vessel, Voyage, & Flag)	PORT OF LOADING					
APL LOS ANGELES 123	TG. PRIOK, *					
PORT OF DISCHARGE	PLACE OF DELIVERY					
KAOHSIUNG, TAIWAN	TAICHUNG, TAIWAN					

Excess Valuation - Please refer to Clause 7 (iii) on Reverse Side				Payment by Cheque must be made to the order of APL. Co. Pte Ltd		
MARKS & NOS./CONTAINER NOS.	NO. OF PKGS.	H.M.	DESCRIPTION OF PACKAGES AND GOODS		GROSS WEIGHT	MEASUREMENT
			PARTICULARS FURNISHED BY SHIPPER			

ISSUED BY : CATHAY UNITED BANK,
TAIPEI - TAIWAN

NET WEIGHT : 11,070.00 KGS

SHIPPED ON BOARD
AT TG. PRIOK, JAKARTA-INDONESIA
BY APL LOS ANGELES V.123
ON NOVEMBER 27, 2016

FREIGHT COLLECT

```
***CTR NBR*** ****SEAL NBR**** T/S HT    MODE    QUANT/TYPE
CAIU975049-8  AS60032694     D40 96  CY/CY    2650CTNS
              ** SHIPPER'S LOAD, STOW AND COUNT **
```

SHIPPED ON BOARD NOV. 27, 2016

B/L TO BE RELEASED AT:			OCEAN FREIGHT PAYABLE AT:			
FREIGHT RATES CHARGES, WEIGHTS AND/OR MEASUREMENTS (SUBJECT TO CORRECTION)		PREPAID U.S. $	COLLECT U.S. $	LOCAL CURRENCY	The undersigned Carrier hereby acknowledges receipt of the sealed container or packages or other shipping units said to contain the Goods described above in apparent external good order and condition unless otherwise stated. The Shipper agrees, and the Consignee and every person purchasing this instrument for value, if Negotiable, or otherwise having an interest in the Goods is advised that the receipt, custody, carriage and delivery of the Goods are subject to all the terms and conditions set forth and by incorporated by reference on this side and the reverse hereof, whether written, stamped or printed.	
					A set of **3** originals of this bill of lading is hereby issued by the Carrier. Upon surrender to the Carrier of any one negotiable bill of lading, properly endorsed, all others shall stand void.	
LOS 123	TOTAL PREPAID					
VESSEL VOYAGE	TOTAL COLLECT					

BL Number: APLU 078547811   Date: NOV. 27,2016

Place Issued: JAKARTA, ID

THANK YOU FOR SHIPPING WITH APL

American President Lines,Ltd., The Carrier
BILL OF LADING COMPLETE

** Proof Read Copy **

圖 2-8

　　如為海運承攬運送人所簽發，即為海運承攬運送人提單（NVOCC B/L）或稱分提單。

KECE **KECE LINE**

OCEAN BILL OF LADING

Shipper/Exporter PT.DOL FOOD ICE CREAM MANUFACTURE JL.INDUSTRI , TANGERANG 15710, INDONESIA	S/O No./Ref. No. B/L No. **MAX-JKT-0116110058**
Consignee TO THE ORDER OF CATHAY UNITED BANK	Forwarding Agent- References ×××× **CO., LTD** TEL : +886 2 XXXX FAX : +886 2 XXXX PIC : DINA
Notify Party (complete name and address) HSIANG HSIANG FOOD CO., LTD. NO.168, CHUNG CHENG RD., PAN-CHIAO, TAIPEI HSIEN, TAIWAN,R.O.C.	Point and Country of Origin (for the Merchant's reference only) Onward Inland Routing/ Export Instructions (for the Merchant's reference only)
Place of Receipt / Date Port of Loading TG. PRIOK, JAKARTA, * TG. PRIOK, JAKARTA, *	
Ocean Vessel | Voy. No. APL LOS ANGELES V.123	
Port of Discharge Place of Delivery TAICHUNG PORT - TAIWAN TAICHUNG PORT - TAIWAN	In Witness Whereof, the undersigned, on behalf of Kece Group. Has Signed the number of Bill(s) of Lading stated below, all of this tenor and date, one of which being accomplished, the others to stand void.

Particulars Furnished by the Merchant

Marks & Nos	Quantity And Kind of Packages	Description of Goods / Container No. / Seal No.	Measurement (M³) Gross Weight (KGS)
CONTAINER/SEAL NO.: CAIU9750498/AS60032694 * INDONESIA ** NUMBER : 6AXXXXX DATE OF ISSUE : 21 NOVEMBER, 2016 ISSUED BY : CATHAY UNITED BANK, TAIPEI - TAIWAN CLEAN ON BOARD TOTAL NUMBER OF CONTAINERS OR PACKAGES (IN WORDS)	1 CTNR (2650 CTNS)	**DESCRIPTION OF GOODS AND/OR SERVICES** **SHIPPER'S LOAD, COUNT & SEALED. S.T.C :** **1X40'HC CONTAINER :** FOB JAKARTA, INDONESIA 1,600 CTNS CHO CHO WAFER STICK CHOCOLATE (6 JARS X 700 GR) 450 CTNS CHO CHO WAFER STICK STRAWBERRY (6 JARS X 700 GR) 300 CTNS CHO CHO WAFER STICK PEANUT (6 JARS X 700 GR) 300 CTNS BELLA MEISES CHOCOLATE CANDY 1 BAG X 4 KGS TOTAL QUANTITY : 2,650 CARTONS AS PER PROFORMA INVOICE NO.: DLPTA-195/X/EX/2016 DATE: OCTOBER 31, 2016 IRREVOCABLE DOCUMENTARY CREDIT ** NET WEIGHT : 11,070.00 KGS	**69.93 M3** **14,514.00 KGS** SHIPPED ON BOARD AT TG. PRIOK, JAKARTA-INDONESIA BY APL LOS ANGELES V.123 ON NOVEMBER 27, 2016 Declared Value $ _____ if Merchant enters actual value of Goods and pays the applicable ad valorem tariff rate, Carrier's package limitation shall not apply.

FREIGHT & CHARGES	Revenue Tons	Rate	Per	Prepaid	Collect
FREIGHT COLLECT					

SERVICE TYPE CY - CY	Number of Original B(s)/L Place of B(s)/L Issue/Date JAKARTA, NOVEMBER 27, 2016 Laden on Board the Vessel NOVEMBER 27, 2016	**PT. MILENIA ARMADA EKSPRES** AS AGENT FOR KECE LINE By AS AGENT FOR THE CARRIER KECE LINE

圖 2-9

　　複合式運送的情形，承擔全程複合運輸的承攬運送人才是主運送人，船舶運送人則只擔任海上那一段的運送，是全程運輸中的一個履行契約輔助人而已。

七、正本提單與副本提單

　　正本提單是表彰之前所述五種提單功能的文件，從形式上看，正本提單背面印有密密麻麻的運送條款。而副本提單則沒有這些條款，一般會在副本提單正面印明為副本不可轉讓（copy non-negotiable）的字樣，以利分辨，也明確聲明其並非流通文件。副本提單一般僅供貨主申請產地證明、領事館簽證、通知貨物保險，以及自己留底等之用，並不具備前述功能。實務上，運送人一般都簽發3張正本提單，及4～6張的副本提單。正本提單的背面條款，都是事先印就，字體小而密集，實在不易閱讀，因此貨主究竟讀與不讀，不無困擾。這點如何解決，在後文中會再做說明。3張正本提單具有同等效力，依我國《海商法》第58條第1項規定，在提單所指定之目的港提貨時，只要出具三張正本中的任何一張即可。但在原定目的港以外地點提貨時，則須提出全套正本，此部分也留待後面文中進一步說明。

第五節　運送人的權利與義務

　　公共運送人是為了得到報酬，而提供運輸服務，因此自有其應享的權利。但其公共運輸性質，攸關大眾權益，因此有其應負擔的義務。此處先說明運送人的一般權利與義務：

一、運送人的權利

（一）運費請求權

　　依《海商法》第40條第1項第5款，「運費」係指運送人因提供運輸服務，而收取做為報酬的部分。運送人為提供運輸服務，必須投入大量的財力物力，因此使用人必須對其提供的服務支付代價，這就是「運費」。至於費用，則是指貨主因使用運輸服務，所發生的其他支付，例如：貨櫃場作業費、倉租及貨櫃場租、運送人提供運輸服務，當然有要求貨主支付運費及費用的權利。

（二）交還載貨證券請求權

載貨證卷持有人請求交付其運送之貨物時，應將載貨證卷返還運送人（《海商法》第60條、《民法》第630條），亦即受貨人請求交貨時，運送人得請求其交還載貨證卷。

（三）損害賠償請求權

託運人裝載貨物或受貨人卸載貨物，超過裝卸期間者，運送人得按其超過之日期，請求相當損害之賠償（《海商法》第52條第2項），一般稱之為「延滯費」。又運送人或船長發現未經報明之物，如有損害者，亦同（《海商法》第65條第1項）。

（四）未經報明貨物之處置權

運送人或船長在航行中，如發現未經報明之貨物，得在裝載港將其起岸，或使支付同一航程，同種貨物應付最高額之運費。如係違禁物，或其性質足以發生損害者，船長得投棄之（《海商法》第65條）。

（五）貨物寄存權

受貨人怠於受領貨物時，運送人或船長得以受貨人之費用，將貨物寄存於港皮管理機關或合法經營之倉庫，並通知受貨人，如受貨人不明或受貨人拒絕受領貨物時，運送人或船長得依上述之規定辦理，並通知託運人及受貨人（《海商法》第51條）。運送契約中，一般所稱的lien clause。針對運費及費用有未獲支付的情形，運送人得將貨物留置的權利。我國《海商法》第51條即作如下規定：「售貨人怠於受領貨物時，運送人得以受貨人之費用，將貨物寄存於港阜機關或合法經營之倉庫，並通知受貨人。受貨人不明或受貨人拒絕受領貨物時，運送人得依前項之規定辦理，並通知託運人及受貨人。」貨主在應交貨期間內仍怠於受領貨物時，運送人得以貨主之費用，將貨物寄存於合法經營之倉庫，運送人乃得以繼續其後續運送。在貨櫃運輸之下，這問題較易獲得控制，運送人多以徵收累進的延滯或留滯費，壓迫貨主提櫃及還櫃，如貨主依然不提貨，於超過海關規定之時限以後，即得將運送物拍賣，將所得款抵充海關稅賦及相關運費及費用等。因此可說是循序漸進的作法，以保障運送人權益。

(1) 至於對拍賣的規定則可見諸我國《海商法》第51條：「運送人對：一、不能寄存於倉庫之貨物。二、有腐敗之虞。三、顯見其價值不足抵償運費及其他相關

之必要費用者。得聲請法院裁定准予拍賣。」

(2) 載貨證卷持有人在二人以上，請求交付貨物時，運送人或船長應即將貨物依法寄存，並通知曾爲請求之各持有人。載貨證卷有數份，其持有人僅以一份，於貨物目的港請求交付貨物，運送人或船長如已交付之貨物之一部分後，他持有人請求交付貨物者，對於其賸餘之部分亦同（《海商法》第58條第2項參照）。

二、運送人的義務

（一）必要注意與措置

運送人或船舶所有人於發航前及發航時，對於下列事項應爲必要之注意及措置（《海商法》第62條）：

1. 使船舶有安全航行之能力。
2. 配置相當海員、設備及供應（運航能力）。
3. 使貨艙、冷藏室及其他供載運貨物部分適合於受載、運送與保存（堪載能力）。

（二）貨物照管之注意與處理

我國《海商法》第63條的規定爲：「運送人對於承運貨物之裝載、卸載、搬移、堆存、保管、運送及看守，應爲必要之注意及處置。」

《民法》第634條規定：「運送人對於運送物之喪失、毀損或遲到，應負責任。但運送人能證明其喪失、毀損或遲到，係因不可抗力，或因運送物之性質，或因託運人或受貨人之過失而致者，不在此限。」

（三）載貨證券之發給

《海商法》第53條規定：「運送人或船長於貨物裝載後，因託運人之請求，應發給載貨證券。」由於提單乃是國際商業交易中最重要的文件，因此運送人須配合簽發提單予託運人，以利後者完成國際交易，故填發提單亦屬運送人的義務之一。

（四）到貨之通知

即貨物運抵交貨地前，須通知受貨人。我國《民法》第643條明訂：「運送人於貨

到目的地時，應即通知受貨人。」我國《海商法》第50條規定：「貨物運達後，運送人或船長應即通知託運人指定之應受通知人或受貨人。」因此海上運送人於運送物抵達目的地前，照例會寄發**到貨通知書**（arrival notice）給提單上的受通知人，以利其準備辦理提貨的相關手續。

（五）禁運與危險物之拒絕

《海商法》第64條規定：「運送人知悉貨物為違禁物或不實申報物者，應拒絕載運。其貨物之性質足以毀損船舶上人員健康者亦同。但為航運或商業習慣所許者，不在此限。運送人知悉貨物之性質具易燃性、易爆性或危險性並同意裝運後，若此貨物對於船舶或貨載有危險之虞時，運送人得隨時將其起岸、毀棄或使之無害，運送人除由於共同海損者外，不負賠償責任。」

（六）轉載之禁止

原則上，運送人非有下列情形之一者，不得任意轉載貨物：
1. 船舶於航行中遭難或不能航行時（《海商法》第68條）。
2. 經託運人之同意而為聯營運送時（《海商法》第74條第2項）。

（七）航程之遵守

但有「有合理偏航」之情形時，則得例外免責，即《海商法》第71條規定：「為救助或意圖救助海上人命、財產或其他正當理由偏航者，不得認為違反運送契約，其因而發生毀損或滅失時，船舶所有人或運送人不負賠償責任。」

（八）交貨與寄倉

貨到通知是運送人的義務，也是一項服務。

貨物寄倉之規定，分為得寄存及應寄存兩種情形，但均於進倉寄存時發生貨物交付之義務。

這個義務也就是前面所提過之善良管理人的義務，即運送人對其運送物必須盡到**必要之注意**（due diligence）與妥善處置的責任。舉例言之，於接受冷凍貨載時，在冷凍設備及溫度設定與維持方面，均必須符合貨主所委託。存放貨物處所必須能適當地保護

貨物，以及應依從指示方式運送等。

第六節　託運人之權利義務與責任

一、託運人之權利

1.發航請求與使為運送權

託運人於貨物運送契約成立，並於運送人裝貨完畢後，有請求船長或船舶所有人發航之權利，且有使為運送權。

2.載貨證券之請求

貨物裝載後，託運人有請求發給載貨證券之權利。

二、託運人之義務

1.遵託運人之義務期裝載

託運人於貨物之裝載，有遵守當事人約定裝載期間之義務。

2.交付運費

託運人有交付運費之契約上義務，如運費未經給付時，運送人對於運送之貨物有留置權（《民法》第647條）。

3.正確通知

託運人對於交運貨物之名稱、數量，其或包裝之種類、個數及標誌之通知，應向運送人保證其正確無誤。

三、託運人的責任

1.遵守裝載期間之義務與責任（參照《海商法》第52條）。

2. 負擔運費之義務與責任（參照《海商法》第43～49條、65～68條）。

3. 通知不正確所致之賠償責任（參照《海商法》第54條、第70條）。

4. 禁運偷運與未報明貨物所致之賠償責任（參照《海商法》第64、65條）。

而在免責方面，則規定運送人或船舶所有人所受之損害，非由託運人或其代理人、受雇人之過失所致者，託運人不負賠償責任（《海商法》第57條）。

第七節　受貨人之權利義務

一、貨物受領權

依《民法》第644條規定：「運送物到達目的地，並經受貨人請求交付後，受貨人取得託運人因運送契約所生之權利。」

二、損害賠償請求權

貨物一經有受領權利人受領，推定運送人已依照載貨證卷之記載交清貨物。又貨物之全部或一部分毀損、滅失者，自貨物受領之日或自應受領之日起，一年內未起訴者，運送人或船舶所有人解除其責任。

三、遵期卸載

受貨人取得貨物受領權後，亦應遵守卸載期間的規定。

四、遵指示卸貨

件貨運送之受貨人，原則上應依運送人或船長之指示，將貨物卸載，且卸載之貨物離船時，運送人或船長解除其運送責任（《海商法》第50條第2項），而受貨人請求交付運費送貨物時，則應將載貨證券交還（《海商法》第60條準用《民法》第630條）。

第八節　運送人之免責

海上運送人的免責事由，根據1924年《海牙規則》及我國《海商法》第69條之規定共有17項，也是各種運輸中最多者，其免責事由包括：海上或航路上的危險、非因運送人本人故意或過失所生之火災、罷工或其他勞動事故、天災、戰爭行為、暴動、公敵（海盜）、船員或引水人過失行為、包裝不固、標誌不足或不符、貨物本質的耗損、船舶隱有瑕疵等，林林總總，多是其他運輸方式沒有的，各方當事人均予以注意。

第63條：

「運送人對於承運貨物之裝載、卸載、搬移、堆存、保管、運送及看守，應為必要之注意及處置。」

本條所定者，為運送人對承運貨物所應有的處置方式。本條文所要求的程度為「必要之注意」，即一般所謂的due diligence。但「必要之注意」則指在當時情況之下，是可以注意也應該注意的。依此精神，則運送人負的是相對責任。因此有貨物毀損滅失發生時，運送人只要證明已盡到必要之注意，即可免責。

第69條：

「因下列事由所發生之毀損或滅失，運送人或船舶所有人不負賠償責任：

1.船長、海員、引水人或運送人之受僱人，於航行或管理船舶之行為而有過失。

2.海上或航路上之危險、災難或意外事故。

3.非由於運送人本人之故意或過失所生之火災。

4.天災。

5.戰爭行為。

6.暴動。

7.公共敵人之行為。

8.有權力者之拘捕、限制或依司法程序之扣押。

9.檢疫限制。

10.罷工或其他勞動事故。

11.救助或意圖救助海上人命或財產。

12.包裝不固。

13.標誌不足或不符。

14.因貨物之固有瑕疵、品質或特性所致之耗損或其他毀損滅失。

15.貨物所有人、託運人或其代理人、代表人之行為或不行為。

16.船舶雖經注意仍不能發現之隱有瑕疵。

17.其他非因運送人或船舶所有人本人之故意或過失及非因其代理人、受僱人之過失所致者。」

附註：海上運送人的單位責任限額

我國《海商法》第70條有關單位責任限制之規定如下：「除貨物之**性質**及**價值**於裝載前，已經託運人聲明並註明於載貨證券者外，運送人或船舶所有人對於貨物之**毀損滅失**，其賠償責任，以每件特別提款權六六六．六七單位或每公斤特別提款權二單位計算所得之金額，兩者較高者為限。（第二項）前項所稱**件數**，係指**貨物託運之包裝單位**。其以貨櫃、墊板或其他方式併裝運送者，應以載貨證券所載其內之包裝單位為件數。但載貨證券未經載明者，以併裝單位為件數。其使用之貨櫃係由**託運人提供者**，貨櫃本身得作為一件計算。（第三項）由於運送人或船舶所有人之**故意或重大過失**所發生之毀損或滅失，運送人或船舶所有人不得主張第二項單位限制責任之利益。」

我國《民法》第639條規定：「貨主對貴重物品須事先報明其價值與性質，否則運送人對其喪失與毀損不必負責。」

有關這方面的問題，由於多年來的經驗發現運送人與託運人之間會承現出對立的立場，特別是牽涉到利損關係時。因此，彼此之間若要長遠合作為前題下，都要各退一步，才能達到共識。有關這方面的法規及解決的敘述，將不多說明，畢竟理論與實務上的落差是很大的。

同時值得一提的是在**2009年**《**鹿特丹規則**》**新規定**鑒於電子商務的普及，因此確認電子運送資料與單證的有效性，已明確的明訂電子單和紙本文件具有同等效力。因此，在作業效率上，以及考量到環保**趨勢**，相信定能對於航運發展有很大的助益。

第三章　航業與航線的詮釋

第一節　航業

依據我國《航業法》第2條第1項名詞定義：「航業指經營船舶運送、船務代理、海運承攬運送、貨櫃集散站、船舶出租及貨櫃出租等事業」。換言之，從我國《航業法》而言，航業涵蓋以上所述各航運事業。

一、船舶運送業

船舶運送業指「以船舶經營客貨運送而受報酬之事業」。我國《航業法》對船舶運送業之認定，是以自有運具即船舶為先決條件。換言之，要先自有船舶才可註冊設立船舶運送業，因為《航業法》第9條第2項明定：「船舶運送業應在核定籌設期間內，依法辦理公司登記，置妥自有船舶，具備有關文書，申請當地航政機關核轉交通部發給船舶運送業許可證後，始得依法營業」。在完成設立船舶運送業之後，始可租賃船舶參加營運。因此對船舶運送業雖不像對其他行業訂有設立資本額的要求，但因船價非常昂貴，欲設立船舶運送業的門檻還是很高的。國人經營的航運公司相當爭氣，例如長榮海運、陽明海運、萬海航運、德翔航運、裕民航運、慧洋海運、新興航運等，均在各自業務領域中，具有舉足輕重的國際地位。

美國在其1998年《航業改革法》（The Ocean Shipping Reform Act of 1998）中對船舶運送人所做的定義：稱**海運公共運送人**者，為營運船舶之公共運送人（Sec. 3-16："Ocean Common Carrier" means a vessel-operating common carrier.）。本定義所著重的是對船舶的經營（operate），並非船舶的擁有（own）。事實上，船舶運送人不僅可出用船舶營運，甚至可只租用其他船公司的部分船位（中國稱為買艙），並不依定要擁有（own）船舶，這是目前聯盟（ailliance）或聯營船公司的做法。因此從「營運」的角度來定義船舶運送業，比較能符合實務狀況與需求。

二、船務代理業

船務代理業指「受船舶運送業或其他有權委託人之委託，在約定授權範圍內，以委託人名義代為處理客貨運送及其有關業務而受報酬之事業」。一般對船務代理業事先指定一個國家或地區的**總代理**（general agent），再透過總代理指定**港口代理**（port agent）或**攬貨代理**（booking agent），三者代理內容各有不同。

三、海運承攬運送業

海運承攬運送業指「以自己之名義，為他人之計算，使船舶運送業運送貨物而受報酬之事業」。由於本定義將海運承攬運送人的業務，限制在使船舶運送業運送貨物的功能，長久以來使這個行業的發展受到壓抑。雖其名詞定義係沿用《民法》「承攬運送」章，但《民法》中另有所謂運送介入權（663條）及介入權之擬制（664條）使承攬運送人也能夠成為運送人的規定，在我國《航業法》並未援用；加上我國海關在民國85年從嚴解釋海運承攬運送業的功能，以致多年來本業的發展受到非常大的限制，並且和國際實務脫節。

四、船舶出租業

船舶出租業者指「船舶所有人以船舶出租與船舶運送業營運而收取租金之事業」。本定義相當清楚，指以出租船舶為業的行業。國際之間有些大財團所擁有之船舶並不自行營運，而係以出租為業，全球近半貨櫃輪是租用的。出租船舶的一方稱為船東或船方（shipowner），租入的一方稱為租方（charter）。

至於船舶租傭的方式，則視雙方需求條件而訂，可分成：定時租船（time charter），是以某依約定期間例如一年為租用期間者；航次租船（voyage charter），是以某種起訖航點做為租用期間者，航次租船在貨櫃運輸較少見。對船舶運送業者而言，租船成本固然較高，但依據市場變化及船隊配置需要，適時租船加入營運，可使船隊經營更加靈活。國人經營的陽明海運、萬海航運及德翔航運等，均有部分租用的船隻，更可隨市場調節，發揮經濟效益。

五、貨櫃出租業

本規則依《航業法》第67條規定訂定之。貨櫃出租業指「貨櫃所有人以貨櫃出租與承租人使用收益，而收取租金之事業」。船舶運送業通常除自備相當量的貨櫃，為方便貨櫃及資金靈活調度起見，多同時會有相當比例的租用櫃，租出貨櫃的行業即為貨櫃出租業。

第二節　商港

何謂商港？

　　依照我國《商港法》之定義，所謂商港為「指通商船舶出入之港」，換言之，就是供商船出入裝卸貨物的港口。至於國際商港「指准許中華民國及外國通商船舶出入之港」，也就是對外輪開放的港口；而國內商港指的是「除經特許或避難之外輪以外，僅許中華民國出入之港口」，亦即不對外輪開放的港口。臺灣地區現有基隆、高雄、花蓮、臺中、蘇澳、安平、臺北等7個國際商港，在經濟發展上扮演了極重要的角色，2015年我國國際商港貨櫃裝卸量為1,449萬TEU，較上年減少3.7%；貨物裝卸量為7億2,139萬計費噸，減少3.6%；另2015年吞吐量為2億4,068萬公噸，較上年減少5.8%；2015年各港進出港旅客人數共計135萬人次，較上年減少2.0%。

一、業務概況

（一）高雄港是我國最大的國際商港及重要樞紐港，洲際貨櫃中心第一期工程於2011年1月5日開始營運，提升高雄港裝卸能量，2015年貨櫃裝卸量計1,026萬TEU；北部以基隆港為主，2015年貨櫃裝卸量達145萬TEU；另為分擔北部地區貨櫃及大宗散雜貨海運需求，臺北港自1998年起散雜貨碼頭加入營運，並持續進行建港工程，由民間參與投資興建之貨櫃儲運中心於2009年2月完成2座碼頭開始營運，2011年11月27日第3座碼頭亦加入營運，2015年貨櫃裝卸量133萬TEU；臺中港為中部地區均衡發展的重要門戶，也是我國能源、重工原物料進出口主要港口，2015年貨櫃裝卸量145萬TEU；花蓮港則為東部重要國際港口，肩負東部對外運輸責任。

（二）為因應兩岸海運直航及國際經貿發展趨勢，推動商港經營管理體制改革完成政企分離，將以高雄港為貨櫃轉運樞紐及貨物加值旗艦，打造海空經貿城，並成為自由經濟示範區列車的動力車頭；基隆港發展成為北部地區以近洋航線為主之運銷物流港、兩岸客貨運及國際郵輪靠泊港；臺北港定位為北部區域遠洋貨櫃及國際型物流港；臺中港目標是近洋航線及區域性貨櫃接駁港，並職司主要能源、重工、石化原料進口及油品儲運中心；而花蓮港則係觀光遊憩港及東部水泥與礦（砂）石及石材儲運港，在各國際商港分工合作下，發揮「對內協調分工，對外整合競爭」之綜效。

（三）為推動現代化商港管理體制改革，航港體制採「政企分離」作法，於2011年底前完成《國營港務股份有限公司設置條例》、《交通部航港局暫行組織規程》之訂定及《商港法》之修正，並於2012年3月設置「航港局」，專責辦理航政及港政公權力事項，另成立「臺灣港務股份有限公司」，專責經營港埠相關業務，提升港埠經營效率及競爭力，進而將臺灣的經濟腹地延伸至全世界。

（四）為加強金門、馬祖地區國內商港整體規劃、建設、經營及管理，成立「交通部推動金門、馬祖港建設執行小組」，積極協助金馬地區辦理港埠建設工程。金門國內商港水頭港區1、2號碼頭興建刻併同港池浚填工程，目前積極施工中；馬祖國內商港部分，碼頭區工程均已完工。

二、未來發展重點

（一）從世界航運發展趨勢來看，由於遠洋航運貨櫃輪容量不斷增大，未來區域性轉口作業將集中在少數條件優良之深水港。因此，發展海運轉運中心係將臺灣發展成為東亞地區貨櫃轉口及相關附加價值活動之集中地點，其目的在暢通臺灣與東亞地區貨物運輸，增強臺灣作為亞太地區商業中心的功能，並發揮支援製造中心發展的作用。

（二）為因應企業全球化發展趨勢，吸引跨國公司來臺投資，並推動我國貿易自由化、國際化，各國際商港積極推動設置「自由貿易港區」，目前基隆、高雄、臺北、蘇澳及臺中港之自由貿易港區均已開始營運，並於2013年7月完成申設安平港自由貿易港區，截至2015年底，計80家自由貿易港區業者，未來各自由貿易港區將持續推動招商工作，以活絡港口營運績效。

（三）伴隨亞洲地區經濟快速成長，郵輪觀光市場日益增溫，亞洲郵輪市場被視為明日之星。因此，為發展臺灣成為郵輪觀光樞紐，已將高雄港及基隆港定位為「郵輪雙母港」，並推動高雄旅運大樓及基隆客運專區港務大樓興建，藉由郵輪產業之推動，帶動後勤補給相關業者蓬勃發展。

（四）為因應國際海事組織採納《國際船舶與港口設施保全章程》，我國國際商港未來將持續辦理新制港口保全措施之演練及演習，以提升我國海事安全之地位與聲譽，並強化港口安全工作。

（五）為保障我國海域航行安全，防止海域污染，我國各國際商港將持續加強執行港口國管制檢查，藉此消除不符合國際公約之次標準船，以符合國際趨勢。

　　受到全球不景氣影響，我國貨櫃裝卸量近年（如表3-1），因應海運貨物的進出都須經過國際商港裝卸，因此商港在國際運輸扮演舉足輕重的角色。

表 3-1　我國貨櫃港裝卸量

單位：TEU

年度	總計	基隆港	高雄港	臺中港	臺北港
104 年	14,491,654	1,445,337	10,264,420	1,447,390	1,334,506
105 年	14,866,140	1,388,105	10,464,860	1,535,011	1,477,330
106 年	14,911,753	1,418,328	10,271,018	1,660,663	1,561,744
107 年	15,321,722	1,471,865	10,445,726	1,744,126	1,659,999
108 年（1月至11月）	13,953,668	1,318,788	9,517,443	1,631,644	1,485,787
108 年 1 月	1,329,397	131,888	907,808	146,956	142,746
108 年 2 月	1,057,770	78,935	741,786	112,217	124,833
108 年 3 月	1,337,023	118,896	912,664	153,445	152,018
108 年 4 月	1,276,777	115,140	881,962	146,322	133,354
108 年 5 月	1,323,742	125,015	895,416	161,899	141,407
108 年 6 月	1,264,385	125,057	861,115	151,626	126,587
108 年 7 月	1,305,304	132,969	884,299	153,191	134,845
108 年 8 月	1,261,365	118,287	859,350	152,796	130,933
108 年 9 月	1,236,680	117,545	846,261	148,378	124,497
108 年 10 月	1,292,425	127,986	870,622	149,074	144,744
108 年 11 月	1,268,802	127,073	856,162	155,742	129,825

產生時間：109/01/25
說明：
1. 不含翻艙櫃量；總計含花蓮港及安平港。
2. 國際商港貨櫃裝卸量統計自 105 年起包含國內航線貨櫃裝卸量。
3. 因四捨五入關係，總計數字容或不等於細項數字之合。

三、商港的功能角色

　　商港是一個國家的門戶，為國際貨物裝卸的場所，此外也具備貨物進出國境的把關功能，因此也為國際貨物通關、檢驗、檢疫、緝私的交接點，其具有非常重要的功能。在過去主要是讓貨物經濟順利安全進出為已足，但在目前全球化物流趨勢下，港口有更

積極的功能。換句話說，港口現在是居於一個國家物流樞紐的地位，而非僅供貨物裝卸而已。商港角色的轉變可以分成四個階段：

1. 港口為操作船舶和國際貨物的場所（port as a place）：這時期只管作業，不顧效率。
2. 港口為整理運輸作業系統中的一環（port as an operating system）：這時期必須注重港口的作業效率。
3. 港口為經濟個體（port as an economic unit）：這時期必須講求港口在整體經濟系統中的重要性，即必須考量港口對整體經濟的影響地位。
4. 港口為整體物流鏈系統的一環（port as an element in value-driven chain system）：這就是當前港口所必須考量的定位。

換句話說，港口以往只是作為裝卸船及貨物的地點，如今隨著全球物流的發展需求，港口扮演著國際物流鏈中重要的地位，因此港口的角色也應隨著時代的改變而調整如下：

（一）提供具有附加價值的服務

配合物流整合化的趨勢，港務服務內容亦應提供前段及後段的服務，這點可以從新加坡港務公司、香港國際碼頭公司和杜拜港世界公司的發展找到方向。新加坡、香港都臨海，杜拜則在世界航道外，如果他們只是以港口裝卸為已足的話，那絕對不足以成為世界大港的。然而新加坡港和香港的貨櫃吞吐量分居世界第一、三名，杜拜港則以超過1180萬TEU擠下高雄港，這是他們以成為區域營運中心為目標經營的結果。從港口的龐大貨量來帶動區內整個物流發展商機，其效益至為明顯。茲依據國際貨櫃運輸2010年3月號發布之統計，世界前20名的貨櫃港口排名（如表3-2）。

從表3-2敘述世界貨櫃港的排名，也可以看得出亞洲經濟實力。在世界貨櫃港的排名屢屢創新高，因此亞洲區間航線，已成為世界最重要的國際航線。

就企業經營的角度而言，貨櫃港口的重要性也愈來愈受到重視。貨櫃碼頭事業本身即頗具獲利潛力，例如香港李嘉誠先生的和記黃浦集團，在世界18個國家投資經營國際港口，獲利豐厚；新加坡港務公司的國際碼頭事業，也有亮麗表現。但船公司介入貨櫃碼頭經營的目的，主要還是著重於掌握碼頭作業，使不要因碼頭作業延誤，影響船期。我國高雄港各貨櫃中心的經營方式，以出租為主。如果某船公司未在高雄港承租到碼頭的話，便必須和別公司一起排船席，船期即可能受到影響。但近年來，**臺灣的貨櫃運輸地位有逐漸被中國港口取代的趨勢**，因此高雄港的地位也在式微，值得憂心。

表 3-2　全球主要貨櫃港口排名

排名	趨勢	港口	2018 年	2017 年	增速
1（1）	→	Shanghai	4201	4023	4.42%
2（2）	→	Singapore	3660	3367	8.70%
3（4）	↑	Ningbo	2635	2461	7.07%
4（3）	↓	Shenzhen	2574	2521	2.10%
5（7）	↑	Guagzhou	2192	2037	7.61%
6（6）	→	Busan	2159	2049	5.38%
7（5）	↓	Hong Kong	1959	2077	-5.68%
8（8）	→	Qingdao	1930	1830	5.46%
9（10）	↑	Tianjin	1600	1507	6.17%
10（9）	↓	Dubai	1495	1540	-2.90%
11（11）	→	Rotterdam	1451	1373	5.68%
12（12）	→	Port Klang	1203	1198	0.42%
13（13）	→	Antwerp	1110	1045	6.22%
14（14）	→	Xiamen	1070	1038	3.08%
15（15）	→	Kaohsiung	1045	1027	1.71%
16（16）	→	Dailian	977	971	0.5%
17（17）	→	Los Angeles	946	934	1.27%
18（19）	↑	Tanjung Pelepas , Malaysia	879	826	6.39%
19（18）	↓	Hamburg	873	880	-0.80%
20（20）	→	Long Beach USA or Laem Chabang, Thailand	796	778	2.01%

註：2019 年
1. 英國勞氏日報發布 2019 年全球百大貨櫃港口最新榜單，中國大陸共 21 家港口上榜，排名前十中共有 6 家中國大陸港口上榜。
2. 全球貨櫃港口排名前十分別爲上海港（第 1）、新加坡港（第 2）、寧波舟山港（第 3）、深圳港（第 4）、廣州港（第 5）、釜山港（第 6）、香港港（第 7）、青島港（第 8）、天津港（第 9）、杜拜港（第 10）。
　第十一至第二十位分別是：鹿特丹港（第 11）、巴生港（第 12）、安特衛普港（第 13）、廈門港（第 14）、高雄港（第 15）、大連港（第 16）、洛杉磯港（第 17）、丹戎帕拉帕斯港（第 18）、漢堡港（第 19）、長灘港（第 20）。
參考資料：https://kknews.cc/news/zp28kep.html、https://kknews.cc/news/zp28kep.html

（二）配合全球化的趨勢

配合全球化的趨勢，港口經營應從全球的角度來思考。港口本身是稀有資源的原因有二：一是每一個國家地區具備良港條件的港口是有限的，它無法隨貨量成長而相應增加；二是全球貨量預估未來十年會以每年約7.5～9%的速率增加，港口長期將會有能量不足的問題。據海運顧問公司MDS Transmodal估計，未來8年貨櫃港能量仍短缺約1億千8百萬TEU、130公里長度的碼頭及1,300座橋式起重機。因此碼頭經營可謂是掌控稀有資源，故將是大有賺頭。作為世界前五大**貨櫃碼頭公司**（international terminal operator, ITO）在2005～2006年的貨櫃作業量，他們放眼天下到世界各地介入碼頭事業經營；在2008～2009年貨櫃航運公司因受景氣蕭條而大傷元氣之際，這些碼頭公司依然有很好的獲利。以李嘉誠的和記黃浦（HPH）為例，2009年的營收為43億美元，較前一年少了約16%，但其毛利高達13.41億美元；同樣的丹麥馬士基集團（Maersk）的APM Terminals 2009年營收為30億美元，較前一年少了約3.1%，但其獲利仍高達7.38億美元，這樣的成績足以證明港口經營的潛力。

第三節　主要航線介紹

一、航線是如何形成的？

航線，shipping service或shipping route，但近年來也有從航線的如繞圓圈式的循環特性，而稱之為loop者，是海上或空中交通工具在兩個地點之間的固定移動路線。其中船隻的航線稱水上航線，水上運輸叫做航運，空中交通工具的移動路線則稱為飛行航線。航線的使用包括運輸、觀光和科學考察，其中以運輸為主。在經過第三國領空或者海域的時候，不允許運輸工具有偏離航線的移動。航線的形成往往是因為兩地之間的貿易所促成的，大航海時代出現的原因之一就是因為歐洲人試圖尋找通過大西洋到亞洲的貿易航線。貿易是自願的貨品或服務交換，貿易也被稱為商業，是在一個市場裡面進行的，最原始的貿易形式是以物易物，即直接交換貨品或服務。現代的貿易則普遍以一種媒介作討價還價，如金錢，金錢的出現（以及後來的信用證、鈔票以及非實體金錢）大大簡化和促進了貿易。兩個貿易者之間的貿易稱為雙邊貿易，多於兩個貿易者的則稱為多邊貿易。

貿易出現的原因眾多，由於勞動力的專門化，個體只會從事一個小範疇的工作，所以他們必須以貿易來獲取生活的日用品。兩個地區之間的貿易往往是因為一地在生產某產品上有相對優勢，如有較佳的技術、較易獲取原材料等。

· 航運

航運（**Shipping**）表示透過水路運輸和空中運輸等方式來運送人或貨物。一般來說水路運輸的所需時間較長，但成本較為低廉，這是空中運輸與陸路運輸所不能比擬的。水路運輸每次航程能運送大量貨物，而空運和陸運每次的負載數量則相對較少。因此在國際貿易上，水路運輸是較為普遍的運送方式。15世紀以來航運業的蓬勃發展極大的改變了人類社會與自然景觀。

· 定期船運（liner service）

定期船運指船隻在固定航線上的港口之間，接受零星雜貨或貨櫃貨運，依照預先安排的船期航往復行。定期船運的優點之一是運費較為穩定。

· 不定期船運（tramp service）

不定期船運以運送散裝乾貨或石油為主，既無固定班期，亦無固定航線，端視貨物流動之需要而決定其航程，與定期船運有所區別。

圖3-1是一條來往於歐洲、亞洲及美國西岸間的航線，由於航線是在歐亞美之間來回擺盪，稱為**鐘擺式航線**（pendulum service）。

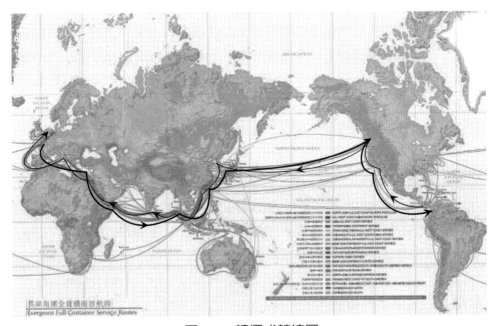

圖 3-1 鐘擺式航線圖

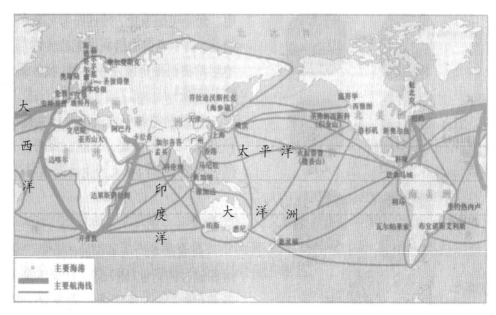

圖 3-2　世界主要航海線和主要海港圖

一條航線形成的因素爲運輸需求，敘述如下：

貨主對運輸的需求是形成一條航線最重要的條件。海上運送人既係以提供海上運輸服務，而受報酬爲目的。因此貨主對運輸的需求，是運送人考慮開闢某航線最重要的因素。北美、歐洲及亞洲區間是重要的經濟活動區域，有大量的運輸需求，故皆形成爲重要的航線。特別是亞洲經濟近年來有後來居上之勢，已逐漸超越歐美。其中尤其中國的高度經濟成長率，使得中國的進出口貨量快速成長。根據中國發布統計數據顯示，其2009年的貨櫃吞吐量已超過1億2千萬TEU，每年仍持續以高速率成長，只能以「驚人」來形容。如再深入言之，運輸需求尚可從以下幾個問題探討：

1.航線上的貨量如何？

充足的貨量是一個運送人決定是否派船，及所派船舶大小的主要考慮因素。歐美、亞洲都是重要的經濟區塊，有龐大的貨量，也吸引了最多的航商投入。運送人在規劃新航線之初，貨源情形是第一個要了解的因素。

2.航線上的運價水準如何？

運費收入是運送人營利的來源，因此航線上的運價水準爲另一重要考量因素。運送人在投入之前，必須要調查航線上的運價水準，據以估算營收情形。

3.航線上的競爭情況如何？

海運市場其實就好像一塊餅，如果食之者已眾多，若欲再進入分食恐怕必須費一番苦功。因此要對現有業者的情況加以了解，包括有哪些業者、船期情形、派船情形、對手的強弱項、我們的強弱項等。根據對競爭者的分析和瞭解，以制定自己的競爭策略。

4.航線上的營運成本及港口作業效率如何？

這是成本面的分析，而港口作業效率常常是個重要考慮因素。

5.自己的實力如何？

實力因素包括財力、服務水準，以及服務網絡（service network）等。評估自己的實力，以估計對市場的掌握程度，預估自己能取得多少資源，作為營收試算基礎。

綜合以上各個因素分析所得資料，運送人即可進行。

1.營運預估（proforma estimation）

已初步評估開闢某航線的可行性。一條航線的開闢須投入龐大資源，因此事前的調查評估非常重要。當然比較簡單的方法也可以跟隨前人腳步走，或找同業進行聯營，也算是一種安全可行的策略。唯不管如何，事前的妥善準備是成功的關鍵。總之，有穩定的貨源和合理的運價水準作為基礎，才是航商投入某航線且得以成功的基本要素。故貨主運輸的需求，是形成一條航線最重要的因素。

2.天然條件

如前所述**航路**（ocean route）是天然存在的，是依水深、潮流、海床暗礁、氣候等因素，形成一條適合船舶川航的路線。由於航路是天然的，並且利用海水的浮力承載貨物，因此水運成本最低廉。天然的航路，加上現代衛星導航系統的輔助，對航路的掌握在技術上不是問題。航路搭配運輸需求之後，便具備形成航線的條件。

3.港口設備、作業成本及作業效率

此點和船舶經營成本有重大關係。如某一港口作業效率差、成本高或碼頭工人素質不佳、碼頭工會強勢經常引導罷工等，都會導致船舶營運成本的增加。例如2002年及2003年美國東西海岸港口均分別發生碼頭工人大規模罷工，其嚴重程度甚至影響到

美國的經濟，最後由小布希政府介入才獲解決。其對航商的影響程度，則更是直接與嚴重。這些因素，均會增加航線營運的不確定性，自然要加以評估。印度及許多非洲的港口，因為管理不善，港口作業效率也低落，常常延誤船期；澳洲港口則碼頭工會太過強勢，讓船東卻步等，均是必須考慮的負面因素。相對的，新加坡、杜拜、香港及荷蘭的鹿特丹等，雖然本身的市場並不大，均以其高度的作業效率，發展成為區域轉運中心，自然能在全球貨櫃港名列前茅。

二、何謂國際大洋航線（International ocean route）

國際大洋航線是指貫通一個或數個大洋的國際航線。它們是世界性的航線，各國船舶都可以在大洋航線上自由航行。在大洋航線上行駛的都是大噸位的能航行遠程的船舶。國際大洋航線包括太平洋航線、印度洋航線和大西洋航線。通過巴拿馬運河和蘇伊士運河的航線也屬於大洋航線，尤其是起自大西洋沿岸通過地中海、印度洋到達太平洋區域橫貫三大洋的航線，更是具有代表性的國際大洋航線。由於具有航程短的特性，因此通常稱為**近洋線**（near sea services）；其他歐美、紐澳、中南美等航線則稱為**遠洋線**（deep sea service）。

航線安排方式，可分為幹線航線、支線航線及遠洋區間航線三種：

1. 幹線是亞洲區間的主要航線，可能自日本一路至馬來西亞，或日本至印尼等。

2. 支線航線則是作為短程轉運之目的，例如高雄至上海、青島至釜山、香港至高雄等。

3. 遠洋區間航線，則指遠洋航線船舶，但在亞洲的航段兼收亞洲區間貨載。這種**順載**（way port）的收費方式，往往以空櫃調度為主要考量，即使運費收入無利可圖，至少還有THC的收入。因此遠洋區間航商的報價，對亞洲區間航運市場的殺傷力頗大，使航商都陷入苦戰。

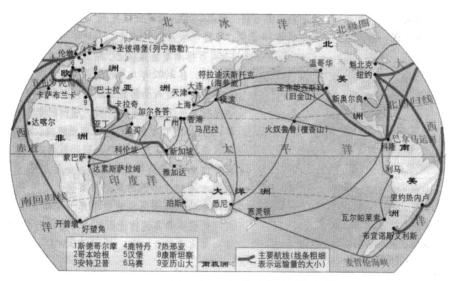

圖 3-3　世界主要海港和航線示意圖

三、世界主要航線簡介

（一）太平洋航線

1.遠東－北美西海岸航線

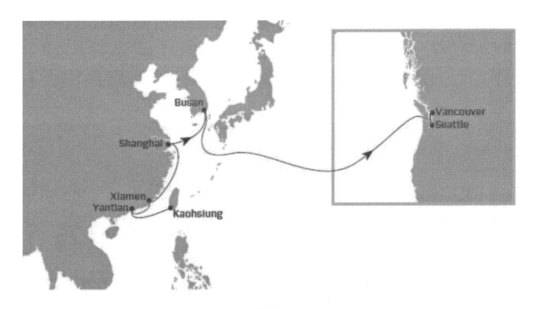

圖 3-4

2.遠東－加勒比、北美東海岸航線

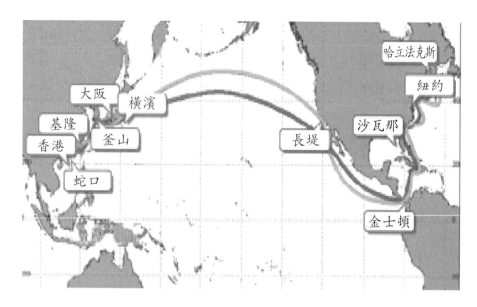

圖 3-5

　　北美航線因美國領土幅員廣大，故依地域可分為北美西岸（West Coast）、北美東岸（East Coast）及加勒比海沿岸的海灣地區（Gulf Region）三區。北美西岸又可在分為西北岸（Pacific North West Coast, PNW）及西南岸（Pacific South West Coast, PSW）兩區，PNW的主要港口有西雅圖（Seattle）、波特蘭（Portland）；PSW有洛杉磯（Los Angeles）、長堤（Long Beach）、舊金山（San Francisco）、奧克蘭（Oakland）等。為了加強服務客戶，提高競爭力，船公司多開闢自遠東直航西北岸及西南岸的獨立航線，以縮短貨物運送時間。至於美國東岸的主要港口則有：紐約（New York）、巴爾的摩（Baltimore）、查爾斯頓（Charleston）及沙瓦那（Savannah）和邁阿密（Miami）等。海灣地區主要港口則有休士頓（Houston）、加爾維士頓（Galveston）及新奧爾良（New Orleans）等。加拿大西岸港口有溫哥華（Vancouver）、東岸港口有哈立法克斯（Halifax）。

　　若以遠東為出發點，對美國東岸及海灣區港口的服務方式，可分為：繞經巴拿馬運河，直達東岸及海灣區各港的**全水路服務**（all water service）；以及自西岸港口卸櫃，再以鐵路經陸路運達東岸港口的所謂**迷你陸橋**（mini land bridge）運輸。全水路和迷你陸橋的差別在於前者運送速度較慢，但成本較低；後者正好相反，速度較快，成本較高。貨主可依據自己對速度之需求，做合適選擇。

　　而美國內陸主要城市如芝加哥（Chicago）、底特律（Detroit）、亞特蘭大城（Atlanta）、達拉斯（Dallas）、路易斯維爾（Louisville）等也都是重要的消費中心，有大量的貨載。這些內陸城市的貨主可到港口提領貨物，再自行運送至其內陸倉庫，所謂貨主拖運（merchant haulage）。目前大部分是由運送人提供複合運輸服務，將貨直接送達內陸城市，稱爲微橋運輸（micro-bridge;interior point intermodal, IPI），爲運送人負責拖運內陸（carrier haulage）。自港口轉運至東岸或內陸城市鐵路公司扮演重要角色，可想而知以美國這樣幅員廣大的國家，其鐵路網路也相當綿密，如圖3-6：

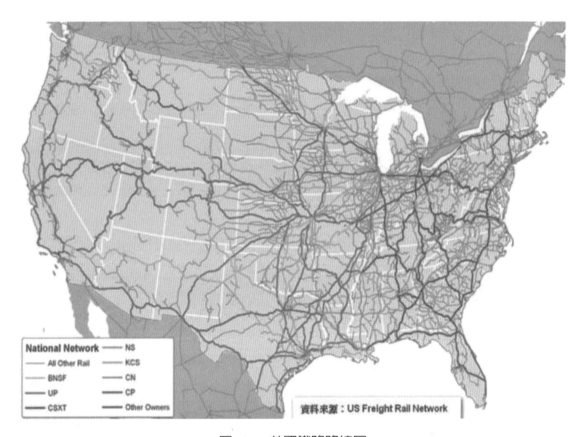

圖 3-6　美國鐵路路線圖

　　美國鐵路公司主要有四家，分別爲西南岸的太平洋聯合鐵路公司（Union Pacific, UP）、西北岸的BNSF（Burlinton Northern Santa Fe Railway）以及東南岸的諾福克南方鐵路公司（Norfolk Southern）和東北岸及東南岸的CSX（CSX Transportation）。因貨櫃量激增，但鐵路公司無法跟隨擴充運能，需求遠大於供給，乃調高運輸費用，以價制量。導致有些船公司因不堪負擔而減少收取IPI貨載，鐵路公司則大賺其錢。

為提高運輸效率，美國鐵路公司特別開發出新利器**雙層列車**（double stack train, D.S.T.），顧名思義即車廂可裝兩層貨櫃。雙層列車使火車運量大增，大幅降低鐵路運輸成本。

為提高轉運作業效率，降低等待的時間成本，主要船公司多與鐵路公司簽約，配合船到時間開出**專屬列車**（dedicated train）。如果船公司耽誤了火車班表，將被罰款。這就是實務上常說為了趕鐵路車班，收貨無法保留，甚至臨時取消船班的原因。如今 D.S.T.已成為美國海陸複合運輸重要的配備，降低運輸成本以外，也替鐵路公司帶來龐大的貨量。至於到內陸城市的併櫃貨物，則在西岸貨倉拆櫃之後，一般透過Nova及 St.George兩家卡車公司轉運至內陸目的地交貨，堪稱方便。

3.遠東—南美西海岸航線

該航線從東北亞各國港口經夏威夷群島南部的萊恩群島，穿越赤道南太平洋至南美西海岸各港口。

4.遠東—東南亞及印度洋航線

5.遠東—澳大利亞、紐西蘭航線

該航線分兩條：一條從中國北方沿海地區及日本各港口經琉球群島，過加羅林群島，進入所羅門海、珊瑚海至澳大利亞東海岸和紐西蘭港口；另一條則從中、日各港口經菲律賓的民都洛海峽入蘇拉威西海，再穿過印尼的望加錫海峽和龍目海峽南下，至澳大利亞西海岸各港口。

6.澳新—北美東、西海岸航線

該航線也分兩條：一條自澳新出發經斐濟的蘇瓦轉向東北，過夏威夷群島的火奴魯魯至北美西海岸各港口；另一條自澳新出發東行，經社會群島（法）的帕皮提港，穿過巴拿馬運河至北美東海岸各港口。

除了上述6條重要的航線以外，太平洋的其他航線還有：北美各港口—東南亞航線，美洲西岸近海航線等。

（二）印度洋航線

在印度洋區域，主要有橫貫印度洋東西的大洋航線，通達波斯灣沿岸產油國的三條

重要航線。

　　印度洋東西的大洋航線，通達波斯灣沿岸產油國的三條重要航線。

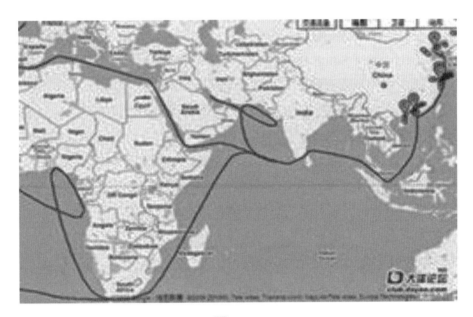

圖 3-7(a)

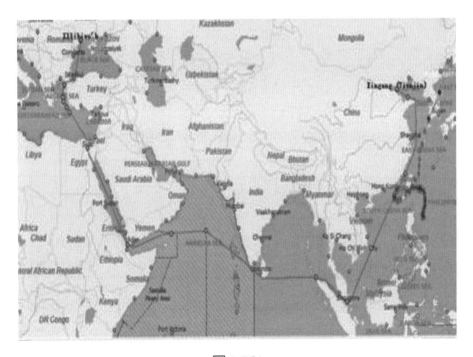

圖 3-7(b)

　　橫貫印度洋東西的大洋航線包括：

1.遠東－東南亞－東非航線

　　所謂亞洲區間航線，是指在亞洲各國之間往來的航線。這個地區有經濟先進的日本，但也有爲數衆多的開發中國家，經濟發展參差不齊。談到亞洲地區就不免需要談到**東協組織**（Association of South East Asian Nation, ASEAN）。東協是由印尼、馬來西亞、菲律賓、新加坡、泰國五國於1967年8月8日倡導成立於曼谷，後來陸陸續續又有汶萊、寮國、緬甸、柬埔寨、越南加入，共有十個會員國，以促進東協各國的經濟合作和政治和平爲目標。東協於1997年擴大爲東協加三（ASEAN Plus Three, APT）的概念也日漸成形，將使區內的關稅大幅降低，活絡會員國經濟貿易往來。

　　在這兩個區塊之間，航線可有做多種組合。並且因爲來往的航程短，因此吸引許多大大小小規模的船公司加入。儘管運費水準相較歐美線低很多，但由於船舶週轉速率高，在薄利多銷的原則下，還是可以保持合理的利潤。

2.遠東－東南亞－地中海－西北歐航線

3.遠東－東南亞－好望角－西非、南美航線

4.印度洋北部地區－亞太航線

5.印度洋北部地區－歐洲航線

圖 3-8(a)　　遠東－東南亞航線圖

圖 3-8(b)　遠東─東南亞航線圖

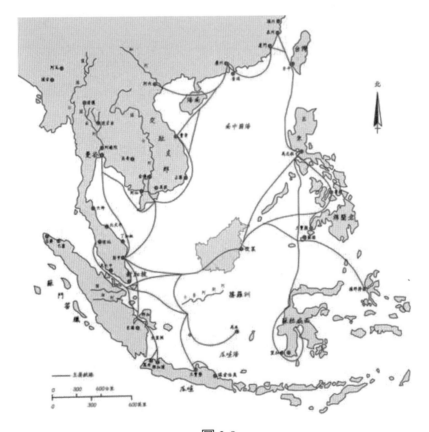

圖 3-9

在這組航線上，東端的馬六甲海峽和西端的蘇伊士運河是兩個樞紐地點。

三條重要的波斯灣輸油航線是：

1.波斯灣—好望角—西歐、北美航線

該航線是世界上最主要的海上石油運輸線。

2.波斯灣—東南亞—日本航線

該航線東經馬六甲海峽（20萬載重噸以下的船舶可行），或經印尼的龍目、望加錫海峽（20萬載重噸以上的超級油輪可行）至日本。

圖 3-10(a) 日本—東南亞航線圖

圖 3-10(b) 日本—東南亞航線圖

3.波斯灣—蘇伊士運河—地中海—西歐、北美航線

該航線目前可通行30萬噸級的超級油輪。

此航線值得一提的幾個區塊如：

(1) 阿拉伯半島

阿拉伯半島介於波斯灣和紅海（Red Sea）之間，如圖3-11，因此若論其主要港口，可分為波斯灣及紅海沿岸，列舉如下：

①波斯灣：

　　阿拉伯聯合大公國（U.A.E.）—杜拜邦的吉貝阿里（Jebel Ali）、拉希德港（Port Rashid）、Khofakkan、Fujairah、沙加邦的沙加（Sharjah）、阿布達比邦的阿布達比港。

　　科威特（Kuwait）—Port Shuwaikh及Port Suaibah。

　　沙烏地阿拉伯（Saudi Arabia）—達曼（Dammam）。

　　巴林（Bahrain）—蘇爾曼港（Mina Sulman）。

　　伊朗（Iran）—阿巴斯港（Bandar Abbas）。

　　阿曼（Oman）—卡布斯港（Mina Qaboos）、沙拉拉港（Salalah）等。

②紅海：

　　沙烏地阿拉伯（Saudi Arabia）—吉達（Jeddah）。

　　葉門（Yemen）—亞丁港（Aden）及荷得達（Hodeidah）。

　　約旦（Jordan）—阿卡巴港（Aqaba）。

中東航線的特性如下：

1.航線上的運費同盟（JAPPERCON）的會員公司，如：馬士基輪船公司（Maersk）、阿拉伯聯合輪船公司（UASC）、NYK、Mitsui O.S.K.、OOCL及K Lines等。

2.中東各國除輸出石油及極有限的工業原料產品外，幾乎沒什麼出口品，因此回程的船位，幾乎只載運空櫃，增加經營成本。

3.貨主一般買賣條件以C&F為主，但也有少數FOB客戶，像Modern Center、Al Futain及Juma Al Majid等，採購大量貨品。但這些客戶也擅長殺價，徹底發揮阿拉伯人的特性，致FOB貨運的報價往往被壓得比C&F貨運低。

4.中東地區通常會要求運送人出具以下三種證明，沿用至今：

(1) 黑名單（black list certificate）：由於以色列與阿拉伯世界歷史情仇，阿拉伯世界杯葛以色列已到無所不用其極的程度。因此欲靠泊阿拉伯國家的港口，必須

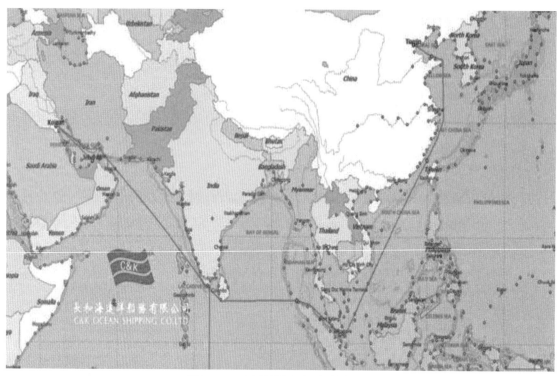

圖 3-11　波斯灣及紅海航線圖

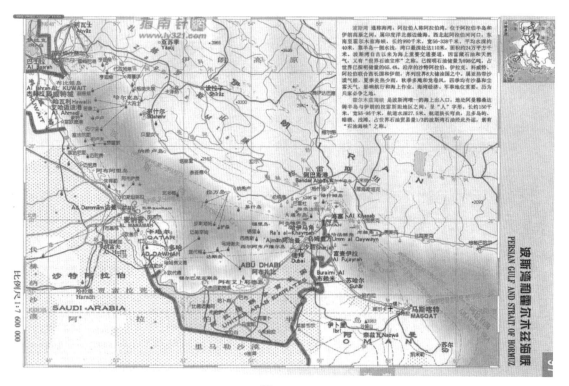

圖 3-12

是未曾灣靠任何以色列港口；換言之，即未被阿拉伯國家列入黑名單的船。這也是一種政治考量吧。

(2) **船齡證明及船級證明**（class certificate）：船舶的船齡如果超過十五年，貨物將有被保險公司加收**逾齡保險費**（additional premium, AP）之可能。至於船級（class），爲驗船機構對船舶適航能力的認證。信譽卓著的國際驗船機構對驗船均有極嚴格的程序，以確保船舶、人員及貨物的安全。故信用狀多要求裝運的船隻，必須經過這些驗船機構授予船級，如英國的Lloyd's（Lloyd's Register of Shipping, London）、美國的ABS（American Bureau of Shipping, New York）、挪威的DNV（Det Norske Veritae, Oslo）、法國的BV（Bureau Veritae, Paris）、德國的GL（Germanischer Lloyd, Berlin）及日本的NK（Nippon Kaiji Kyoko, Tokyo）等。

(3) **運費同盟證明**（conference certificate）：由於在70年代中期，不少信譽欠佳的船公司，曾犯下很多傷害貨主利益的事，因此中東各國商會建議貨主使用運費同盟所屬船隻，貨主並將此要求在信用狀中明訂。因此爲符信用狀此項要求，運費同盟證明亦爲運送人必備的文件。行駛此航線上的航運公司，不管是否在中東航線爲運費同盟會員公司，爲攬貨之需，均必須按照貨主要求，出具運費同盟證明，否則將無法押匯，當然貨主也無法使用其服務了。

（三）大西洋航線

大西洋航線以美國東岸爲中心，由北美東岸、五大湖—西北歐、地中海之間的航線組成。重要的有：

1.西北歐—北美東海岸航線
該航區多季風浪大，並有濃霧、冰山，對航行安全構成較大威脅。

2.西北歐、北美東海岸—加勒比航線

3.西北歐、北美東海岸—直布羅陀—地中海—蘇伊士運河—印度洋—亞太航線
這條航線是世界上運輸最繁忙的航段，是西北歐、北美與亞太海灣地區之間貿易往來的交通捷徑，又被稱爲蘇伊士運河航線。

4.西北歐、地中海—南美東海岸航線

5.西北歐、北美東海岸—西非—中南非—好望角—遠東航線

該航線是亞洲海灣地區通往西歐和北美的巨型油輪之油運線。

6.南美東海岸—好望角—遠東航線

該航線是南美東海岸港口去亞洲海灣地區運油，或是東北亞國家去巴西購買礦石常走的運輸線。

（四）國際集裝箱海洋運輸主幹航線

四大集裝箱貿易區，即北美、西歐、遠東和澳大利亞，集裝箱貨運量要占到貨運總量的80～90%。

國際集裝箱海洋運輸有北太平洋航線、北大西洋航線和歐洲航線三大主幹航線。

1.北太平洋航線

由遠東—北美太平洋沿岸航線和遠東—北美大西洋沿岸航線組成，主要的幹線有日本—加利福尼亞航線，日本—西雅圖、溫哥華航線，日本—紐約航線等。

2.北大西洋航線

由歐洲、英國—北美東岸航線，地中海—北美東岸航線，五大湖—歐洲航級等組成。

3.歐洲航線

由歐洲—澳大利亞航線，遠東—歐洲、地中海航線等組成。

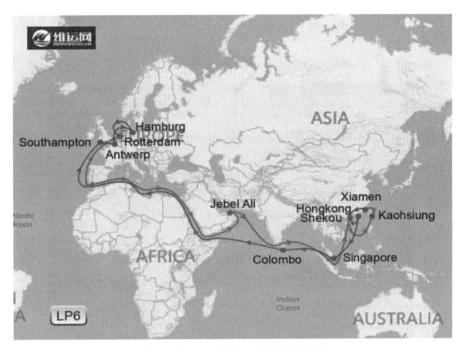

圖 3-13(a)　遠東─歐洲航線圖

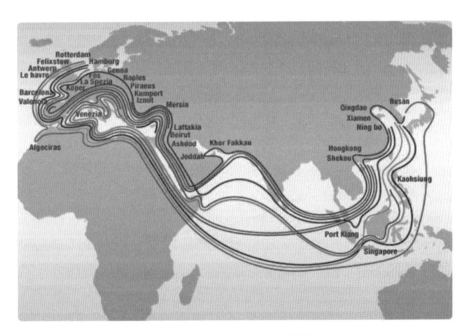

圖 3-13(b)　遠東─歐洲航線圖

　　陽明海運延續了地中海航線的傳統優勢，強勢推出三組各具特色的進口精品航線，滿足客戶對不同區域運輸需求。例如，地中海：MD1 Service。

圖 3-13(c)

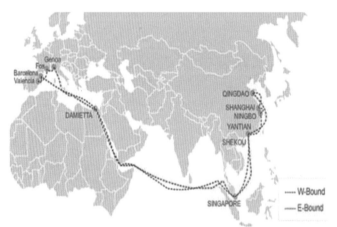

Eastbound	To	Singapore	Shekou	Qingdao	Shanghai	Ningbo
From	ETA/ETD	SA/SU	TH/FR	MO/TU	WE/TH	FR/SA
Barcelona	TU/WE	24	29	33	35	37
Valencia	TH/FR	22	27	31	33	35
Fos	SA/TU	20	25	29	31	33
Genoa	MO/TU	18	23	27	29	31
Damietta	SA/SU	13	18	22	24	26

圖 3-13(d)

　　歐洲因地理及語言隔閡的緣故，和我國經濟及政治關係的密切程度不如美國。不過歐洲的文明程度及科技發展，絕不亞於美國或其他地區。如今歐洲組成聯盟以後，經濟逐步實現一體化，實力已經大增。

　　歐洲航線有以下特色：

(1) 主要港口

歐洲跨了很廣大的區域，因此一般將其分成五個地區，各區有其主要港口。

①西歐地區：

- 葡萄牙（Portugal）—Lisbon、Oportp、Leixoes。
- 法國（France）—Le Havre。
- 荷蘭（Holland）—Rotterdam、Amsterdam。
- 比利時（Belgium）—Antwerp、Zeebrugge。
- 德國（Germany）—Hamburg、Bremen、Bremenhaven。
- 英國（England）—Felixtowe、Southampton、Thamesport、Tilbury。
- 愛爾蘭（Ireland）—Dublin、Cork。

②北歐地區：

- 丹麥（Denmark）—Aarhus、Copenhagen。
- 挪威（Norway）—Oslo。
- 瑞典（Sweden）—Gothenburg、Stockholm、Helsingborg、Malmo。
- 芬蘭（Finland）—Helsinki、Turku。
- 冰島（Iceland）—Reykjavik。

③中歐地區：

- 奧地利（Austria）—Vienna、Linz、Salzburg。
- 瑞士（Switzerland）—Basel、Zurich、Geneva。

④東歐地區：

- 波蘭（Poland）—Warsaw、Gdansk、Gdynia。
- 捷克（Czechoslovakia）—Prague。
- 匈牙利（Hungary）—Budapest。
- 羅馬尼亞（Romania）—Bucharest。
- 保加利亞（Bulgaria）—Solfia。
- 南斯拉夫（Yugoslavia）—Belgrade。
- 斯洛維尼亞（Slovenia）—Koper。

- 斯洛伐克（Slovakia）—Bratislava。
- 克羅埃西亞（Croatia）—Rijeka。
- 俄羅斯（Russia）—Moscow、ST.Petersburg。
- 愛沙尼亞（Estonian）—Tallinn。
- 拉脫維亞（Latvian）—Riga。
- 立陶宛（Lithuanian）—Kaunas、Klaipeda。

⑤地中海地區：

- 義大利（Italy）—Trieste、Venice、Naples、Gioia Tauro、Livorno、Genoa、La Spezia、Salerno、Taranto。
- 法國（France）—Marseille、Fos。
- 西班牙（Spain）—Barcelona、Valencia、Algeciras、Alicante。

⑥黑海地區：

- 烏克蘭（Ukrainl）—Odessa。
- 羅馬尼亞（Romania）—Constantza、Bucharest。
- 保加利亞（Bulgaria）—Sofia。

其中德國漢堡港（Hamburg）、荷蘭鹿特丹港（Rotterdam）和比利時安特衛普港（Antwerp），及義大利的熱那亞（Genoa）、吉奧塔洛（Gioia Tauro）為重要區域轉口港。

除了三大主幹航線以外，還有遠東—澳新航線，澳新—北美航線，歐洲、地中海—西非、南非航線等三條集裝箱幹線。以上這6條把世界上一些主要貿易區連接在一起的集裝箱海運主幹航線，加上分布於全球各地區的許多集裝箱運輸支線，構成國際集裝箱海洋運輸網路。

依航線走向可大分為東西向航線及南北向航線。過去因北半球國家的經濟開發得較早，故這些國家間貿易往來比較頻繁，帶動了東西向航線的先行開發。但南半球國家挾豐富天然資源之賜，近年來的經濟表現亦有急起直追的趨勢，使南北向的航線愈來愈重要。針對這樣的發展，各個海運公司以其一貫的先知灼見，率先提出棋盤式航線網的構想。即平衡發展東西向航線及南北向航線，再選定某些港口作為轉運聯結中心，構建完整的全球服務網絡。

世界航線所服務的地區，遍及各大洲，如：北美、南美、紐澳、歐洲、地中海、亞洲及非洲等。

第四章　港埠、貨櫃作業基地

第一節　概論

　　介入船務界已超過35年的時間。從第一份工作在川崎海運（宏洋船務代理）到外商公司（飛格，以物流爲核心），到再踏入校園的碩士論文談兩岸三通，都在探討運籌的重要性。當然貨運的流通其象徵的地理位置若據有一定的優勢，再加以規劃，臺灣絕對在全球擁有一席之地，此一豐碩的天然資源。多年來政府就積極的發展全球運籌計畫，於海運專業中心部分，現階段目標爲發展臺灣成爲東亞地區貨櫃轉口及相關附加價值活動之集中地點，以暢通臺灣與東亞地區貨物運輸，增強臺灣作爲亞太地區商業中心的功能，並發揮支援製造中心發展的作用。在具體做法上，係以高雄港爲主，基隆港及臺中港爲輔，從事軟、硬體的港埠建設，並設置境外航運中心。近年更增建臺北港來創造更多利基以提升臺灣的競爭力。航商爲了在競爭激烈之海運市場永續生存並繁榮壯大，不斷的透過結盟、合併、收購來形成更強大之個體，這股風潮形成後，爲了提高整體之營運績效，紛紛利用更大型之貨櫃船來停靠少數之軸心港，再以較小型之貨櫃船來裝載區域間之貨櫃。爲了吸引大型航商來港灣停靠，港埠之經營者就必須投資更新更有效率之機具及碼頭。近年來日本、韓國、中國大陸相繼大幅擴建貨櫃碼頭並安置新型岸上貨櫃起重機以因應未來貨櫃母船大型化之靠泊需求。當然貨櫃場也作爲存放貨櫃及做檢查和清洗維修的場所，因此貨櫃場作業對貨櫃化運輸非常重要。

　　貨櫃作業基地英文稱爲container terminal，亦即貨櫃作業的終端站，是貨櫃運輸的起點也是終點。我國法令稱爲貨櫃集散站，通俗稱爲貨櫃場。若其直接設在碼頭上，我們通常又稱之爲貨櫃碼頭，是貨櫃裝船或卸船後整裝的場所。等於將貨櫃先備妥，使貨櫃船在抵港之後立刻迅速裝卸，將船舶滯港時間縮到最短。送貨的場所，也是運送人責任起始與終了的地點；對海關而言，則是關稅、走私與違禁品的管制點。故貨櫃集散站具有多重功能，其重要性自是不言可喻。

一、貨櫃集散站的分類

1. 依貨櫃集散站設立地點，可分爲**船邊貨櫃場**（on dock terminal）及**碼頭外貨櫃場**（off dock terminal）或稱**內陸貨櫃場**（inland container depot, ICD）兩種。就前者顧名思義，即貨櫃集散站就設在碼頭上，因此也稱爲貨櫃碼頭。高雄第一至第五貨櫃中心、第六貨櫃中心（圖4-1、4-2）：

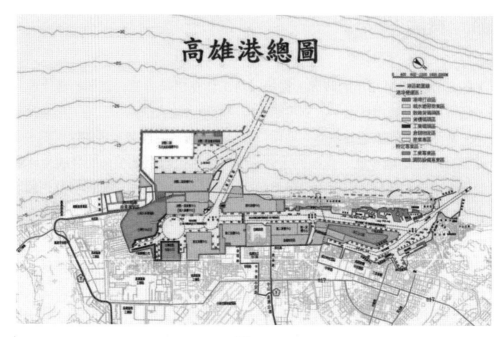

圖 4-1

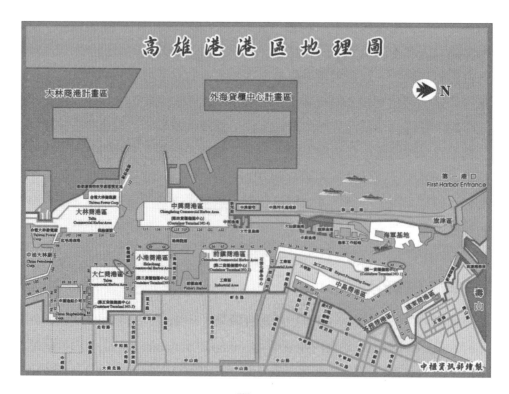

圖 4-2

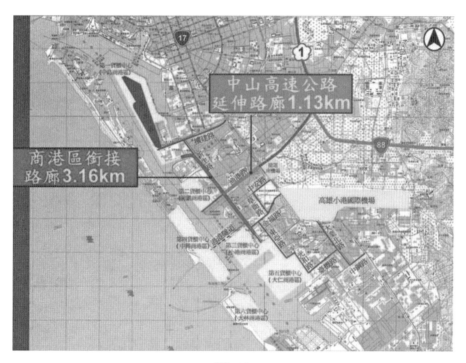

圖 4-3

為提昇服務品質，提供客戶更佳的服務，我們汰舊換新諸如橋式起重機與軌道式門型機等貨櫃吊卸機具，並全面更新最先進之作業資訊系統，同時擴增櫃場的儲量及提高場內貨櫃動線的效率。更建置台灣港區第一座現代化配送中心--「高雄物流中心」，提供包含散雜貨作業、倉儲、配送、存貨管理與其他貨物加值服務，並結合陽明諸如海運業、碼頭經營業等相關事業體系，期能達成高效率之貨櫃碼頭的最終目標。

TERMINAL INFORMATION

YANG MING

設　備

		Wharf 70	
❯ Berth	Length	320M	
	Depth	-14M	
❯ CY	Area	184,911 M²	
	Capacity	12,288 teu	
❯ CFS		5,600 M²	
❯ Reefer Plug		408	
❯ GC	Quantity	2	2
	Max. Lift	40MT	55MT
	Outreach	18ROW	20ROW
❯ Yard Crane		RMG*12	
❯ Straddle Carrier		2	
❯ Side Loader		5	

〔電子化服務〕
Web-site: http://www.ymlkhh.com.tw/

〔聯絡人〕
王國璽　70號碼頭
辦公時間：24 hour
E-mail: mikewang@yangming.com

圖 4-4

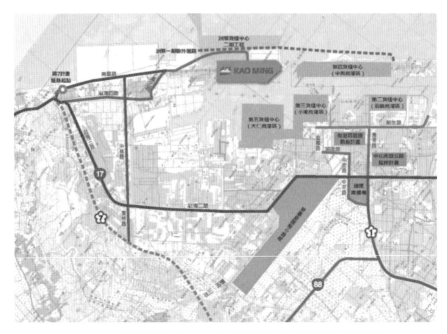

圖 4-5　高雄貨櫃場──高明貨櫃碼頭股份有限公司

碼頭規格

四席碼頭岸線全長為 1,500 公尺，水深達 16.5 公尺，可提供萬 TEU 級以上大型貨債船泊靠；後線場地規劃有重櫃區 10,906 個儲位，空櫃區 2,586 個儲位。

碼頭規格 Terminal Specification	
船席數 No. of Berths	4 berths (#108~#111)
設計容量 Design Capacity	2.8 Mil. TEU
最大容量 Max. Capacity	3.3 Mil. TEU
碼頭長度 Terminal Length	1,500 m
面積 Area	74.8 Ha.
水深 Depth	-16.5 m
雙起升橋式機 GC	12 (tandem)
軌道式門式機 ARMG	30+
閘口車道數 Gate	In gate: 7+1 lanes Out gate: 5+1 lanes
板架數 Terminal Chassis	180+
冷凍櫃插座 Reefer Plugs	1,370+

圖 4-6

作業機具

採用先進的雙起升橋式起重機，荷重最高可達 100 噸，並可同時操作 2 只 40 呎貨櫃或 4 只 20 呎貨櫃，提升裝卸效率，大幅降低船舶滯港時間。

GC 橋式起重機 設備規格 The Specification	
軌距 gauge	35 m
車道數 Lanes Under Span	8
吊升高度 Lifting Height	44 m / 52 m
前伸距 Out- Reach	68m (23+1 rows) 71m (24+1 rows)
後伸距 Back-Reach	18 m / 20 m
荷重 Capacity	雙吊架模式 tandem mode
	Twin 40' / 45' spreader: 80 tons
	Twin cargo beam: 100 tons
	單吊架模式 single mode
	With spreader: 61 tons
	Cargo beam: 70 tons

圖 4-7

櫃場設施

貨櫃堆儲區採用軌道型門型機並導入自動化作業系統，利用遠端操作及無線射頻感應技術（RFID）達到櫃場無人化要求，以提昇作業安全，同時搭配自動化管制站作業加速車流速度，免除一般人工管制站作業之各項繁複手續，有效降低拖車於場內之滯場時間。

ARMG 軌道式門式機 設備規格 The Specification	
軌距 gauge	42.5 m (14 rows)
吊升高度 Lifting Height	18.14 m
堆疊層數 tier	5+1 tiers
荷重 Capacity	40.5 tons
吊架 spreader	bromma

圖 4-8

作業機具

採用先進的雙起升橋式起重機，荷重最高可達 100 噸，並可同時操作 2 只 40 呎貨櫃或 4 只 20 呎貨櫃，提升裝卸效率，大幅降低船舶滯港時間。

GC 橋式起重機 設備規格 The Specification	
軌距 gauge	35 m
車道數 Lanes Under Span	8
吊升高度 Lifting Height	44 m / 52 m
前伸距 Out- Reach	68m (23+1 rows) 71m (24+1 rows)
後伸距 Back-Reach	18 m / 20 m
荷重 Capacity	雙吊架模式 tandem mode
	Twin 40' / 45' spreader: 80 tons
	Twin cargo beam: 100 tons
	單吊架模式 single mode
	With spreader: 61 tons
	Cargo beam: 70 tons

圖 4-9

櫃場設施

貨櫃堆儲區採用軌道型門型機並導入自動化作業系統，利用遠端操作及無線射頻感應技術（RFID）達到櫃場無人化要求，以提昇作業安全，同時搭配自動化管制站作業加速車流速度，免除一般人工管制站作業之各項繁複手續，有效降低拖車於場內之滯場時間。

ARMG 軌道式門式機 設備規格 The Specification	
軌距 gauge	42.5 m (14 rows)
吊升高度 Lifting Height	18.14 m
堆疊層數 tier	5+1 tiers
荷重 Capacity	40.5 tons
吊架 spreader	bromma

圖 4-10

碼頭規格

四席碼頭法線全長 1,500 公尺
（米），每個船席的長度為 375 公尺
（米），船席使用水深 16.5 公尺
（米），可同時提供四艘萬 TEU 級
貨櫃輪泊作業，並可泊靠 14,000
TEU 以上的貨櫃船。

碼頭規格 Terminal Specification	
船席數 No. of Berths	4 berths (#108～#111)
設計容量 Design Capacity	2.8 Mil. TEU
最大容量 Max. Capacity	3.3 Mil. TEU
碼頭長度 Terminal Length	1,500 m
面積 Area	74.8 Ha.
水深 Depth	-16.5 m
雙起升橋式機 GC	12 (tandem)
軌道式門式機 ARMG	30+
閘口車道數 Gate	In gate: 7+1 lanes Out gate: 7+1 lanes
板架數 Terminal Chassis	180+
冷凍櫃插座 Reefer Plugs	1,370+

圖 4-11

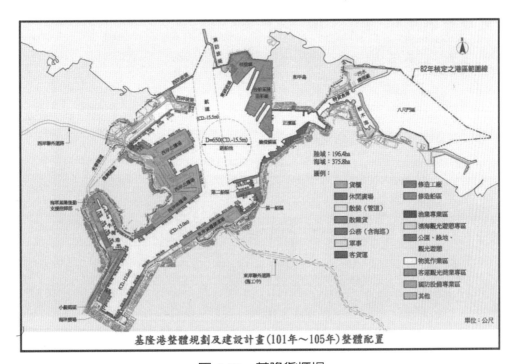

基隆港整體規劃及建設計畫(101年～105年)整體配置

圖 4-12　基隆貨櫃場

圖 4-13　臺北港

圖 4-14

圖 4-15

Taipei Port Container Terminal Corp.
臺北港貨櫃碼頭

碼頭條件	北三(N3)	北四(N4)	北五(N5)	北六(N6)
年期	2009		2011	2014-Nov
設計容量	3席碼頭共170萬TEU			60萬TEU
橋式起重機	4	3	3	3
軌道式 門式起重機	10	10	10	10
閘口車道數	進站9車道，出站7車道			
船邊解櫃車 配置數量	每部橋式起重機配置6~8部解櫃車			

本公司目前共有四席碼頭(N3~N6)，碼頭長1,377公尺，縱深475公尺，碼頭水深預計挖至負16公尺，為北部港口唯一可靠泊萬TEU級以上貨櫃輪之碼頭，且位處於遠洋航線必經之地，船舶靠泊更方便

圖 4-16

就運送人而言，貨櫃場如直接設在碼頭上的話，將可節省鉅額的內陸拖車費用及陸上運輸的風險，自然是最佳的選擇。但如果一國幅員廣大或港區腹地不足時，碼頭外的貨櫃場將是另類選擇。

至於對貨櫃集散站的設立，我國交通部制定有貨櫃集散站經營管理規則作為依據。但作業的部分，不管貨櫃集散站是在碼頭上或是在內陸，其貨櫃進出及場內作業均和海關的監管有密切關係。就這個部分，我國是依照《關稅法》和財政部所訂的《海關管理進出口貨棧辦法》，作為管理依據。

2. 次依貨櫃集散站功能，可分為**貨櫃集散站**（container terminal）及**簡易貨櫃場**（container depot）兩種。稱貨櫃集散站者，一般指其具備貨櫃集散完整功能者，例如：長榮國際儲運、陽明貨櫃場、長春貨櫃場等均屬於這一類。最重要的功能是有海關監管，故可在場內做進出口報關。績優無不良紀錄的貨櫃場，在申請核准後可自主管理，經申請核准之進出口貨棧、貨櫃集散站、保稅倉庫、物流中心得實施「自主管理」，貨櫃可24小時進出。海關不派駐庫人員，但得定期貨不定期稽核。因一個全功能貨櫃場的設立，所需投資龐大，並且需經海關核准，才可營業。因此在未能達到如此條件時，則可設立簡易貨櫃場，供空櫃存放或做貨櫃簡易維修等。由於這種貨櫃場無海關監視，收費較低，貨櫃進出自由。因此運送人亦樂於使用，作為存放空櫃及做簡易修理。

第二節　貨櫃集散站之功能

依據《海關管理貨櫃集散站辦法》第1章第2條明載：所謂貨櫃集散站係指經海關完成登記專供貨櫃及櫃裝貨物集散倉儲之場地。

貨櫃集散站又可依設立地點分為，碼頭貨櫃場（on dock terminal）和碼頭外貨櫃場（off dock terminal）。

碼頭貨櫃場：為直接設立在港區碼頭，貨櫃卸船後可直接堆儲，可以節省龐大的拖車費用與風險，唯需有較大腹地。例如：臺北港、高雄港。

碼頭外貨櫃場：因港區腹地不足，將貨櫃場設在港區外，故貨櫃卸船後需再以曳引車將貨櫃運至其貨櫃場。例如：基隆港。

其可辦理之業務：

- 貨櫃裝船、卸船、儲存及轉運業務
- 進出口貨物拆卸及併裝業務
- 貨櫃通關、交領業務
- 貨櫃檢查、維修及保養業務
- OOG櫃、B.B. Cargo貨裝卸業務
- 冷凍櫃儲存、供電及溫度監控業務
- 物流倉儲服務
- 煙燻業務
- CY/CFS自貿業務

一、作業設施、櫃場配置

1. 辦公室、大樓：為主要行政區域，各部門管理、文書行政工作場所。

圖 4-17

2. 管制站：為貨櫃交領之場域，亦為貨櫃集散站之管制門哨，於此進行交領手續及
　　貨櫃交接。

圖 4-18

3. 重櫃儲區：儲放一般重櫃之區域。

圖 4-19

4. 冷凍櫃儲區：儲放冷凍櫃之區域，需配有供電設備與梯架。

圖 4-20

圖 4-21

5. 危險櫃儲區：儲放危險櫃之區域，需配有消防及救災設備，並依據相關IMDG CODE進行貨櫃分類隔離。

圖 4-22

6.空櫃儲區：儲放空櫃之區域。

圖 4-23

7.修洗櫃區：貨櫃維修、清洗區域。

圖 4-24

8.維修保養廠：各類機具修繕、板架整理修理廠。

圖 4-25

9. CFS倉庫：裝拆貨櫃將貨物分拆或整併之區域

圖 4-26

10. 集中查驗區：供海關進行各項貨櫃、貨物查驗之區域。

　　即使是內陸貨櫃場，就我國的行政管理而言，均認其為碼頭的延伸，置於海關的監管下。為配合海關徵稅及緝私和違禁品管制的執行，在場內貨櫃及貨物的存放及進出，與有須做查驗等，均須符合海關規定。依據《海關管理貨櫃集散站管理辦法》第5條規定，集散站應設置貨櫃集中查驗區域，以供海關查驗貨物。進出口貨棧應由海關及貨棧經營人共同聯鎖，非經雙方同時開啟，倉庫之門無法打開，以利海關管理，謂之聯鎖倉庫。

圖 4-27

11. 加油站：提供場內各項機具運作之油料。

圖 4-28

12. 作業區域休息、候工室：貨櫃集散站占地往往較大，依業務別於現場設置作業單位辦公室，以供休息、派工、勤前教育之場所。

圖 4-29

13. 電腦機房：如貨櫃集散站具高度資訊化，則需設置中央電腦機房藉以管理相關資料系統。以臺北港貨櫃碼頭公司為例：建置高度資訊化系統，可與海關、貨主、航商等資訊交換機制，並採用EDI資訊系統，可及時完成資料傳輸與介接以提供便捷快速的優質服務。同時引進最先進的貨櫃碼頭管理系統與作業機具，以系統資訊化進行無人化之貨櫃集散站管理。

14. 轉口貨櫃

   對於轉口貨物及貨櫃在集散站或碼頭專區之存放、移動及處理，係依據我國《海關管理貨櫃集散站管理辦法》第9條，在此不多加說明。但在建設臺灣為亞太營運中心，或全球運籌管理中心，或自由貿易港區等政策之下，轉口貨櫃的爭取都是實現此政策的重點其重要性不言而喻。其中包括海對海的轉運及海對空的轉運。後者由於中國對航空貨運需求大增，本身機隊及機場擴建趕不上，因此利用海空聯運來接駁中國的空運貨載，應有不錯的機會。

二、貨櫃集散站中 CY 櫃配置方式

　　貨櫃集散站堆存各種屬性之貨櫃，如：進口、轉口、轉運、待退、待驗等，每種貨櫃均需透過規則性之管理安排，以達到其功能需求與時效、成本控制。以臺北港貨櫃碼頭公司為例：CY櫃於儲區內以一定之規則存置於貨櫃場。一般而言，卸船CY櫃依取得之資料，以卸存地（或轉口地）作為堆儲規則，即將同一目的港之貨櫃，於儲區內劃分特定位置，在卸船時即直接入儲該區。又目前在高度資訊化之系統支援下，更可進階收取艙單、報單之電子訊息，以B/L No.作為判斷堆儲之條件，意即每票貨均可在未卸船前，即得知將於場內共同堆置、同票同落，以縮短進場提領之作業時間。

　　同樣地，交至貨櫃場待裝船出口之CY櫃亦具有其堆置之規則性：

1. 以目的港分儲：以貨櫃下一個卸船港作為分儲之條件，避免貨櫃混雜入儲，造成裝船前需耗費大量翻整成本或裝船時拖延作業時效。
2. 重量：船舶於海上航程恐面臨險惡之天氣海象，所以貨櫃於船上之積載需滿足各項船舶應力限制，是故在貨櫃進儲時即需考量到船舶重量分配，以滿足在裝船作業時不再耗費大量時間成本進行場內貨櫃翻整。
3. 場區整體分配：裝船時，可能適逢多船舶、多橋機大量作業，如未顧及整體場區分配，表面上看來集中堆儲、節省用地，但在實際裝船作業時將發生其它人員、機具虛耗及無法滿足作業需求之狀況，直接影響的就是整體作業效率。是故，全場儲區之應用與管控拿捏，是直接決定作業時效率優劣之關鍵。

三、機具種類、數量

（一）橋式起重機（Quay side Gantry Crane，簡稱 GC、QC）

　　通稱為橋吊或岸橋，係豎立在碼頭前緣，固定在軌道上運行，藉著吊臂延伸至海面，用來裝、卸貨櫃的一種機具。橋式起重機是最重要的裝卸設備，其規格必須與貨櫃碼頭設計、船舶規格做整體考慮，例如橋式機吊臂的外伸距、主體的跨距，船舶吃水與滿載時貨櫃高度、船舶寬度，起吊重量、同時吊二支20呎櫃（有的碼頭同時可吊二支40呎櫃）的能力等。

圖 4-30

（二）自動化軌道式門型機（Automatic Rail Mounted Gantry Crane，簡稱 ARMGC）

軌道式門式機（RMGC）作業範圍可達16 row貨櫃，土地利用效率最大，但翻櫃機率較高，適合採用自動化（automation）裝卸作業。碼頭後線貨櫃場貨櫃吊卸設備，計畫採用長跨距──內側可放置13排（row）貨櫃的軌道式門式機，依據最具效率的作業規劃，平均配置於貨櫃場內。為了配合自動化作業，需於貨櫃場內裝設儲位自動定位裝置。

軌道式門式機將採用交流電力驅動系統，其優點是構造較為簡單，無需複雜的燃油引擎系統，液壓管路亦減到最少，使可靠度提高，維修保養更為簡便。由於長跨距門式機可減少機具走行之通道用地，故可提高土地利用率。

圖 4-31

（三）輪胎式門型機／輪胎室門式機（Rubber Tire Gantry，簡稱 RTG）

為不受軌道限制，經由輪胎轉向行走，跨距6排的貨櫃場內機具。

圖 4-32

（四）跨載機（Straddle Carrier，簡稱 SC）

跨載機機動性最佳，可用於行駛於碼頭與櫃場間作為拖車替代用，適合於畸零地或者是擁有充裕土地面積的碼頭使用。

圖 4-33

（五）貨櫃堆高機（Reach Stacker，簡稱 RS）

堆高機的型式，一般而言具有45噸的作業能量，採用吊臂抓取貨櫃，除具重櫃作業能力外，優點是機動性極高。

圖 4-34

第三節　貨櫃場作業程序

分別從進口及出口程序加以說明：

一、出口程序

出口程序始自於向運送人訂艙（簽S/O：shipping order），之後即進入準備出貨的階段。此時又可分成整櫃（CY）與併櫃（CFS）兩種作業：

（一）整櫃

整櫃一般稱為CY（container yard）。CY事實上是貨櫃場內供存放空重櫃的場地，因貨主貨量較大，於是自行使用整個貨櫃。因此自CY提領空櫃回工廠或倉庫進行裝櫃，於裝櫃完成後重櫃回場前，還是進到CY。因為這樣的作業方式都在CY進行，故

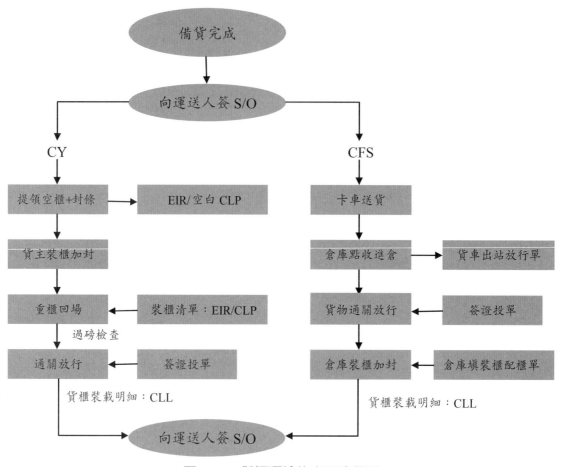

圖 4-35　貨櫃運輸的出口流程圖

這種作業方式乃慣稱為CY。事實上，從貨櫃使用的角度看，稱之為FCL（full container load）較為合適。

　　整櫃出貨的作業程序，在貨主簽S/O之後，以前還要向船公司取得領櫃單，再持領櫃單至指定貨櫃場提領空櫃。不過目前船公司都和貨櫃場電腦連線，因此程序已經簡化，拖車司機只要向櫃場管制站報S/O號碼即可，經櫃場管櫃單對核對資料無誤之後，即開吊櫃准單，至場內（即CY）提領空櫃。空櫃出場之前，要到管制站做檢查，由貨櫃場管制人員與拖車司機一起就貨櫃裡外表面確認無瑕疵後，雙方會同在EIR（equipment interchange receipt）上簽字放行（如圖4-36）。基本上，空櫃提領出場，櫃況都應該完好無缺，否則空櫃即不該提領。貨主除提領空櫃之外，將同時拿到裝櫃清單CLP（container loading plan，如圖4-37）和船公司貨櫃封條。CLP是供貨主裝櫃完成時自行填寫，以作為申報裝櫃內容資料及櫃場收櫃根據。貨櫃封條則於裝櫃完成時，由貨主自

臺北港貨櫃碼頭股份有限公司
貨 櫃 交 接 驗 收 單
EQUIPMENT INTERCHANGE RECEIPT

TPCT

船公司 Name Of Line	櫃 型 Container Type	貨櫃出站動態 Status	貨櫃號碼 Container No.	車架號碼 Chassis No.

OUT 出站
Empty 空櫃 ☐　Booking No. ____
Loaded 滿櫃 ☐　TO 到何處 ____
　　　　　　Discharging port 卸貨港 ____

Terminal 貨櫃場 ____

Vessel/Voy. 進出口船名航次 ____

Custom Seal Number 海關簽封 ____

Lineseal or Others Seal Number 船公司或其他簽封 ____

IN 進站
Empty 空櫃 ☐　Booking No. ____
Loaded 滿櫃 ☐　From 何處來 ____

Terminal 貨櫃場 ____　Date ____

Vessel/Voy. 進出口船名航次 ____

Custom Seal Number 海關簽封 ____

Lineseal or Others Seal Number 船公司或其他簽封 ____

站，敬時如請未將船公司規定封條費於內桿封條105元。進

碎污物，否則一切責任及發生之費用將由拖車公司負責繳納，不得異議。

以及貨櫃拆空時請清除櫃內雜敬請領櫃人員注意貨櫃狀況，

其他註記 REMARK　出站　　℃　通風口　CMH　平板 ☐

其他註記 REMARK　進站　　℃　通風口　CMH　平板 ☐

Mark clearly all damages and/or parts missing with following codes on the appropriate plan.(請將損壞情況以下列符號記入上圖適當位置)

B Bent彎　C Cut裂　D Dent凹凸　H Hole洞　M Missing遺落　R Rust生蟲　BS Bruise擦傷　BR Broken斷裂　DI Dirty髒污

空櫃交還地

空櫃限　　　　日前交回、逾期需繳納空櫃使用費。

進站空櫃況			
1、OK	2、修	3、洗	4、修、洗

WASH　FREE：

貨櫃固定插梢已拔除

For Container Owner　DATE　FOR RECEIVER(CARRIER, LICENCE NO.)
交貨櫃人　　日期　領貨櫃人　運輸公司　車牌號碼

For Container Owner　FOR REDELIVERER(CARRIER, LICENCE NO.)
收貨櫃人　交還人　運輸公司　車牌號碼

臺北港貨櫃碼頭股份有限公司
貨櫃(物)運送單(兼出進站放行准單)

1進口 2轉運 3轉口 4出口
A重櫃 B空櫃 C非櫃裝

NO：

船名航次		船隻掛號		S/O 或艙號		貨主名稱		放行總數量	
起運站名		出站時間		運往站名		進站時間		通關方式	放行附帶條件	本櫃數量

貨　櫃　及　加　封　記　錄			拖　運　記　錄			
貨櫃(物)標記號碼及形態	封條號碼	車行名稱	車號	司機姓名	駕照號碼

	倉儲簽簽章	核准出站提領關員或自主簽章	場站管制員簽章	落地追蹤	出站門哨核章(關員港警警衛)	進站門哨核章(關員港警警衛)
貨稅物則名號稱列						

本放行准單當放行單用時，限　　年　　月　　日以前出站隔日作廢
本運送單塗改無效

OPD-ECS-002-001

圖 4-36 (a)　EIR-a

行加封，並填寫貨櫃裝載明細CLL（container loading list），作為日後運送責任認定之重要依據。

　　當貨主在其工廠完成裝櫃以後，應將貨櫃立即以船公司封條加封並填寫**裝櫃清單**（**CLP**），於結關前開始收貨時將重櫃拖回貨櫃場。貨櫃回到貨櫃場管制站時，將進行貨櫃過磅、檢查封條及櫃況外觀檢查無異常後，會同拖車司機EIR。但如檢查發現有貨櫃損壞時，須在EIR上做註記（如圖片檔4-36(b)即是），以為日後判定貨損責任之依據。當這些檢查都完成之後，即可開吊櫃准單，由櫃場（CY）單位憑准單吊櫃，完成貨櫃進場作業，然後簽貨主裝櫃清單。報關行持裝櫃清單第一聯連同其他文件，進行投單報關。等到報關手續完成後，會再加掛海關封條。至此整櫃貨的出口程序全部完成，等候裝船。

　　對CY櫃運送人收取**吊櫃費**（terminal handling charge, THC）。

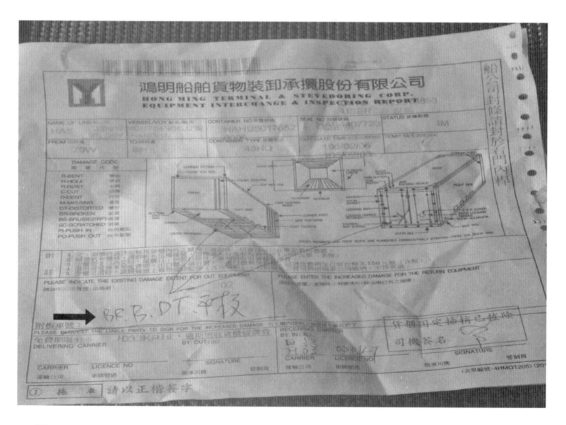

圖 4-36 (b)　EIR-b（此圖代表 EIR 的櫃況有異，所以註明其有待驗證責任的歸屬）

臺北港貨櫃碼頭股份有限公司
TAIPEI PORT CONTAINER TERMINAL CORP.
裝櫃清單
Container Loading Plan

船公司： Carrier		貨櫃號碼： Container No.		封條號碼： Seal No.	
擬裝船名/航次： Vessel & Voy. No		卸貨港： Port of Discharge		目的地： Destination	

裝貨單號 S/O No.	嘜頭及箱號 Marks & Nos.	件數 No. of Pkgs.	品名 Contents	重量 KGS	材積 CBM/C.F.	備註 Remarks

貨主名稱 Shipper / 電話 TEL：	貨櫃實核重量日期：	
		□雙拖

貨櫃總重驗證 (VGM)	□ 方法一：完成貨櫃裝箱和密封後，貨櫃過磅取得 VGM。<由貨主指定之地磅業者填寫>	進站過磅重：	KGS
		拖車板台重：	KGS
		過磅實核重量（VGM）：	KGS
	□ 方法二：過磅所有貨品和包裝件（棧板、貨墊和繫固設備）重量，並與貨櫃空重加總取得 VGM。<由貨主或其授權人填寫>	貨物毛重：	KGS
		貨櫃空重：	KGS
		貨櫃實核重量（VGM）：	KGS
	□ 方法三：完成貨櫃裝箱和密封後，委託台北港貨櫃碼頭公司過磅取得 VGM。 *1.相關費用將由需求提出方負擔。 2.由拖車司機填寫拖車板台及其附屬重量。	拖車板台及其附屬重量： *<由拖車司機自行填寫>	KGS

地磅業者簽章： （中文正楷）	貨主或代理人簽章： （中文正楷）

注意事項：
1. 本單各欄之內容務必填寫，如有任何更正，敬請蓋章。
2. 船公司封條請確實封妥，若有更換、損壞、遺失，應請貨主附帶切結書。
3. 貨物重量，請依船公司規定之限重裝載。

TPCT 貨櫃總重驗證明細
（由 TPCT 人員填寫）　　　　　驗證日期：20　/　/

A. 進站過磅重： 　　　　　　KGS	B. 拖車板台+附屬重量： 　　　　　　KGS	C. 驗證總重量（VGM）：（A-B=C） 　　　　　　KGS
TPCT 驗證人員簽名欄(中文正楷)		貨櫃車司機簽名欄(中文正楷)

OPD-ECS-020-01

圖 4-37

（二）併櫃

併櫃一般稱爲**CFS**（container freight station），指的是貨主因自己貨量不足以使用整個貨櫃，於是由貨主以卡車將貨物送至貨櫃場出口倉庫（CFS），由櫃場代爲和其他貨主的貨物併裝在一起。因這種作業都在CFS發生，因此這種作業方式慣稱爲CFS。不過若從貨主貨量不滿整櫃而言，應稱爲LCL（less-than container load）較合適。

併櫃貨卡車司機於進入櫃場前須在CFS貨管制站換證，並獲告卸貨倉庫。到指定倉庫時，還須辦理貨物進倉申請，才可開始卸貨。卸貨是由貨車機將貨物卸裝至貨櫃場提供的棧板（pallet）上，此時貨櫃場的理貨員（tallyman）將代表貨櫃場在旁點算貨物件數及檢視貨物表面情況。於貨物件數及表面狀況均無異常時，即由理貨員註明棧板儲位，再由堆高機駕駛員將貨物送至定位。完成收貨時，理貨員將簽貨物進倉單，由報關行向海關投單報關。因此倉庫作業單位，於每天開門第一件事即爲就當天進倉的船名編定儲位，以便收貨進倉作業。貨物進倉以後，**公證行**（measurer）則負責對貨物材積進行丈量，已確定貨物體積和重量。以上程序都完成後，負責裝櫃計畫部門即依據以上資料編製**裝櫃清單**（container stuffing plan），預備裝櫃。等到貨物海關放行以後，裝櫃單位即可著手進行裝櫃作業。在裝櫃時，理貨員依樣必須監督作業進行，逐批檢查貨況及計算件數，並在裝櫃清單做裝櫃紀錄。由於數位相機使用很方便，翻製成電腦檔案亦很容易。建議貨櫃場於裝櫃時逐櫃逐批貨拍照，對日後釐清裝櫃責任，將非常有幫助。每櫃裝安之後，要加封船公司封條及海關封條，並將重櫃送回CY等候裝船，即完成併櫃貨的出口程序。

對CFS貨載運送人收取裝櫃費（stuffing charge）。

最後就CY和CFS或FCL和LCL排列組合，貨櫃作業方式（service types）可有以下四種，係以出口地和進口地的作業方式來分別：

- CY/CY或FCL/FCL
- CFS/CFS或LCL/LCL
- CY/CFS或FCL/LCL
- CFS/CY或LCL/FCL

二、進口程序

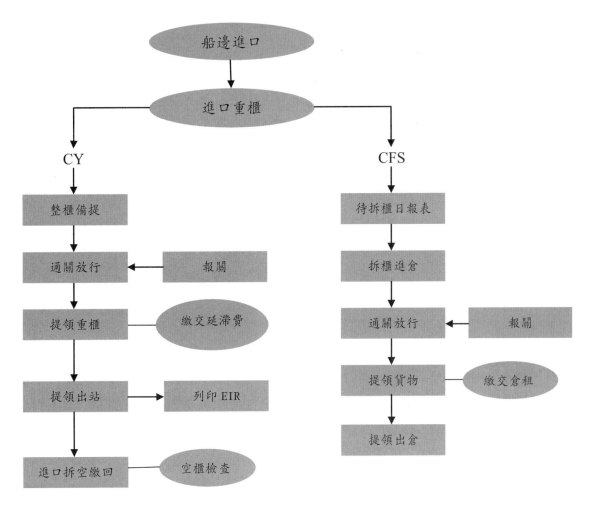

圖 4-38　貨櫃運輸的進口流程圖

　　進口程序從貨物自貨櫃船卸下來開始。貨櫃自船上卸下後，即在船邊加上海關封條，從此時開始即置於海關監管之下。如果貨櫃場位在船邊的話，貨櫃即直接進場儲放。如貨櫃場位於內陸，則貨櫃必須再轉送往內陸。轉運貨櫃，必須開立**貨櫃運送單**（container note），憑以自船邊轉送內陸貨櫃場，貨櫃場方面則憑以收櫃。貨櫃進場以後，作業程序一樣有**整櫃貨**（CY）和**併櫃貨**（CFS）之不同：

（一）整櫃

整櫃貨櫃在進場時，在管制站先核對貨櫃運送單及貨櫃封條無誤，再檢查貨櫃外觀櫃況，並繕製貨櫃檢查單之後，由管制站開具吊櫃准單，由櫃場單位吊卸至進口貨櫃儲位區，等待貨主提領。

進口貨主提貨之前，須先持正本提單至運送人處換領小提單。正本提單未到前，如為信用狀交易情形，以銀行出具擔保提貨書亦可辦理。在有海運承攬運送人服務介入的情形，則由承攬運送人至船公司換回小提單，待貨主前來換領。換領小提單前，貨主須先繳清運費及相關費用，取得小提單後，接著可辦理報關。遇貨主文件未齊貨手續不全前，運送人亦可變通在小提單上蓋「只准報關，不准提貨」章，方便貨主先行辦理報關手續，以利其及時提貨。進口整櫃貨的驗關，係在貨櫃場的進口貨集中查驗區進行。被抽到須驗關的進口貨，須將貨櫃吊上車架，拖至集中查驗區查驗。查驗完畢後，再送回貨櫃存放區。因此被抽驗到的貨櫃，會額外發生吊櫃費用，其因即在此。

以上手續完成後，海關即會蓋章放行，此時貨主便可以辦理提貨了。提貨時，如再有於貨櫃場發生的費用，如：貨櫃延滯費等。這是貨櫃在貨櫃場內，逾免費期間，應提而未提，船公司所收取的貨櫃延滯費用。須於現場繳付之後，才會開具吊櫃准單，吊櫃放行。貨櫃出場前，一樣須再作櫃況檢查、簽具EIR，待程序完成後，貨櫃即可放行出場。貨櫃經貨主提領後，一般容許五天的免費期，作為貨主的拆櫃作業時間。逾此免費期後，會被收取貨櫃滯留費（detention charge），這是應還而未還所產生的。最後，貨櫃經貨主拆卸後，須將空櫃送回貨櫃場，再於管制站會同檢查並簽EIR。如無異狀，即可結算相關費用，完成進口整櫃貨提貨程序。

（二）併櫃貨

進口併櫃貨於貨櫃進場後，因同時裝有數家貨主的貨載，一般貨櫃場均會盡快拆櫃進倉，以方便貨主提領。且進口貨係自貨物進倉日起，以每三天為一收費基礎，計算倉租（storage）。因此愈早拆櫃，對貨櫃場愈有利。至於併櫃貨的驗關，係在進口倉就地進行。當海關手續完成後，海關即在小提單上簽章放行。如有須再做其他檢驗者，則另行辦理。最後，貨主至櫃場財務單位繳清倉租等相關費用後，即可辦理提貨，並以卡車拖運至貨主場所，完成進口併櫃貨的提貨程序。

第五章　貨櫃船與貨櫃（含冷凍櫃及特殊櫃）

第一節　貨櫃船

一、貨櫃船的大小

貨櫃船的大小是以可裝的二十呎櫃當量為標準。所謂二十呎櫃當量英文為TEU（twenty-foot equivalent unit），也就是將所有各種尺寸貨櫃全換算成為二十呎櫃，加總以後的櫃數，以此作為貨櫃船大小的標準。

從第一艘可裝53個貨櫃的Ideal X開始，經60年的進展，如今超過15,000 ～ 20,000 TEU以上承運量的貨櫃輪已經很普遍，因此貨櫃運輸發展可謂一日千里。以船東立場而言，競相訂造更大更新更快的貨櫃輪，實在是為了市場競爭的考量，有其不得不的苦衷。一方面，船位過剩的結果，勢必導致海運費節節下跌。此外，這種超大型的貨櫃輪，在港口吃水深度及橋式起重機懸臂跨距（out reach）方面，對港口也帶來新的挑戰。至於貨櫃運輸的發展過程，可以依貨櫃船承運量大小之演進，劃分成不同時期：

第一代貨櫃船：500 TEU左右。

第二代貨櫃船：700～1,000 TEU左右。

第三代貨櫃船：2,000 TEU左右。

第四代貨櫃船：3,000 TEU

第五代貨櫃船：4,500 TEU的巴拿馬極限型船（Panamax）。

第六代貨櫃船：5,000 TEU以上的超巴拿馬極限型船（Post-Panamax）。

現在的貨櫃船是15,000～20,000 TEU以上。

至於所謂巴拿馬極限型船及超巴拿馬極限型船是以船隻是否能過巴拿馬運河來區分，由於巴拿馬運河是人工所開鑿，中間三個船閘嘉噸（Gatun Locks）、彼得米各（Petro Miguel Locks）及米拉福洛爾斯（Miraflores Locks）有寬度及吃水深度的限制。所能容納通過的船隻，船長約290公尺、船寬約32公尺、吃水約為12公尺。達此極限者，為巴拿馬極限型船。超此限度者，即稱為超巴拿馬極限型船。前者以貨櫃承運量言，約在4,500 TEU左右。超巴拿馬極限型船因無法通過巴拿馬運河，因此從遠東來的船隻，將貨物卸在美國西海岸港口，一般是西南岸的洛杉磯港或西北岸的西雅圖港，東岸及美國內陸的貨再用鐵路運送過去，這種海陸聯運的運輸方式。巴拿馬運河作為巴拿馬共和國擁有和管理的水閘型運河，與蘇伊士運河並為全球性人工水道，具有重要的國際貿易和海運商業價值，大大縮短了美洲東西海岸、美洲東海岸到遠東、歐洲到美洲西海岸的航程，被譽為連通太平洋和大西洋的「世界橋樑」，通過運河的貨運量占世界海

圖 5-1

上貨運量的5%。

　　擴建前的運河基本狀況為：全長81.3公里，寬150～304公尺，水深13.5～26.5公尺，大部分河段的水面比海平面高出26公尺，建有6座船閘，可通過最大船舶寬度32.31公尺，吃水12公尺，船長294.1公尺，通航船舶一般45000噸級，最大65000噸級。運河擴建工程，一是新建第三組船閘，即分別隨著世界經貿發展和船舶海上貨運的日益繁忙，船舶建造也不斷向大型化方向發展，巴拿馬運河規模已難以適應由此帶來的海運幹線化和規模化發展需求。為此，巴拿馬政府決定對運河進行擴建，工程於2007年開工，2016年完工。

　　在太平洋端和大西洋端各建造1個新船閘，每個船閘有3個閘室，新船閘允許通過最大船舶吃水為15.2公尺。二是開挖一條長3.2公里入閘道，使新的大西洋船閘與現有運河入海口相連；建設長6公里和1.8公里的兩條入閘道，使新的太平洋船閘與現有運河航道相連。三是將現有運河入口和航道拓寬加深，同時提升Gatun湖水位，可容許吃水15.2公尺的船舶通航（圖5-1）。（原文網址：https://kknews.cc/zh-tw/world/94ze5.html）

　　回顧2016年完工的蘇伊士運河擴建工程，船舶的通過時間從18小時縮短為11小時，通航能力大為提高。可以預期，巴拿馬運河擴建以後，將有更多船舶尤其是大型船舶通過巴拿馬運河，新建和現有船閘的總通行能力將達到目前的兩倍，大大提升運河的吸引力，既有利於全球航運業，又能拉動全球和區域經濟增長，對全球航線布局的影響極大。

圖 5-2　巴拿馬運河擴建工程（圖片右側大部，施工期間拍攝）

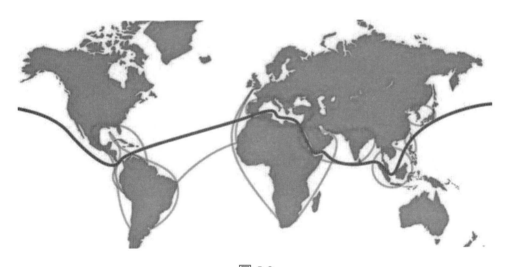

圖 5-3

　　回顧20世紀80年代，遠東和美東間的貨櫃貨物80%通過巴拿馬運河，其餘20%大多通過北美鐵路或公路轉運到美國東海岸；90年代以後，情況完全翻轉過來，通過運河只有20%，通過鐵路和公路則達到80%。造成這種運輸格局的重要原因，就是巴拿馬運河的通過限制，所謂「超巴拿馬型」的大型貨櫃船舶出現，並紛紛投入到美西航線，就說明了這一現象。

　　運河擴建以後，通航8000～12000 TEU貨櫃船舶，單船規模效應突顯，船公司運輸

成本降低，吸引力增加，影響到全球貨櫃航線布局。就近期來看，由於巴拿馬運河的擴建，將大大吸引船公司開闢或增加經由運河到達美東海岸的航班，大大改變現有遠東和美東間貨櫃貨物的海陸20/80比例，甚至會接近50/50。就中遠期來看，一是有助於船公司使用12000 TEU貨櫃船建立往返雙向的環赤道航線（這也是業界探討多年的話題），以低成本構築全球貨櫃東西向通道；二是環赤道航線需要南北支線支持，以多頻度和小批量增加區域內部與環赤道航線的轉運機會；三是通過鐘擺式航線銜接三大洋，使得跨洋航線銜接更加高效和靈活；四是有助於南亞、地中海和加勒比等區域內部構建區域中轉支線網絡，連接區域港口系統、跨洋航線和環赤道航線，繼而形成全球貨櫃海運航線網絡。

值得一提的是，巴拿馬運河擴建誘發的貨櫃航線網絡重構，還將影響到全球的港口變動。就近期而言，經由運河到達美東海岸航班的增加，將會抬升紐約／新澤西等美東海岸港口群的地位，目前巴拿馬運河管理局與美國東海岸12個港口簽訂了共同營銷協議，紐約／新澤西、薩瓦納等港口正在投資擴建，以迎接超過8000～12000 TEU的大型船舶靠泊；就遠期而言，上述環赤道航線將需要南北支線作為支撐，為了擴大與環赤道航線的轉運機會和規模，一批南北區域國家的近洋貿易港口也將獲得新的發展機遇。

表 5-1　世界工程奇蹟

巴拿馬運河於 1904 年由美國開始興建，1914 年完工，耗資約 3.75 億美元興建。之後一直由美國掌控營運權，直到 1999 年 12 月 31 日始轉給巴拿馬政府。
美國當年是以支持巴拿馬自哥倫比亞獨立為條件，取得運河控制權 85 年。
巴拿馬運河營運收入年約 60 億美元，占 3 百萬人口的巴拿馬 GDP 約八成，可見其重要性。
由於目前的三個水閘：嘉頓（Gatun Locks）、彼得米各（Petro Miguel Locks）及米拉福洛爾斯（Miraflores Locks），受限大型輪船（290M×32M×12M）無法通過，而有所謂 Panamax 及 Post-Panamax 級船。
巴拿馬政府於 2006 年 10 月 22 日舉行公投通過，將耗資 52.5 億美元擴建巴拿馬運河，於 2007 年 9 月 3 日動工，工期預估為 10 年（2016 年 6 月 16 日，擴建後的巴拿馬運河啟用），完成後可讓載運 12,000 TEU 的超級貨櫃輪通過。
通過運河的船舶噸量在 2000 年為 2.3 億噸，2006 年約 3 億噸。
運河容量不足導致船隻等待通過的時間漫長，一般貨櫃輪通過運河少則要花 16 小時，多則得塞在港口 6 至 7 天。

資料來源：原曾俊鵬作者整理。

二、貨櫃船的大型化

1.大型化趨勢愈加明顯

根據英國克拉克松研究公司的統計，截至2015年8月15日，全球貨櫃船船隊中，8000 TEU以上的大型貨櫃船比例明顯偏高，以艘數計，約占14%，而以TEU計，占比達到40%；從2015～2017年的訂單情況來看，以艘數計，8000 TEU以上貨櫃船總計237艘，約占55%；其中，8000～11999 TEU的訂單為105艘，約占24%；12000 TEU以上的超大型貨櫃船訂單為132艘，約占31%。如果以TEU計，8000 TEU以上貨櫃船約占88%。其中，8000～11999 TEU貨櫃船占28%，12000 TEU以上貨櫃船占60%。

從年份來看，8000～11999 TEU貨櫃船的比例逐年降低，而12000 TEU以上貨櫃船的比例在逐年攀升。預計2017年以後，12000 TEU以上貨櫃船將占全部訂單的8成。

從歷史來看，上世紀70年代，最大的貨櫃船僅有3000 TEU；到上世紀80年代後期，開始出現4500 TEU級貨櫃船；1995年之後，貨櫃船大型化趨勢加快，當時最大的貨櫃船達到了8000 TEU；到2006年，貨櫃船達到10000 TEU級；到2013年，則出現了15000 TEU的超大型貨櫃船。如今，20000 TEU級的貨櫃船已經閃亮登場，該型船已達到可同時通過馬六甲海峽和蘇伊士運河的最大尺度。

2.貨櫃船大型化原因

貨櫃船大型化最重要的推動因素毫無疑問是降低成本。

當業內在探討成本降低這一課題時，常常採用「單位TEU成本」來作為具體指標。降低單位TEU的運輸成本，即降低了整體的成本。為了實現既降本又增效的目的，最合適的手段就是形成船舶的「規模化經濟」，即在一次航運中能運輸更多的貨物，則單位TEU成本自然會降低。

貨櫃運輸業務與全球消費市場的發展以及主要經濟體GDP增速變化息息相關。由於貨櫃船具有運輸定期性強等特點，貨櫃船的燃料費用和港口費用相對固定。無論有沒有貨物在運輸，貨櫃船都必須要有可以停泊的港口。正是因為此類成本相對固定，使得貨櫃船班輪公司的收入受運費的直接影響較大。一旦運費波動，班輪公司的盈利水平將發生明顯變化。因此，貨櫃船運輸市場長期處於價格和成本競爭的白熱化狀態。

在這樣殘酷的競爭環境中，為了與其他競爭對手拉開差距，能選擇的最合適手段就是降低單位運輸成本。於是，超大型貨櫃船成為各班輪公司的重要選擇，從而掀起了超大型貨櫃船訂造「風潮」。

　　然而，規模經濟並不是一勞永逸的「良方」。比如，某貨櫃船公司在向市場投入超大型貨櫃船時，會調整船隊結構，將原來的大型船舶投入到其他航線中。這意味著，超大型貨櫃船的出現改變了航運市場的運輸格局。

　　目前來看，全球主幹航線包括「亞洲－歐洲」「亞洲－北美」和「北美－歐洲」，這三條航線的運量占全球貿易量的30%。其中，成本競爭最激烈的便是亞歐航線。該航線是3條主幹航線中航行距離最長、運載量最大的一條航線，掌握了這條航線，便掌握了貨櫃船運輸領域的主動權。

　　此外，亞歐航線對船舶規模的限制較少，使其成為最適合投入超大型貨櫃船的航線。但正因如此，該航線更容易受貨櫃船大型化的影響，運費起伏較大。由此可見，貨櫃船大型化加劇了貨櫃船運力過剩的危機。如果無法維持一定的拆解量，全球貨櫃船運輸市場將陷入慢性的供給過剩困境。

3.大型化背後的隱憂

　　貨櫃船大型化趨勢開始於十多年前。2005年，當8000～10000 TEU貨櫃船登場時，業內已針對貨櫃船大型化趨勢展開議論。

　　但讓業內人士始料未及的是，貨櫃船大型化的速度之快已超乎想像。事物都有兩面性，急速發展必將帶來一些隱藏的問題。對於超大型貨櫃船來說，其過快的發展速度或將引起供給過剩、港口基建匹配跟不上、重大事故無法及時應對等問題。

　　經濟合作與發展組織（OECD）在2015年3月底發表了一篇關於超大型船舶所帶來的影響的文章——《The Impact of Mega-Ships》，文中提出了如下觀點：

　　在過去十年中貨櫃船主尺度擴大了**2**倍，每**TEU**對應的成本降低至從前的三分之一。現今的貨櫃船中**60%**的船舶成本削減並非是規模化經濟的效果，而是由主機效率提升所帶來的。在如今全球經濟不景氣的環境下，貨櫃船的大型化會招致運力過剩。貨櫃船的大型化必須獲得港口基建擴張的配合。這部分成本將在每年**4**億美元左右。

　　港口增加的成本中三分之一用於設備、三分之一用於疏浚，最後三分之一才是基建和貨櫃碼頭成本，並且這些工程需要公共部門來承擔。

　　發生事故時救援和保險的應對尚未成熟。與其他貨櫃船同時靠岸時，卸貨可能會對供應鏈產生影響。繼續大型化可能反而提高了運輸成本。

　　由此可見，因貨櫃船大型化形成的規模經濟是有限的，愈是大型化，愈會增加公共事業部門的負擔，港口愈要在基建、設備等方面投入更多的資本。此外，一旦出現事故或者航次延遲的情況，不僅可能對物流造成影響，甚者還會影響整條供應鏈的運作。更

加重要的是，繼續推進貨櫃船大型化，恐怕會引起成本上升。OECD的這篇文章可以說是爲海運業敲響了警鐘。（原文網址：https://kknews.cc/zh-tw/news/pyg2xp.html）

4.船舶大型化的經濟性

貨櫃船趨向大型化的原因，是有背後的經濟因素支持，因大型化有助於降低每單位貨櫃的平均成本。但由上述所言，若貨櫃輪其承載量超過20000 TEU時，其平均單位成本是否能有效的降低？茲舉一下表比較說明之：

表 5-2　大型船舶化的利益

貨幣單位：US$

成本	4000 TEU	6000 TEU	10000 TEU	20000 TEU
船員	850	850	850	？
船舶維修	900	1,025	1,150	？
保險	800	1,000	1,700	？
船舶補給	250	300	350	？
管理費	175	175	175	？
燃油成本	4,284	5,722	7,269	？
靠港費用	2,000	2,700	3,000	？
總額（千美元）	9,259	11,822	14,494	？
平均單位成本	2,315	1,970	1,449	？

資料來源：Containerisation International.

此表所列之平均變動成本，船舶大型化的利益相當明顯。從4000 TEU到6000 TEU，每單位平均變動成本可降低15%；若以10000 TEU和4000 TEU船相比的話，前者更可降低達35%，非常可觀。因此在競爭對手都造大型船的情況下，爲保持競爭力也只有跟進了。但未料2008年的金融風暴讓所有貨櫃航商吃盡苦頭。因此，以20000 TEU是否成本是不減反增，就讓我們慢慢來觀察。

三、有哪些因素可能阻遏船舶大型化趨勢

業內人士預測，未來幾年就會出現24000 TEU船的訂單，從而把船舶大型化趨勢推進到一個新的高度。船舶大型化趨勢的終點到底在哪裡？哪些因素可能阻礙這一趨勢？

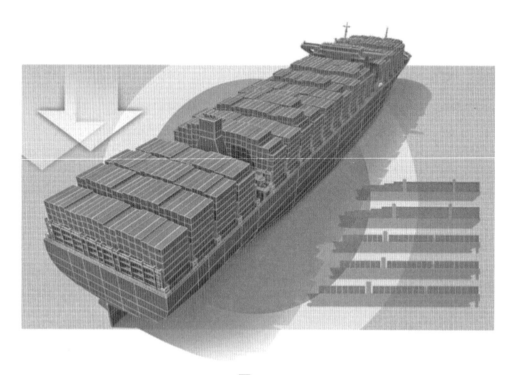

圖 5-4

2012年馬士基以18270 TEU的3E級船訂單超越所有競爭對手，釋放其在行業內部苦苦掙扎的壓力。如今行業競爭依然如故，不會停止。

大船訂單的新一輪熱潮已經出現。2016年1月，長榮宣布簽訂11艘18000 TEU船舶租約，於2018～2019年交付。據傳聞，它們的實際容量約爲20500 TEU。3月，商船三井訂造4艘、租用2艘20150 TEU船。4月，東方海外宣布訂造6艘定於2017年交貨的21100 TEU船訂單。同月，達飛輪船確認了訂造3艘定於2017年交付的20600 TEU船訂單；此外它還有正在陸續交付的6艘17722 TEU船。6月，中遠集團證實，已經訂造至少11艘20000 TEU船，將在2017年陸續交付。這些訂單加上中海集運和阿拉伯海運去年訂造的各6艘19000 TEU船。

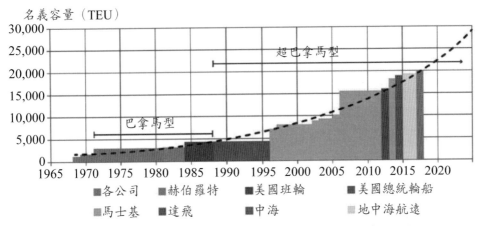

名義容量（TEU）

圖 5-5　集裝箱船型發展史上的里程碑容量及創新公司

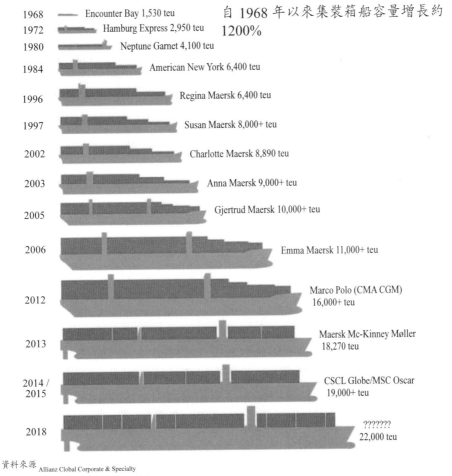

1968　—— Encounter Bay 1,530 teu

1972　　Hamburg Express 2,950 teu

1980　　Neptune Garnet 4,100 teu

自 1968 年以來集裝箱船容量增長約 1200%

1984　American New York 6,400 teu

1996　Regina Maersk 6,400 teu

1997　Susan Maersk 8,000+ teu

2002　Charlotte Maersk 8,890 teu

2003　Anna Maersk 9,000+ teu

2005　Gjertrud Maersk 10,000+ teu

2006　Emma Maersk 11,000+ teu

2012　Marco Polo (CMA CGM) 16,000+ teu

2013　Maersk Mc-Kinney Møller 18,270 teu

2014 / 2015　CSCL Globe/MSC Oscar 19,000+ teu

2018　??????? 22,000 teu

資料來源 Allianz Clobal Corporate & Specialty
Approximate ship capacity data: Container-transportation.com

圖 5-6　集裝箱船舶大型化進程 60 年

1.市場力量

船舶大型化的發展驅於穩定甚至有所下降在航運界已有先例。最典型的案例是原油油輪。20世紀70年代見證了超大型原油油輪（ULCC）的興起，一般ULCC的總載重噸超過50萬dwt，承載能力超過3700萬桶。自80年代以來，最大的原油油輪中的絕大部分已經報廢或被改裝後轉換到其他用途（如海上鑽井平臺和浮動油庫）。目前碩果僅存的在役最大油輪是建造於2002年的TI級油輪，總載重噸44.2萬dwt，吃水24.5公尺。

好幾個原因可以解釋這一現象。第一，1973年和1979年的兩次石油危機導致對原油需求的減少，而這類ULCC停航封存的維護成本太高，因此引起大量船舶被拆。第二，20世紀80年代和90年代的一大批石油洩漏事故迫使政策制定者強制報廢單殼油輪（包括超大型油輪），雙殼油輪應運而生。最後，考慮到超大型原油油輪的吃水超過20米，活動範圍大受限制。這對於大多數港口和許多海峽而言確實是不能接納的。

某些班輪公司的高管最近公開宣稱，發展更大型的集裝箱船在不久的將來不會非常實用，其前景也是不可預見的。如果在最大型船更大的規模經濟和次大型船更大的靈活性和發船頻率之間進行權衡，按照目前預測的貿易量的計算結果是最大型船將會把服務航線頻率降低到一個不利的水準。按照這種表述的邏輯，這將意味著在未來十年內，航運公司將認為24000 TEU船隻的部署是實用的。而如果一些公司被兼併或破產使該行業變得更加集中化，那麼這種船隻可能會加快發展。最大的可能性是船舶大型化趨勢止步於24000 TEU船。

2.行政管制

以行政命令來管制船隻的最大尺寸是可能的。現有的一整套涉及船舶設計及其參數的國際規則的主旨是為了保證安全（safety）和安保（security），同時也為了有更好的環境保護性能。限制船舶規模的國際法規被國際海事組織（IMO）接受是不太可能的，因為IMO被最大的航運組織所控制，但是通過對其他方面的監管，充當船舶大型化發展進程的制動器是可能的。

在過去，對雙殼油輪的監管不僅在促使單殼超級油輪報廢方面發揮了作用，而且可能也有助於油輪規模的穩定。儘管目前在役的和在建的以及潛在的新大型集裝箱船同安全、安保與環境問題缺乏直接的關聯關係，但是，人們普遍擔心，這類大船一旦出事，進行海上救助作業幾乎是不可能的。考慮到典型的海上災難後的監管習慣，一個未來的超大集裝箱船的事故可能會改變目前形勢的動態。

有幾個大型船舶在某些港口被禁止通行的例子，一是威尼斯港禁止非常大的郵輪進

港，二是中國的港口禁止巴西淡水河谷公司40萬噸級的超大礦砂船Valemax進港。這些禁令的動機是多種多樣的，而且目前看來，它們持續時間將很有限。

有觀察家認為，中國已經規定了在其港口所允許的集裝箱船的最大尺寸（19000 TEU，20萬噸級以下）。這意味著班輪公司如果想要超過這些限制，就必須參與和中國政府的討論以獲得許可，或改變規定來適應他們的新船。考慮到最大的集裝箱船是為了遠東─歐洲航線而建造，如果歐盟委員會像中國一樣對集裝箱船強加一個類似的最大限度，那麼在實踐中這將接近集裝箱船尺寸的全球最大值。

如果以一國港口吞吐量來衡量，在亞歐航線沿線只有中國和德國堪稱「港口大國」。然而，這兩個國家同時也都是「航運大國」，這就意味著中國和德國的監管機構不太可能限制本國船隊發展的政策法規。比如，既然中海集運和中遠集運已經訂造19220～20000 TEU船，那麼中國就不太可能限制這類大船掛靠中國港口。同樣地，考慮到赫伯羅特和漢堡南美的利益，德國也不太可能限制大船掛靠。歐盟也會考慮馬士基、地中海航運和達飛輪船所在的丹麥、瑞士和法國的利益，不大會限制大船靠港，儘管經濟合作與發展組織（OECD）最近出版了一份研究報告抨擊大船。至於新加坡、丹戎佩拉帕斯、鹿特丹和阿爾赫西拉斯等大港，港口條件足以接納現役最大船型，擁有強大的競爭優勢，其所在國家新加坡、馬來西亞、荷蘭和西班牙更不可能「自廢武功」而限制大船靠港。因此，只要中國和德國的主要班輪公司加入「最大船俱樂部」，就不太可能遭受重大的行政管制。

3.配套基礎設施和營運設施建設期滯後的制約

據DNV GL估計，一艘19000 TEU船在港口停靠期間可能有相當於8800 TEU的裝卸量。北歐港口編制的資料顯示，如果把通過水路、公路或鐵路的集疏運量加進去的話，這個數字相當於大約14000 TEU次的操作量。這表明，在通常情況下，需要六艘支線集裝箱船運載4795 TEU，53列火車來運輸4745 TEU，以及超過2600輛卡車集運或疏運4200 TEU。這麼大的集疏運量需要有相適應的基礎設施和營運設施。

大型船舶的出現引發了公共決策的快速性問題。一艘新一代的大船從下訂單到交付大約需要一年半時間，但是為它配套的基礎設施建設的時間通常卻要長幾倍。疏浚可能需要幾年，擴展和加強碼頭岸壁需要一到兩年，港口至腹地的集疏運交通基礎設施建設需要超過五年時間。建造新的港口碼頭至少需要五年，但是如果需要填海造地，那就往往要費時十多年。其實對於這些建設項目中的大多數來說，實際建設的時間相對較短，但決策過程往往花費大部分時間。這些項目大多是敏感的，它們涉及許多具有不同利益

的利益相關者，往往會爲了一個理想的結果而不得不拋棄原來的設想。

不可避免地，大量的時間花費在諮詢上，就一個具體提議形成一致，接下來是各種影響評估（可行性分析、成本／效益分析、經濟、環境和社會影響評估等）、規劃許可、採購招標過程或公共投資與社會投資合作（PPP）夥件的確立。經常地，反對提議的利益相關者將利用一切合法的措施來阻止該提議決策的順利進行。在實踐中，專案成功之前可能需要數十年時間，更有許多專案由於各種各樣的原因而不能付諸實施。

在集裝箱船的容量加速提升的背景下，這是一個實質性的挑戰：新一代大型船舶從決定訂造到新船交付的時間間隔，同基礎設施爲適應大船而制定工程決策到實際建成的時間間隔，兩者之間有巨大的落差。此外，陸上的各種設施和建築物投資昂貴而且不可轉移，而船是可以靈活部署的流動資產。

不只基礎設施，而且營運設施的建設也有一個滯後期的問題。例如，據報導，目前全球只有深圳鹽田、丹戎佩拉帕斯、阿爾赫西拉斯、鹿特丹和威廉港五個港口能夠允許馬士基的3E級船滿載進出。這就是說，在世界大部分港口，包括世界最大的港口上海洋山港，18270 TEU的船隻能裝載15000～16000 TEU。事實上，制約3E級船掛靠的主要因素是岸邊橋吊的高度和吊臂長度。改善的途徑是碼頭營運商投資訂購更大型的岸邊橋吊，臂長能夠跨越23列貨櫃，就能夠容許目前全球最大型貨櫃船的滿載掛靠、作業和滿載離港。但由於各種原因，碼頭營運商訂購超大型設備有一個滯後期。

總而言之，未來大型船舶的發展需要一個更有組織和有計劃的轉變。過去，班輪公司在訂造大型船舶之前從不諮詢任何人，這是他們的典型風格。需要在有關的交通利益相關者之間舉行一場建設性的討論，參加人員應該來自於政府、監管部門、港務局和所有感興趣的民眾。討論的目的可以是促進意見的交換、對目標和計畫的了解、以及最終更好的協調以確保最佳的供應鏈配置。（原文載「中國船檢」月刊）

圖 5-7

四、貨櫃船的分類

因貨櫃具有標準規格，且有其作業簡化、裝卸快速、經濟效益提高以及減少貨損等優點，使得貨櫃運輸成為目前海洋運輸之主流。而因應貨櫃之標準化，並使其能夠快速且經濟的運送貨物，貨櫃船之設計均具有下列特色，包括：設計船速快、方形貨艙與艙內巢狀的設計、艙口特大、甲板與縱向橫向的結構力較強、初始GM值均設計較高等。

（一）另依照貨櫃船之貨物裝卸方式，概可分為：

1. 吊上吊下型（Lift on/off）
2. 駛進駛出型（Roll on/off）
3. 浮進浮出型（Float on/off）

（二）若依照其裝運程度則可分成：

1. 全貨櫃船（Full Container Ship）

全貨櫃船顧名思義，即指船舶的設計與建造，是專對裝運貨櫃；而半貨櫃船輪則既可裝運貨櫃，也可以裝運一般雜貨。

　　全貨櫃輪通常不配備船上起重機，故貨櫃的裝卸作業均依賴碼頭上的**橋式起重機**（gantry crane）（如圖5-8）。並且因為貨櫃通常會部分裝載於甲板上，因此也會加強艙蓋板的載重能力，以及在甲板上有貨櫃繫固環座（lashing ring）的裝置等，以便將貨櫃繫固在甲板上。

　　至若從船艙結構來看，為方便貨櫃裝卸作業，增加效率起見，全貨櫃輪的船艙通常有貨櫃導軌（cell guide）的構造，使整個船艙看起來就像人體細胞，而呈蜂巢型的形狀。如圖5-9所示，因此這樣的結構也稱為胞巢（cell），而全貨櫃船乃稱為胞巢型船（cellularized ship）。

圖 5-8

圖 5-9

圖 5-10

2.半貨櫃船（Semi-Container Ship）

半貨櫃船的船艙既無胞巢及導軌的設計，船上通常也配備船上起重機。雖然貨櫃的裝卸效率較差，但在次要港口的配置，則有其方便性與必要性。

3.多功能貨櫃船（Multi Purpose Container Ship）

目前，由於快速與經濟的考量下，船舶逐漸朝大型化、專業化的趨勢前進，使得吊上吊下型之全貨櫃船成為主流。在港區附近所看到的貨櫃船均屬於此類。

圖 5-11　多功能貨櫃船

第二節　貨櫃

　　貨櫃是一種箱型之運輸容器，用來裝運貨物。傳統運輸是直接將貨物裝在船艙內，但貨櫃運輸則是貨物以貨櫃裝載。既對貨物做妥善的保護，也可做單位化的運輸與裝卸，提高運輸作業效率。可使船舶在港時間縮短，增加船舶的使用週轉次數。對運送人及貨主，都有重大價值。因此自開始使用以來，如今已成為國際貨運主流。至於海運貨櫃的含義，茲依**國際標準組織**（International Standardization Organization, ISO）的定義如下：

　　1.具有永久之特質及足夠之強度，適合反覆之使用。

　　2.經特殊設計用以裝載貨物，適合一種或多種運輸方式。

　　3.配有適當之裝置，以隨時搬運，尤其便於由一種運輸方式轉換為另一種運輸方式時搬運所需。

　　在我國稱為「**貨櫃**」，中國則稱為「**集裝箱**」。英文則一般稱為container，也有簡單稱為box或van者。以下再從不同角度來探討「貨櫃」：

一、貨櫃的分類

　　貨櫃使用以承裝海運貨物的容器，可依不同角度做以下分類：

（一）依建造材料分

　　依建造材料來看，貨櫃可分爲：鐵櫃、鋁櫃及玻璃纖維貨櫃三種。

1. **鐵櫃**：顧名思義即以鋼板（corten steel）爲建造材料，爲加強貨櫃強度，貨櫃外板並以浪板型式建構，底板一般鋪以木板以方便裝卸。鐵櫃的優點在於造價及維修費用相對便宜，維修及修繕上亦較簡易；缺點則在於鐵櫃的重量較大，影響貨櫃的載貨量。唯不論如何，鐵櫃仍最爲普通使用的貨櫃種類。

2. **鋁櫃**：即以鋁合金板爲建造材料，取其重量輕的優點。但其造價高，強度亦嫌不足。目前以用在冷凍櫃較多。

3. **玻璃纖維（FRP）貨櫃**：以玻璃纖維爲建造材料。優點爲質輕（每櫃約輕150KG）、成本低、抗汙染、易清洗、可分解、可回收。維修可用原鋁或不鏽鋼材拉釘補上，亦可利用其維修組件融合。

（二）依用途分

　　茲以不同船運公司的各種貨櫃的規格、大小、用途，如陽明（YML）、萬海（WAN HAI）、川崎海運（K-LINE）、快桅（MAERSK LINE）以圖片示之：

- 成立於1972年12月28日
- 理念：團隊、創新、誠信、務實
- 爲全球化與精緻化的海運運輸經營
- 爲全球20大貨櫃輪船公司之一20'DC20'DC20'DC規格

1.普通貨櫃（General purpose container or Dry container，乾貨櫃）

圖5-12所示為鐵製普通貨櫃，為最普通使用於裝載一般雜貨的貨櫃。其六面外牆均採水密性建構，對貨物的保護最佳。唯因只有櫃門可供貨物裝卸，因此對特殊貨物及無法使用，乃有其他特殊用途的貨櫃。

20'DC

圖 5-12(a)

Weight			Weight (*Start from YMLU 251965)		
Tare	2360 kgs	5200 lbs	Tare	2,370 kgs	5,230 lbs
Payload	21640 kgs	47710 lbs	Payload	28,110 kgs	61,970 lbs
Gross Weight	24000 kgs	52910 lbs	Gross Weight	30,480 kgs	67,200 lbs

Door Opening		
Width	2,340 mm	7' 8.1"
Height	2,280 mm	7' 5.8"
Inside Cubic	33.2 cu.m.	1,173 cu.ft.

Measure	Overall		Inside	
Length	6,058 mm	19' 10.5"	5,896 mm	19' 4.1"
Width	2,438 mm	8'	2,352 mm	7' 8.6"
Height	2,591 mm	8' 6"	2,393 mm	7' 10.2"

圖 5-12(b)　含內徑、淨重、毛重

40'DC (G.P.)

圖 5-13

Weight			Weight (*Start from YMLU 489951)		
Tare	3,970 kgs	8,750 lbs	Tare	3,950 kgs	8,710 lbs
Payload	26,510 kgs	58,450 lbs	Payload	28,550 kgs	62,940 lbs
Gross Weight	30,480 kgs	67,200 lbs	Gross Weight	32,500 kgs	71,650 lbs

Door Opening		
Width	2,340 mm	7' 8.1"
Height	2,280 mm	7' 5.8"
Inside Cubic	67.68 cu.m.	2,390 cu.ft.

Measure	Overall		Inside	
Length	12,192 mm	40'	12,025 mm	39' 5.4"
Width	2,438 mm	8'	2,352 mm	7' 8.6"
Height	2,591 mm	8' 6"	2,393 mm	7' 10.2"

40'HQ

圖 5-14

Weight			Weight (*Start from YMLU 822301)		
Tare	4,170 kgs	9,190 lbs	Tare	4,150 kgs	9,150 lbs
Payload	26,310 kgs	58,010 lbs	Payload	28,350 kgs	62,500 lbs
Gross Weight	30,480 kgs	67,200 lbs	Gross Weight	32,500 kgs	71,650 lbs

Door Opening		
Width	2,340 mm	7' 8.1"
Height	2,585 mm	8' 5.8"
Inside Cubic	76.34 cu.m.	2,696 cu.ft.

Measure	Overall		Inside	
Length	12,192 mm	40'	12,031 mm	39' 5.7"
Width	2,438 mm	8'	2,352 mm	7' 8.6"
Height	2,896 mm	9' 6"	2,700 mm	8' 10.3"

45'HQ Standard Type

圖 5-15

Weight			Door Opening		
Tare	5,160 kgs	11,380 lbs	Width	2,340 mm	7' 8.1"
Payload	27,340 kgs	60,270 lbs	Height	2,585 mm	8' 5.8"
Gross Weight	32,500 kgs	71,650 lbs	Inside Cubic	86,0 cu.m.	3,040 cu.ft.

Measure	Overall		Inside	
Length	13,716 mm	45'	13,556 mm	44' 5.7"
Width	2,438 mm	8'	2,352 mm	7' 8.6"
Height	2,896 mm	9' 6"	2,697 mm	8' 10.1"

2.開頂貨櫃（Open top）

　　為鐵製開頂貨櫃，顧名思義即貨櫃無頂板，方便一些大件的貨物如機械等由頂端裝卸。開頂貨櫃又可分為全開頂（full high）與半開頂（half high）兩種，以符合客戶不同的需求。貨物完成裝填後可再加蓋帆布（tarpaulin）保護貨物。

20'Open Top

圖 5-16

Weight			Door Opening		
Tare	2,460 kgs	5,423 lbs	Width	2,340 mm	7' 8.1"
Payload	21,540 kgs	47,487 lbs	Height	2,261 mm	7' 5"
Gross Weight	24,000 kgs	52,910 lbs	Inside Cubic	32,3 cu.m.	1,140 cu.ft.

Roof Opening		
Length	*Between front top rail and Door header*	
	5,655 mm	18' 6.6"
Width	*Between top side rail*	
	2,232 mm	7' 3.9"

Weight	Overall		Inside	
Length	6,058 mm	19' 10.5"	5,894 mm	19' 4"
Width	2,438 mm	8'	2,352 mm	7' 8.5"
Height	2,591 mm	8' 6"	2,330 mm	7' 7.7"

40'Open Top

圖 5-17

圖 5-18

圖 5-19

3.平板貨櫃或平台貨櫃（Flat Rack）

　　圖5-20所示為鐵製平板貨櫃，係針對超大型貨物（超寬或超高）之需而設計與提供。超大型的貨物因為長寬高超乎普通貨櫃的尺寸，故無法使用普通貨櫃裝運，便可向運送人要求提供平板貨櫃。平板貨櫃的使用因有明顯去回程不平衡的現象，故貨主有此種需求時必須及早向運送人提出，以讓運送人做調度。又平板貨櫃貨載的報價，因為貨物體積一般超過正常尺寸，必然占用周圍空間。因此其運費計算方式一般均制定一基本運價，在依貨載尺寸所占周圍貨櫃位空間外加運費。但外加的櫃位應扣除貨櫃的作業成本，才算合理。舉例說明，設若貨物的長寬高為：22'×10'×10'，其尺寸超寬又超高，超高部分占了一個櫃位，超寬部分則占兩個櫃位，故總共占用了三個櫃位。因此假定基本的作業成本為US\$800/40'，占用艙位部分為US\$600/40'（因為扣除貨櫃的作業成本，所以較低）的話，則本載貨報價應為US\$800 + US\$600×3 + THC。此案例也足以說明，因為特殊櫃量少、進出不平衡、且占用額外艙位的緣故，因此報價較一般貨櫃高出很多。

20'Flat Rack

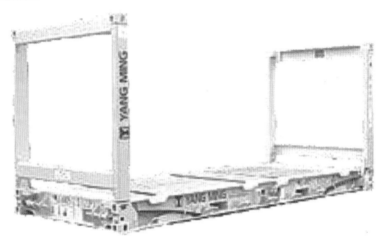

圖 5-20

Weight			Cargo Capacity	
Tare	2,800 kgs	6,170 lbs	28.8 cu.m.	1017.6 cu.ft.
Payload	31,200 kgs	68,790 lbs		
Gross Weight	34,000 kgs	74,960 lbs		

Opening		
Width	*Between stanchion pockets*	
	2,194mm	7' 2.4"
Height	*From base to top face of top corner castings*	
	2,233mm	7' 3.9"
	Collapsed as platform	
	371mm	1' 2.6"
Length	*Between front/after cross rails*	
	5,854mm	19' 2.5"
	Between corner posts	
	5,638mm	18' 6"
	Between the feet of corner post	
	5,556mm	18' 2.7"

40'Flat Rack

圖 5-21

Weight			Cargo Capacity	
Tare	5,450 kgs	12,015 lbs	54.8 cu.m.	1,936 cu.ft.
Payload	39,550 kgs	87,190 lbs		
Gross Weight	45,000 kgs	99,208 lbs		

Opening		
Width	Between stanchion pockets	
	2,240mm	7' 4.2"
Height	From base to top face of top corner castings	
	2,043mm	6' 8.1"
	Collapsed as platform	
	648mm	2' 1.5"
Length	Between front/after cross rails	
	12,032mm	39' 5.7"
	Between corner posts	
	11,782mm	38' 7.9"
	Between the feet of corner post	
	11,722mm	38' 5.5"

圖 5-22

 **K LINE** KAWASAKI KISEN KAISHA, LTD. ® 台灣川崎汽船股份有限公司

- 日本川崎汽船株式會社
- 日本三大航運公司之一
- 成立於1919年
- 擁有近400艘世界最先進的各種不同類型的船舶，航線遍及全球，在國際航運界有著重要影響

20' Flat Rack Freight Container

圖 5-23

Height		Trade Weight (kgs/lbs)	Max Cargo Cap. (kgs/lbs)	Door Opening		Interior Dimensions			
				Width (mm/ft)	Height (mm/ft)	Length (mm/ft)	Width (mm/ft)	Height (mm/ft)	Cube (m3/cft)
8'6"	Steel	2,750 6,063	31,250 68,893	- -	- -	6,038 19'6"	2,210 7'3"	2,213 7'3.5"	-

40' Flat Rack Freight Container

圖 5-24

Height		Trade Weight (kgs/lbs)	Max Cargo Cap. (kgs/lbs)	Door Opening		Interior Dimensions			
				Width (mm/ft)	Height (mm/ft)	Length (mm/ft)	Width (mm/ft)	Height (mm/ft)	Cube (m3/cft)
8'6"	Steel	5,100 11,243	44,900 98,985	- -	- -	12,172 39'11"	2,374 7'9.5"	1,959 6'5"	-

- 埃彼穆勒—快桅集團，常簡稱爲快桅
- 總部設於丹麥哥本哈根
- 世界知名的跨國企業集團
- 是以運輸及能源作爲主要的業務核心，也是世界上最大的貨櫃船運經營者及貨櫃船供應商

40'Open Top

圖 5-25

Description	Non-metric	Metric
Maximum payload	63,052 lb	28600 kg
Dimensions	40' x8' x9'6"	12.192 x2.438 x2.896 m
Internal, length	39' 5 3/4"	12,032 mm
Internal, width	7' 8 5/8"	2,352 mm
Internal, height	8' 8 1/2"	2,653 mm
Top opening, length	38' 8 6/8"	11,806 mm
Top opening, width	7'21/4"	2,192 mm
Weight, gross	71,650 lb	32,500 kg
Weight, tare	8,598 lb	3900 kg

40'Flat rack high cube

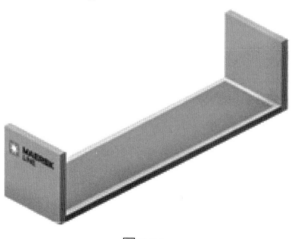

圖 5-26

Description	Non-metric	Metric
Maximum payload	104,279 lb	47300 kg
Dimensions	40' x8' x9'6"	12.192 x2.438 x2.896 m
Internal, length	39' 1/16"	11,890 mm
Internal, width	7' 9 7/16"	2,374 mm
Internal, height	7' 5 1/16"	2,264 mm
Length between corner posts	38' 2 11/16"	11,652 mm
Maximum width	8'1/16"	2,440 mm
Weight, gross	115,743 lbs	52500 kg
Weight, tare	11,464 lb	5200 kg

4.冷凍貨櫃（Reefer container）

圖5-28所示為鐵製冷凍貨櫃，又稱為控溫櫃（temperature controlled container）。乃針對需要溫度調節之貨載而提供，例如：水果、蔬菜、海產、畜牧產品等。冷凍貨櫃必須附掛冷凍機，以及持續性的電力供應，以維持設定的溫度。故運送人除冷凍貨櫃的提供外，貨櫃場及船上同樣也必須提供插座設備及電力。運送人有義務在貨櫃置於其控管期間，對貨櫃做定時檢查，以確定冷凍機正常運作，維持設定的溫度。貨主於訂艙時

必須將溫度設定度數的要求通知運送人，並記載入提單上，作爲日後責任認定依據。而冷凍貨櫃在提交貨櫃時的交接檢查（pre-trip inspection, PTI），更是馬虎不得。貨主也必須對其貨載做預冷，才能維持冷凍貨物的品質。冷凍貨櫃所承載的貨品一般爲高價品，一個貨櫃的貨物往往價值不凡。貨物一變質，價值相去甚遠，甚至成爲負價值，必須退運，因此必須非常小心。冷凍櫃因亦有明顯去回程不平衡的現象，加上上述多種特殊服務要求，故造價和運費較一般貨櫃高很多

冷凍櫃（20'Reefer）

圖 5-28

圖 5-29

圖 5-30

圖 5-31

Weight			Door Opening		
Tare	3,000 kgs	6,610 lbs	Width	2,292 mm	7' 6.2"
Payload	27,480 kgs	60,590 lbs	Height	2,265 mm	7' 5.2"
Gross Weight	30,480 kgs	67,200 lbs	Inside Cubic	28.6 cu.m.	1,010 cu.ft.

Measure	Overall		Inside	
Length	6,058 mm	19' 10.5"	5,450 mm	19' 10.6"
Width	2,438 mm	8'	2,292 mm	7' 6.2"
Height	2,591 mm	8' 6"	2,288 mm	7' 6.1"

冷凍櫃（40'Reefer）

圖 5-32

Weight			Weight (*Start from YMLU 526296)		
Tare	4,170 kgs	10,380 lbs	Tare	4,850 kgs	10,690 lbs
Payload	27,790 kgs	61,270 lbs	Payload	29,150 kgs	64,270 lbs
Gross Weight	32,500 kgs	71,650 lbs	Gross Weight	34,000 kgs	74,960 lbs

Door Opening		
Width	2,290 mm	7' 6.2"
Height	2,569 mm	8' 5.1"
Inside Cubic	67.7 cu.m.	2,390 cu.ft.

Measure	Overall		Inside	
Length	12,192 mm	40'	11,577 mm	37' 11.8"
Width	2,438 mm	8'	2,294 mm	7' 6.3"
Height	2,896 mm	9' 6"	2,546 mm	8' 4.2"

圖 5-33

(1) 冷凍（藏）溫度：

冷凍或冷藏的目的是藉由降低食品、蔬菜、水果溫度，延緩其新陳代謝作用與微生物導致食品、蔬果之腐敗。不同貨物對溫度有不同之要求，冷凍貨運輸就是在運輸過程中，維持設定之溫度，以保持貨物之品質。

在冷凍貨櫃運輸中，我們通常稱冷凍貨櫃運輸，但事實上冷凍貨櫃運輸並非僅限於冷凍（frozen）貨物，而是指在運輸途中可以控制櫃內溫度於設定之要求。例如高級紅酒約在攝氏20度左右、蔬菜水果為攝氏5度左右、冷凍豬肉為攝氏零下18度及冰淇淋為攝氏零下28度等，因此應稱為溫控貨櫃運輸（temperature controlled container transportation）比較適當。

冷凍櫃用於載運對溫度變化敏感的貨物，其中生鮮貨物是最常見的項目，但有很多工業產品（如化學品）也一樣使用冷凍櫃運輸，以控制其品質。而冷凍櫃造價高出普通櫃甚多之外，運輸途中必須供電及定時檢查，因此運價也較高。

(2) 裝載時注意事項

①冷凍貨載：裝載時，紙箱必須緊密排列與貨櫃內壁接觸面積愈少愈佳。

②支撐：目的為防止運輸途中貨載移動，阻塞空氣通道或翻倒於櫃門，造成貨損，貨載與櫃門之間必須以橫向木條支撐，以防止貨載移動、冷氣循環不良。

(3) 冷凍櫃檢查

①檢查櫃門是否有損壞能否緊密關閉。

②櫃內之邊板是否有破損、殘留臭味。

③地板有否損壞、清潔是否乾淨、地板之水栓塞有否雜物堵塞。

④櫃內之寬度、高度、長度，如何搭配紙箱之裝載。

5.槽型貨櫃（Tank）

槽型貨櫃本體為圓筒形結構，以裝運化工原料及油品等液態貨品，如：潤滑油、蔬菜油、紅酒等為目的。槽型貨櫃的供應相當有限，運送人多半不提供，一般都由貨主自備，最主要的是造價高。最出名的供槽商為Stolt Nelson。

框架筒槽型壓力容器多裝載液態散裝貨品，為符合陸運及海運運輸上的需求，其設計上必須嚴格遵守各國際法規及國際標準組織之安全規範。雖筒槽本身外觀具統一性，但結構材料、鋼材厚度、鋼材所能承受之測試壓力、底閥裝置限制、是否安裝裏襯及各閥門配件卻有不同。油槽櫃即是依以上而有不同的分類，也就是依此準則來界定何種貨物可裝置於何種油槽櫃。

(1) Tank（槽櫃）

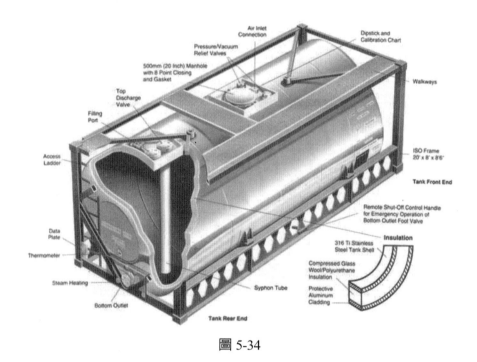

圖 5-34

(2) 框架（**Tank Frame**）

櫃架的目的是支撐與保護筒槽，及被標準運輸設備進行操作及堆存，其框架尺寸必須符合國際標準組織（International Standard Organization）的要求。

(3) 框架型式（**Tank Type**）

此兩種規格均完全符合國際標準組織的安全規範，唯樑式油槽櫃因櫃體較輕，因此，可裝載相對於全框式槽櫃較重的載貨量。

(4) 全框式──油槽

圖 5-35

圖 5-36

(5) 樑式——油槽櫃

圖 5-37

圖 5-38

External Length:	
20 ft	6058 mm
External Width:	
8ft	2438 mm
External Height:	
8ft 6in	2591 mm
MAWP:	
18 bar to 34.4bar	
Capacity:	
up to 24500L	
Tare:	
7350 kg upwards	

由於槽櫃大多裝載些氣體、液體等危險等物品，因此對危險品運輸就更加需要做進一步的敘述：

(1) 何爲危險品？

所謂危險品是指以下貨品：

①對人員會造成損傷的貨品

例如腐蝕性、傳染性或有毒物質處理不當時即很容易造成人員傷亡。

②對船舶或運輸工具會造成損害的貨品

Hyundai Fortune輪因承運爆炸性物質，於2006年3月21日發生嚴重海難，整條船幾乎全損（total loss），損失修重。

③對其他貨物造成損害的賣品

例如易燃性、有毒物質、放射性物質等於和其他貨品混裝時，便容易對其他貨物造成損害。

④對環境造成損害的貨品

最明顯的是原油或有毒物質洩漏到海上時，對環境即常常造成浩劫。

由於危險品具有上述風險，因此於運輸過程中必須嚴格遵照國際規定。

(2) 危險品運輸的國際規定

危險品海上運送有關的國際規定依序如下：

①以聯合國於1956年發布的《危險品運輸建議書》（橘皮書，即Orange Book）（*UN Recommendations on the Transport of Dangerous Goods*）爲基礎，其下屬各領域的組織，如國際海事組織（*International Maritime Organization*, IMO）、國際民航組織（*International Civil Aviation Organization*, ICAO）等再依照該建議書制定各該領域所應遵守的危險貨物包裝及運輸管理法規。

②海運部分國際海事組織依照橘皮書分別制定1974年《海上人命安全公約》（*The International Convention* for the *Safety of Life at Sea*, 1974）（SOLAS）和1973/78年《防止船舶污染國際公約》（The *International Convention for the Prevention of Pollution From Ships*, 1973/78）（MARPOL）。

③《國際海運危險品章程》（*International Maritime Dangerous Goods*）（IMDG Code）根據前述兩個公約則制定，爲危險品國際運輸的依據。IMDG Code分成兩冊和一補充本（supplement）前者共分七個單元（part），第一冊爲第1、2、4～7單元，包含一般規定、定義和訓練、分類、包裝、託運程序和包裝製作及測試、運輸操作等內容；第二冊爲第三單元，包含危險貨物一覽表和限量除外

（limited quantity exceptions）等內容；補充本則為關於事故緊急應變措施、通報程序等內容。基於危險品的複雜性及多變化性，IMDG Code每兩年更新一次，2010年使用的是第34版。在奇數年份例如2007、2009年1月會公布新版本，公布後當年舊版本可繼續使用，因此奇數年份稱為新舊版轉換年（transition year），各國主管機關可在這一年中選定實施新版本的月份或立刻實施；而偶數年例如2008，2010年則必須遵照新版本實施。循此推算，2011年將頒布第35版，2012年全面實施。

茲將關係簡圖繪製如下：

表 5-2　危險品國際法規關係圖

聯合國（UN）	→	危險品運輸建議書
↓		↓
國際海事組織（IMO）	→	SOLAS，MARPOL
		↓
		IMDG CODE

(3) 危險品發生危險的原因

危險品只要遵照國際運輸規章之規定，是可以安全運送的，但仍由於下列原因而發生危險：

① 貨主未申報、漏報、誤報。也就是貨主為對貨物未做正確申報以致運送人無法做妥善裝載處置，這是發生危險的主因，舉例言之，炮竹申報為玩具、打火機未申報有瓦斯等。為防範這類危險，運送人對可疑的貨品都要求提供成分表MSDS，貨主必須予以配合。

② 文件資料不正確。即危險品名稱及性質未正確記載，導致操作發生錯誤。

③ 危險品品質不良。

④ 容器不良。容器發生滲漏，強度不足等。

⑤ 包裝不當。對貨物未做妥善包裝。

⑥ 櫃內繫固不緊。

⑦ 裝載隔離不適當。

⑧ 標示不清楚，以致運送途中的作業人員不知情，未做正確操作。

其他意料不到的情況。

(4) 危險品的分類

根據危險品不同性質，IMDG Code將危險品分成以下九大類，如下表所示：

表 5-3　危險品分類表

Class 1 第一類	爆炸性物質（explosives） 1.1 組　具有巨量爆裂危害物件與物質 1.2 組　具有發射危害，但無巨量爆裂危害物件 1.3 組　具有起火危害，但無巨量爆裂危害物件 1.4 組　不致引起重大危害 1.5 組　很不敏感，但具有巨量爆裂危害物質 1.6 組　非常不敏感，但無巨量爆裂危害物件
Class 2 第二類	氣體（gases） 2.1 組　易燃氣體 2.2 組　非易燃、無毒性氣體 2.3 組　毒性氣體
Class 3 第三類	易燃液體（flammable liquids）
Class 4 第四類	易燃固體（flammable solids） 4.1 組　易燃固體 4.2 組　易自燃物質 4.3 組　遇水產生易燃氣體的物質
Class 5 第五類	氧化性物質及有機過氧化物（oxidizing and organic peroxides） 5.1 組　氧化物 5.2 組　有機過氧化物
Class 6 第六類	毒性物質及傳染物質（toxic and infectious substances） 6.1 組　毒性物質 6.2 組　傳染性物質
Class 7 第七類	放射性物質（radioactive material）
Class 8 第八類	腐蝕性物質（corrosives substances）
Class 9 第九類	其他危險品（miscellaneous dangerous goods）

危險品之主要分類及圖片

第一類：1.1、1.2 爆炸性物質（Explosives）

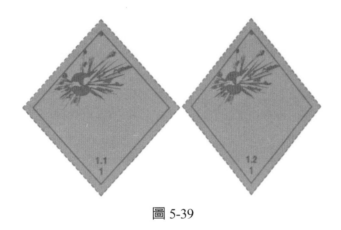

圖 5-39

第二類：2.1 可燃性氣體（Flammable Gas）

圖 5-40

圖 5-41

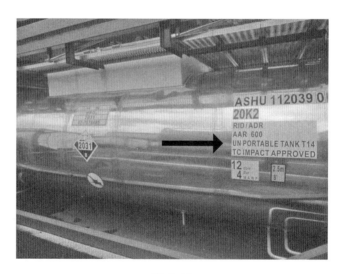

圖 5-42

　　依照聯合國危險品分類（UN hazard classes），定有菱形危險類別標籤（hazard label），託運人託運危險品時，必須依據危險品的類別，在每一箱件（package）包裝上黏貼尺寸100mm×100mm的標籤，貨櫃標籤則不得小於250mm×250mm。所有含主危險性或次危險性的標戴上皆需有危險品分類號碼。同一貨物箱件如具有二種危險性時，須分別黏貼危險類別標籤。

　　危險品包裝標記指內容物之正確運輸名稱（proper shipping name）及前加字母

「UN」的相應聯合國編號，必須標示在每個包件上。如果是無包裝的物品，標記必須標示在物品上、在其托架上或在其裝卸、儲存或發射裝置上。

第二類 2.2 非易燃無毒氣體（Non-Flammable,Non-Toxic Gas）

圖 5-43

第三類：易燃液體（Flammable Liquid）

圖 5-44

第四類：4.1 易燃固體（Flammable Solid）

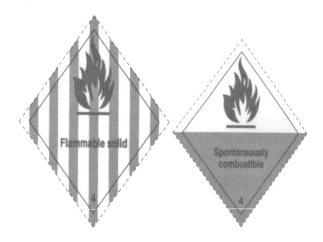

圖 5-45　4.2 自燃物品（Substances Liable To Spontaneous Combustion）

第五類：5.1 氧化劑（Oxidizer）

圖 5-46　5.2 有機過氧化物（Organic Peroxides）

第六類：6.1 毒性物質（Toxic Substances）

圖 5-47　6.2 傳染性物質（Infectious Substance）

第七類：放射性物質（Radioactive Material）

一級　　　　　　二級　　　　　　三級

圖 5-48

第八類：腐蝕性物質（Corrosives）

圖 5-49

第九類：其他危險品（Miscellaneous Dangerous Goods）

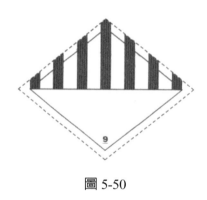

圖 5-50

因此，在危險品的包裝及危險品的標示上，主要目的是將貨物做適當之保護，使其在正常運送中不致受壓變形、洩漏，並達到方便搬運等，託運人應依規定在包裝件上黏貼標籤，而黏貼的標籤又分為危險性標籤（hazard label）和操作標籤（handling label）兩類；後者為託運人應依規定在外包裝上做貨品名稱的標示及黏貼標籤。

(5) 危險品的標示

危險品標示的目的為便於貨物交接、識別、運輸、倉儲、海關檢查、防止錯誤、錯運、降低危險發生的機會，見於IMDG Code part5 Consignment procedures。危險物品的標示分為標籤（labeling and placarding）及標記（marking）兩類，前者為託運人應依規定在包裝件上黏貼標籤，而黏貼的標籤又分為危險性標籤（hazard label）和操作標籤

（handling label）兩類；後者為託運人應依規定在外包裝上做貨品名稱的標示及黏貼標籤，說明如下：

①貨主不據實申報的動機

託運人對自己危險貨物的內容，性質最清楚，因此是安全運輸的源頭，如果託運人能依照規定做好安全措施，基本上便能確保安全運送，因此對託運人交運危險品有明確的規定，但實務上屢見貨主不據實申報以致發生運送危險損害，甚至造成人員傷亡的悲劇。探討貨主不據實申報的動機如下：

A. 企圖節省運輸成本

危險品的包裝要求和運費和一般貨品大不相同，為了節省這類成本，貨主於是不據實申報其貨品名稱和性質，我國《海商法》第64條和65條固然賦予運送人對違禁品不實申報得於拒絕載運，及船長得予投棄的權力，但這都是亡羊補牢的措施，最重要還是貨主必須據實申報，運送人才可以做妥適處置，避免發生危險。由於過去發生了幾件災難式的事故，航運公司對危險品的接受轉趨保守。對有所懷疑的化學品均要求貨主提供成分表MSDS，否則不予承載，便是在付出慘痛代價後的動作。所有相關人等特別是貨主，必須嚴格配合。

在以整櫃交運的情形下，運送人對貨櫃裝載內容，事實上無法一一查核，如硬性要求查核，反將有礙國際貿易的進行，因此貨主有據實申報貨櫃內裝貨品內容的責任。我國《海商法》第70條第1項規定：「託運人於託運時，故意虛報貨物之性質與價值者，運送人或船舶所有人對於其貨物之毀損或滅失，不負賠償責任」。第65條並進一步規定「運送人有損害時，並得請求賠償」。因為貨櫃裝載內容和運送人的權利與義務，甚至與運送過程的安全有關，例如危險品的承運，現在運送人都要求貨主提供成分表（MSDS），便是這個原因。因此嚴格要求據實以告，是為了維護法律的公平性和運輸安全性。

B. 企圖逃避貨品被拒阻承運

舉一個例子，某承攬業者的業務為了達業績標準，不惜與貨主私下勾結違收有裝電池的腳踏車或瓦斯的打火機，因恐貨物被拒收，乃將此貨品名申報為無瓦斯的打火機，以達到出貨的目的，但卻造成了一發不可收拾的船難，不僅造成該承攬業主巨大的損失，也波及到相當多的貨主損失、船期的延誤。

貨主對自己貨品的性質最為清楚，絕非一句「不知必須申報」或「以前這樣出貨都沒問題」就可不據實以報；同樣的，不管是航運公司、船運代理及海運承攬運送人的業務人員對貨主出什麼貨品也必然非常清楚，必須嚴格要求貨主據實以報，才能確保國際

運輸的安全，同樣也維護貨主的利益。

②運送人的責任

在此所強調運送人係廣義名詞，指運送過程中和運送有關的人等，含航空器所有人或使用人、航空貨運承攬人、航空站地勤業、航空貨運站經營業等。託運人依照相關規定交付危險貨物後，接續的安全運送責任便移交運送人了。因此危險品如何安全運送，亦須遵照《國際航空運輸協會危險品規定》之規定，綜合說明如下：

A.危險物品之收貨規定

運送人於收受危險物品時，必須確認以下兩點：

(A)附有符合相關規定之正確申報單及其他運送文件。

(B)包裝容器收受時須依相關規定進行檢查，容器完整無滲漏，且標籤、標記正確。

B.發現有滲漏或破損之情形者，應即卸載，並確定其他運送物品並未被污染。

C.可能產生相互反應之危險物品，不得裝於相鄰位置或滲漏時會產生相互反應之位置。

D.對危險貨品必須加以保護，使不受破損並應加以固定。

E.危險品卸載規定：於危險品卸載時，應檢查包裝件是否破損或滲漏。發現有破損或滲漏時，應再檢查航空器內裝載該物品的區域是否損壞或受污染。

F.運送人和相關業者應採取保安措施，以降低危險物品失竊或被第三人誤用之危險，並避免危害人員、財產或環境。

(6) 危險品操作訓練

欲求危險品法規有效執行及危險品操作安全，最重要的因素為對法規和危險特性的認知。因此IMDG Code第34-08版本規定所有包括岸上和海上的相關人員，自2010年1月1日起必須強制接受與其承擔責任相符的訓練。未經訓練者不得操作危險品貨物的海洋運輸，或必須在有經驗且受過危險品訓練者的監督，方得操作危險品。

IMDG Code就人員訓練的規定在第1.3章。其中第1.3.1.5節將訓練內容分成13單元，第1～8單元屬於一般認知（general awareness）的訓練，內容包含危險品分類、危險品打包、危險品標示等，適用於和危險品運輸有關，但並未實際操作的人員，例如海運承攬運送人等；至於第9～13單元則適用於和危險品操作有直接關聯的人員，例如航運公司、倉儲業者、卡車業者等。

基於國際強制性的規定即將上路，臺北市海運承攬運送商業同業公會已率先於2009年12月19日開始提供對會員公司員工的教育訓練，訓練完成並通過考試者由公會

發予證照。可惜交通部對危險品操作證照尚未做明文規定，致使訓練成效無法眞正顯現出來。

6.吊衣貨櫃（Sling Containers）

　　吊衣貨櫃（圖5-51）事實上就是一般40呎貨櫃，加裝成衣的吊架和櫃壁襯板而成，用以裝運較高單價的成衣。吊衣貨櫃的裝塡具有較高的技術，運費也比較高，但相對的貨品對運費的負擔能力也較高。成衣以吊掛方式裝運雖然比較占空間，但一到達目的地成衣即可直接上賣場，省卻進一步整理的費用。對高級成衣的運輸來說，吊衣櫃還是廣受歡迎。

圖 5-51　吊衣貨櫃

圖 5-52

圖 5-53

圖 5-54

第三節　核實貨櫃重量：VGM 規則

《國際海上人命安全公約》第6章修正案「核實貨櫃重量規則」（Verified Gross Mass, VGM）的內容：

國際海事組織（International Maritime Organization）修正《國際海上人命安全公約》第6章的內容，規定載貨貨櫃於上船前，必須先核實貨櫃重量。此「核實貨櫃重量規則」將從2016年7月1日起施行，禁止沒有核實過重量的裝貨貨櫃上船。適用範圍為

全球須遵守《國際海上人命安全公約》規定的貨櫃船。

依據國際海事組織的要求，「核實貨櫃重量規則」將於2016年7月1日起從裝貨貨櫃的第一個裝貨港開始實施。

「核實貨櫃重量規則」提供二種取得VGM的方法：

方法一：由貨主或貨主指定的第三方，就已經裝完貨並上好鉛封的貨櫃，使用合格的秤重設施進行秤重。

方法二：由貨主或貨主指定的第三方，對於裝入貨櫃內的所有貨物及包裝（包括托盤、貨墊及其他包裝和固定材料）進行秤重，然後加計貨櫃皮重。秤重及加總方法應經貨櫃裝載地的主管機關許可。

方法一、二均要求，秤重所使用的設備必須符合設備使用地所在國適用的準確度標準和要求。

1.如何取得貨櫃皮重（Tare weight）？

每個貨櫃的皮重可以在貨櫃門板上發現。

2.誰應該提供 VGM？

提單上列名的託運人有義務取得VGM並向運送人及／或碼頭申報；申報方式建議使用電子傳輸方式，且應及早提供以便安排船舶裝載計畫。

依據「核實貨櫃重量規則」，託運人需以書面具名方式申報VGM，簽名人可為託運人或其授權代表，簽名方式可為電子簽章也可以大寫姓名為之。

3.是否有申報 VGM 的標準格式？

沒有。「核實貨櫃重量規則」只規定VGM的取得方式，並要求託運人或其授權代表應在取得VGM後，書面具名送交運送人及／或碼頭。

4.海運公司接受 VGM 申報的方式及格式為何？

海運公司提供下列方式供託運人或其授權代表申報VGM：

・電子資料交換〔EDI through VERMAS（EDIFACT message type）〕

・授權第三方以可接受的資料交換方式，如接受託運人委託的碼頭

・紙本文件，如電子郵件、傳真等（不推薦）

託運人或其授權代表申報VGM時，應提供下列資料：

‧訂艙號碼

‧貨櫃號碼

‧核實貨櫃重量

‧重量單位（KG or LBS）

‧核實貨櫃重量的秤重日

‧託運人或責任人名稱

‧託運人或責任人地址

‧簽署人姓名（須於簽名欄簽名）

5.違反「核實貨櫃重量規則」的後果是什麼？

嚴格遵守「核實貨櫃重量規則」是必要的。因未提供或錯誤提供VGM而衍生的任何費用、風險及責任都要由託運人負擔。

6.是否強制要求 VGM 的申報要連同其他文件一起？

不。單獨申報VGM或連同其他文件一起申報的方式都接受，但至遲應在指定截止時間前申報。我們推薦客戶應盡早申報VGM，以免因此耽誤裝船。

7.何時是 VGM 的申報截止時間？

為免影響船舶航行，託運人必須在貨櫃進場前提供VGM給陽明，而申報VGM的最終截止時間是船舶預定到港前的24小時。但每個碼頭／港口可能會根據當地實際情況有所調整。

8.碼頭是否同意沒有 VGM 的貨櫃可以進場？

這要視各地碼頭自己的貨櫃進場規定。然而VGM的申報至少一定要在規定截止時間前。任何沒有VGM的貨櫃或是在截止時間後才申報VGM的貨櫃，都不會被裝上船，而且任何因此衍生的成本、風險及責任都要由託運人負擔。

9.轉運貨櫃是否也要提供 VGM？

要。轉運貨櫃仍然也要提供VGM。只有已申報VGM的貨櫃會安排轉船。如果VGM依照要求向陽明申報，陽明就會將VGM轉交給轉口港。

10.是否接受 VGM 的修改？

VGM在指定截止時間前都可以修改，但因此衍生的費用、風險及責任等，都必須由託運人負擔。

11.VGM 可接受的誤差範圍是多少？

依據「核實貨櫃重量規則」，託運人必須提供交運貨櫃的正確VGM，不允許只提供估計重量。

要提醒的是，各個國家或地區就VGM的誤差範圍可能會有不同的規定，託運人應特別注意並遵守。

12.如果提單上已經有列出毛重時，是否還要提供 VGM？二者的差異是什麼？

提供VGM是強制義務。提單上列出的毛重是指貨物重量，而VGM是指包含貨櫃毛重、貨重、包裝材料等經過核實的裝貨貨櫃總重量。二者提供的目的也不同，毛重主要是商業貿易用，如為了清關、製作提單等，而VGM是用來做船舶配載計畫用。

13.毛重（Gross Weight）和安全載重（Max. Gross Weight）的差別是什麼？

毛重一般是指貨物總重量，而安全載重指的貨櫃容許的最大總重量（包括貨重、包裝材料及貨櫃皮重）。

14.如果發現有重櫃超過安全載重時，海運公司會如何處理？

如果發現有載貨貨櫃的重量超過安全載重時（Max. Gross Weight），這個貨櫃即使有申報正確的VGM都會被拒絕裝船。

15.當海運公司發現貨櫃的實際重量和申報的 VGM 不同時，會如何處理？

海運公司沒有義務去確認託運人申報的VGM是否正確。然而，當海運公因故發現有貨櫃申報的VGM和實際重量有差異時，海運公司有權要求託運人重新提供VGM或是拒收該貨櫃。因此衍生的費用、風險及責任都必須由託運人負擔。

16.VGM 的資料流為何？

一般情況下，VGM的傳送方式為「託運人→運送人→碼頭」。但如果託運人委託碼頭提供秤重服務時，則傳送方式會是「碼頭→託運人→運送人」。

17.如何取得更多訊息？

更多關於VGM的訊息，請參考世界航運協會的網站。

http://www.worldshipping.org/industry-issues/safety/cargo-weight

表 5-4　此表格是安排陽明海運時所提供的 VGM 申報

裝櫃清單 CONTAINER LOADING PLAN

核實重量申報日期：　　　年　　　月　　　日
VGM Verification Date

船公司 Carrier： 陽明海運股份有限公司		結關重櫃交櫃地點： KAO 70 號碼頭	
貨櫃號碼 Cntr No. XXXX117013-2 XXXX147005-8	船名 Vsl／航次 Voy. YM INTELLIGENT 115N	貨櫃型式 Size/Type 20'ISO-TANK	設定溫度 Set Temp（℃）
封條號碼 Seal No.	卸貨港 POD／目的地 Dest SHANGHAI,CHINA	裝貨人 Shipper/ 電話 Tel ASIA UNION XXXX CORP. / 07-XXXXX	最大載重量 Kgs
裝貨單號 S/O NO. 6656 Booking NO.I209301754		重量（Method 2） 貨物毛重： Kgs	重量（Method 1） 進站過磅總重： Kgs
品名：Nitric Acid 70%		貨櫃空重： Kgs	空車板台重： Kgs
包裝件數：2 x 20'TK		貨櫃核實重量（VGM）： Kgs	進站貨櫃核實重量（VGM）： Kgs

特殊櫃	□冷凍櫃	進站： □有插電□無插電	進站溫度： 　　　℃	通風口（M³／Hr）
	□危險櫃	主危標（CLASS／UN NO.） 8/ 2031	次危標 5.1	
	□帆布櫃	超高：	超寬：左　　CM／右　　CM	
	□平板櫃	CM	超長：前　　CM／後　　CM	

注意事項：
1. 依據國際海上人命安全國際公約〔SOLAS〕規定取得貨櫃核實重量（VGM）驗證方法，必須由貨主或貨主指定的第三方，對於裝入貨櫃內的所有貨物及包裝稱重，然後加計貨櫃空重的總和相加，使用合格的稱重設施進行稱重。
2. 清單內核實重量申報日期、重量（Method 2）欄位貨櫃核實重量（VGM），請貨主或代理人詳實填入並簽章。
3. 重量（Method 1）欄位空車板台重，請拖車司機確實填入重量並簽章。

貨主或代理人簽章：＿＿＿＿＿＿＿＿　　第三方簽章：＿＿＿＿＿＿＿＿

第四節　貨櫃封條

一、貨櫃封條（Container seals）用途

1. 避免貨櫃在運輸途中被掉包、失竊
2. 維持貨櫃內容物完整性
3. 提供識別
4. **C-TPAT**（國際安全）

貨櫃封條在臺灣有船公司封條和海關封條兩種，前者用以判定運送人責任和**運輸保安**（security），後者則作為海關管理的依據。在出口地託運人提領空櫃回去裝填時，同時會拿到一支貨櫃封條（見圖5-55），於貨櫃裝填完成時加封於貨櫃門把。每支封條都有船公司的名稱和封條號碼以茲區別，貨櫃封條，包括封條持續的完整性，是一條安全的供應鏈之重要組成部分，所有封條都必須符合或超出現行PASISO17712對高度安全封條的標準。

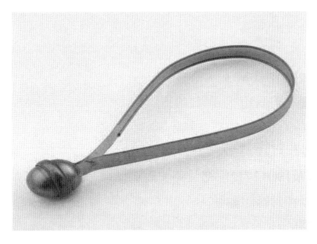

圖 5-55

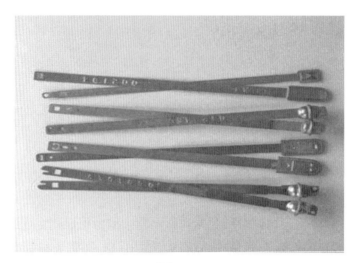

圖 5-56

二、貨櫃封條種類

1.機械式封條

2.電子式封條

(1) 比機械式增加RFID標籤。

(2) 增加即時追蹤、防偽功能。

3.子彈封條（*海關封條*）

(1) 符合C-TRAT及ISO17712標準及英美海關標準。

(2) 可同時在圓筒和封條印編號。

(3) 圓筒上可印製Logo。

(4) C型夾可方便使用、放置。

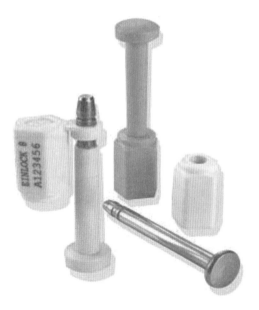

圖 5-57

4.鋼纜封條

(1) 符合CT-PAT及ISO17712標準及英美海關標準。

(2) 鋼纜剪斷後無法重接。

(3) 單方向上鎖結構。

(4) 可印Logo和編號。

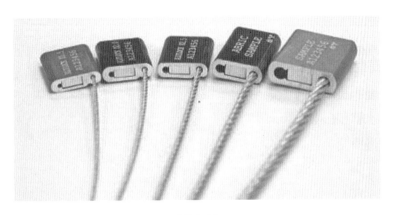

圖 5-58

5.創新封條

(1) 固定的長度設計。

(2) 可印流水號。

(3) 可簡單看出是否確實封好。

(4) 鎖頭中心的燃點較外部高。

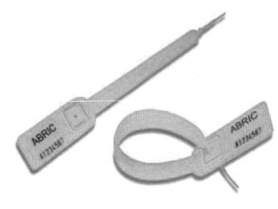

圖 5-59

6.鋼片封條

(1) 可由檢查孔檢查是否有鎖完整。

(2) 能承受零度以下的溫度。

(3) 可印流水號。

7.強力卡齒封條

(1) 多段可變的長度設計。

(2) 可印流水號和Logo。

(3) 可從側邊撕開。

三、封條使用

圖 5-60　長榮航運封條（子彈型）

四、正確封條安裝位置與方式

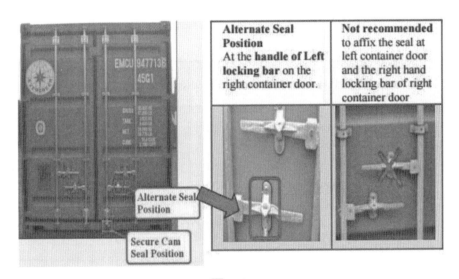

圖 5-61

　　例如：長榮海運的封條號碼EMC B459639。每支封條號碼都是獨一無二的，無法調換。封條未使用前兩端是分開的，類似螺絲與螺母的形狀；於兩端扣上以後就鎖死了，除非剪斷否則櫃門將無法開啓。在貨櫃運送完成交櫃給受貨人時，如果這支貨櫃封條完好無損的話，除非託運人能舉證運送人涉有疏忽或過失責任，否則即可推定貨物的短少和運送人責任無關，應由託運人自行負責。實務上對整櫃貨運送人都會在提單上記載「Shipper's load, count and seal, said to contain: xxx packages」（託運人自行裝填及加封，據告件數×××）即使有此記載，運送人仍須依照所記載件數向善意提單持有人負責，再向託運人請求。這是提單的文意特性，以維護單證的流通性。因此在交貨時如果封條是完好的話，即可推定貨物在運輸過程中並沒有被任何人碰過。因而若有短少，應非運送人之責任，而是由託運人在裝填時的問題。此外中途貨物沒被任何人接觸也可以避免被動手腳，偷運違禁品，以保障運送過程的安全。因此貨櫃封條在運輸過程中具有重要功能。

　　至於封條在貨櫃上的加封位置，應掛於貨櫃右門桿的內桿（見圖5-62）。如貨櫃進場時有未掛封條者，櫃場會予加封並註記封條號碼。如因海關查驗而剪斷時，會更換封條，並做記載新封條號碼，以明責任。至於封條費用，過去船公司是免費提供的，但近年來每支將收取封條費200元。

　　而**海關封條**，出口櫃係於完成海關手續時加封，進口櫃則於船上卸櫃時加封，均作為確認完成海關手續之依據。

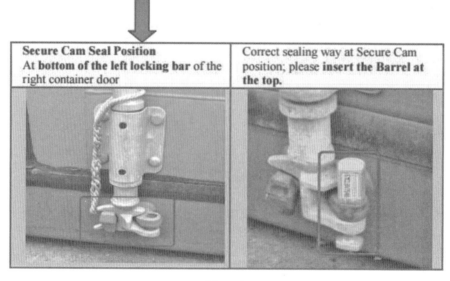

圖 5-62

第五節　逾期占用貨櫃的費用

　　貨櫃是船公司提供用以裝載貨物的運輸設備，也是船公司的營運工具，當然不希望被占用。因此對於貨櫃的使用，以下實務應加以說明：

（一）免費期

　　為提供貨主免費使用貨櫃的期間。貨主必須提領貨櫃裝拆貨物，因此必須給予幾天作業時間，不予收費，這便是貨櫃**免費期**（free time）的目的。免費期又可分場內和場外，也就是提領前（場內）和提領後（場外）的期間；不同的船公司免費期也會不同，但都大同小異，例如臺灣地區：萬海場內場外共14天、長榮場內10工作天、場外6工作天，陽明場內8天、場外10天。香港地區：萬海場內場外各5天，長榮場內5天、場外7天，陽明場內5天、場外7天等。收取延滯費或留滯費的本身都不是船公司的目的，因為貨櫃是要用來營利的，不是用來收取延滯費或留滯費的。櫃子被占用，除考慮貨櫃租金成本之外，船公司更在意的是損失做生意的機會。因此兩種費用通常都採累進費率計算，以避免貨主做不合理的占用，影響到船公司對貨櫃的調度，貨主一定要有這樣的觀念。

　　茲舉國內某航運公司的收費標準敘述如下。

（二）超過免費期

　　超過免費期後，一樣依場內和場外收取下兩種費用：

1.貨櫃延滯費

　　貨櫃延滯費（container demurrage）是在貨櫃場內發生的，也就是貨櫃該提領而未提領，超過免費期時所收取的費用。

　　此表格市以上海海華輪船有限公司（HASCC）的收費標準。但不同船隊的費用可能更高也不一定。

表 5-5　貨櫃延滯費

日期	普通貨櫃		冷凍貨櫃	
	20 呎櫃	40 呎櫃	20 呎櫃	40 呎櫃
免費期	場內 7 天、場外 2 天		場內 3 天、場外 2 天	
第一期（3 天）每櫃每天	NT$300（加稅）	NT$600（加稅）	NT$1,100（加稅含插電）	NT$1,100+600（加稅含插電）
以後每櫃每天	NT$300	NT$600	NT$1,100	NT$1,100+600

2.貨櫃留滯費（自提領次日起算）

貨櫃留滯費（container detention）是就貨主提領回去後，該還櫃而未還，超過免費期所收取的費用。

表 5-6　貨櫃留滯費

日期	普通貨櫃		冷凍貨櫃	
	20 呎櫃	40 呎櫃	20 呎櫃	40 呎櫃
免費期	4 天		3 天	
第一期（3 天）每櫃每天	NT$300	NT$600	NT300	NT$600
以後每櫃每天	NT$300	NT$600	NT$300	NT$600

表 5-7　貨櫃延滯費

	特殊貨櫃（含平板櫃、開頂櫃）	
	20 呎櫃	40 呎櫃
免費期	場內 7 天、場外 2 天	
第一期（3 天）每櫃每天	NT$300（加稅）	NT$600（加稅）
以後每櫃從第 4 天開始	NT$600	NT$1,200

3.至於特殊櫃的貨櫃留滯費（自提領次日起算）

由於特殊櫃的數量有限，為了讓貨櫃的使用週期能夠更短，因此對貨主未能於期限內交還給予重罰，所以從第四天開始以倍數的金額費用，以便警示客戶。

表 5-8　貨櫃延滯費

日期	特殊貨櫃（含平板櫃、開頂櫃）	
	20 呎櫃	40 呎櫃
免費期	場內 7 天、場外 2 天	
第一期（3 天）每櫃每天	NT$300（加稅）	NT$600（加稅）
以後每櫃從第 4 天開始	NT$600	NT$1,200

　　以上延滯費和留滯費係對進口櫃收取，出口櫃一般有結關前幾天才開始領櫃的規定，因此不應產生此種費用。延滯費和留滯費也遠高於貨櫃成本，並且採累進費率計收，有促使貨主早日還櫃的目的，避免貨主占用櫃子做為倉庫。筆者的一些貨主常常因為不當的延滯費和留滯費造成巨大的損失，甚至整個貨物的本值被此成本吞吃到放棄提貨，真的是不可不注意。

第六章 貨櫃運輸的運費與相關費用

第一節　運費的制定原則

我國《民法》對運送事業之定義為：「提供旅客及貨物運輸服務，而受報酬之人。」運費（freight）是貨主使用運輸服務，所支付予運送人的報酬，也是運送人提供運輸服務的代價。運費就是運送人的報酬。運費是構成貨物成本的重要因素之一。

筆者在市場多年，在認知：「國際運輸是遵循自由競爭為定價原則」。國際運價的制定，除必須考慮貨物本身對運費的負擔能力及運送人運輸成本外，原則上還是視市場競爭的態勢而定。換言之，當運輸供給超過需求時，為爭取貨主青睞，運送人大多採降價的策略，運費自然下跌。但當貨物對船位需求大過於船位供給時，運費自然上漲。

國際海運運費的制定可用以下圖形說明之

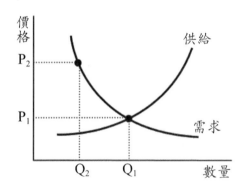

圖 6-1　經濟的供需法則

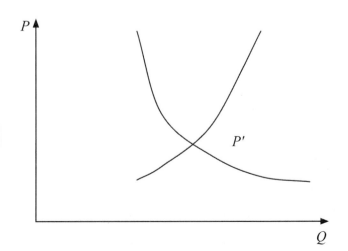

圖 6-2　國際海運運費的制定規則

　　圖6-1為經濟學的供需法則，圖6-2指運價取於市場供給和需求，當兩者均衡時運價 *P'* 也才能均衡存在。但運價水準有上限及下限，正常運費應介於兩者之間，運費上限是貨主使用本運輸所能得到的價值，亦即所謂運輸對貨主的價值，如貨主使用運輸所得到的價值，低於所須支付的運費時，他的產品在國際市場上將不具競爭力。因此除非還有其他目的，否則貨主將無法使用該運輸，運輸需求也就不存在。一般而言，貨物價值愈高，使用運輸的價值也愈高，道稱為貨物對運費的負擔能力。貨物價值愈高，運費負擔能力愈高，反之亦然。

　　合理的運費水準應該介於運輸價值和運輸變動成本之間，才能達到均衡。高於運輸價值或低於運輸成本的運費水準都不是常態，也將無法長期存在。實務上運費的調整在過去乃是由運費同盟帶頭，經會員公司決議後對外宣布。其他個別公司再跟隨運費同盟行動，因此運費同盟是市場上價格的領導者（price leader），也是穩定市場的力量。近年來運費同盟組織已經式微，現在運費的調整或附加費和費用的徵收多是在**非正式運費協定**（informal rate agreement, IRA）或**議價協定**（discussion agreement）會上決定。運送人對運費調漲多稱為回復運價（rate restoration, R.R.），意指目前費率遠低於早期水準，因此調漲只不過試圖回復（restore）以前費率，並非真正的漲價。至於運費調整有個別費率調整及**普遍費率調整**（general rate increase, GRI）兩種，例如歐洲線每年分四季都會做調整，但是否能夠真正達到調整的目的，其結果仍要看市場的供需而定。

第二節　海運運費

　　海運運費（ocean freight）的計算方式，可分為以下幾種方式：

一、基本運費

1.依計費基礎分：從量費率及從價費率

　　所謂從量費率是以交運的貨物數量作為計算基礎，這又可分為**計噸費率**（by ton rate）及**計櫃費率**（by container rate）兩種。計噸費率是以貨物的噸量為基準，可再分為**重量噸**（weight ton）、**體積噸**（measurement ton）兩種。貨物依體積與重量之比而定，有些重量較大，例如螺絲、鋼板、鋼筋等，便取重量作為計費基礎。重量噸是以貨

物毛重爲基礎，每一千公斤（一公噸）爲一個計費單位，例如US$80/1000公斤。而一般工業產品，消費品都是體積大於重量，如：紡織品、塑膠粒等，便以體積噸計收運費。體積噸是以一立方公尺（cubic meter, CBM or M3）作爲一計費單位，例如：US$50/CBM（USD50/M3），一立方公尺是長寬高各爲，一公尺的物體之體積。重量噸或體積噸取以作爲計費基礎的噸量，又稱之爲計費噸（revenue ton, R/T）。至於最低運費（minimum rate = M/M）是指未達最低運費標準時所收取的一個最低定額，運送人處理每一筆貨都有最起碼的作業成本，因而收取最低運費。

至於在整櫃貨的情形下，普遍是以每只貨櫃作爲計費基礎，而不問貨主實際裝載的噸量，這稱之爲包櫃運費（box rate），例如：US$1000/20'、US$2000/40'、US$2100/40'HQ（有些時候40'與40'HQ的運費價位是相同的，因此貨主會多採用40'HQ）、US$2200/45'等，都是以大小貨櫃爲基準的包櫃運費。

如圖6-3則是以2×20TK（Tank）就是以整櫃（FCL）作爲計費基礎，當然若貨主的貨品其平均每噸費率應較低廉，則對貨主採用併櫃（LCL or CFS）來計價較有利。但若考慮到貨物的安全性與避免被偷或壓壞，買賣雙方應盡量以整櫃貨量交易，以節省貨運成本及較安全。而併櫃的作業較爲瑣碎，必須投下大量人力，並面對眾多客戶。船公司一個航次須承攬數百甚至數千個貨櫃，攬收併櫃貨對船公司並不經濟，因此大多船公司都興趣缺缺。但對海運承攬運送人而言，併櫃貨除了運費以外，還有併櫃費，提單製作費，國外代理退費（refund）等收入，因此併櫃貨是海運承攬運送人利潤的主要來源。是故零星併櫃貨的貨主可選擇和同業海運承攬運送人配合，可得較佳的運費與運輸服務。

2.依貨物定價方式分：品目運費及不分品目運費

品目運費顧名思義，即對不同貨品訂以不同的費率。不分品目運費則除特種貨品如危險品、冷凍貨等之外，其他一般貨品均一律適用相同費率，這兩者定價方式都各有理論依據。不同貨物對運費負擔能力本來就有差別，例如科技產品和大理石相比，運費負擔能力當然不同。因此不同貨品予以不同計價，除可以增加運送人的收益之外，也合乎公平。FAK理論者認爲除特殊貨品外，每單位貨運成本是一樣的，因此運價應該一樣。不分品目運費存在於美國航線以外的其他航線，例如：亞洲區間航線、歐洲地中海航線及中東印巴航線等等。在這些航線上，除對一些特殊貨品，例如：冷凍貨、危險品及超大貨等外，運送人只根據貨物數量報價，不問貨物品名。至於分品目運費主要存在於美國航線，各船公司的運價表（tariff）係依不同貨品訂定不同的費率，並向美國聯邦海

×××××　國際運通有限公司

×××××　　　　　　CO., LTD.

TEL : 02-　　　　　　FAX : 02-

DEBIT　NOTE

LOT NO : SE-0602007	SALES : DINA
客戶名稱: ASIA ×××　　××××	OP : LISA
	INV NO. : 10602200003
聯絡人 : Sophia	CLOSING : 2017/2/17
TEL　　: 07　　　　FAX: 07	ON BOARD: 2017/2/19
Vsl/Voy: QI MEN N411	E.T.A : 2017/2/22
S/O NO.: 1807	Ex.Rate : USD 30.9300
H B/L　: WCS-SE0602007	統一編號 ××××
FROM　　: KAOHSIUNG,TAIWAN	DEST　　: SHANGHAI,CHINA

Charge Item	Qty.	Unit(s)	Cur	Unit	Collect(USD)	Prepaid(TWD)	Vat
海運費	2	X 20TK	US				
ECRC & CIC	2	X 20TK	US				
吊櫃費	2	X 20TK	TW				
出口上海艙單傳輸	1	SHPT	TW				
出口提單	1	SET	TW				
電放費	1	SET	TW				

基本運費

發票金額
V.A.T.(5%):
收據金額

(TWD)

REMARK:
報關行:

1. 請於收到帳單及發票時，核對金額與基本資料
2. 如有任何問題，請於收到帳單後5日內通知！
3. 所有款皆由本公司先行代墊，故票期請開一個月內
　支票抬頭：×××××國際運通有限公司
4. 如需電匯，請匯至：
　華南商業銀行 ×××　分行
　戶名：×××××國際運通有限公司
　帳號：147-10-

Very truly your,
　×××××　　　　CO., LTD.

圖 6-3

事委員會（Federal Maritime Commission, FMC）報備生效；除費率外，**運價表適用準則**（rules and regulations）也須報備。基本上，美國線主要船公司的報運價，需向FMC報備運價表者，否則違反美國《航業法》，不得從事美國進出口運輸服務將被處以重罰。

3.依運費是否加成分：正常費率及加成運費

基本運費為按照貨物數量的基本收費，但因貨品物件超大乃加成收費時，即稱加成運費。故只要在貨櫃的承載貨重限制及尺寸以內，即不再加收超大件附加費。

但當貨物長寬高超過標準貨櫃的外部尺寸時，即有占用鄰接艙位的問題，便必須加收運費。

超高、寬、長的貨品，則使用的特殊櫃有收加成運費

圖 6-4　平板櫃──超寬、長、高的工具機，馬達所使用的貨櫃

圖 6-5　平板櫃

　　貨櫃外部尺寸如之前所述，寬度為8呎，高度則有8呎半、9呎半等，長度有20呎、40呎、45呎等。如果貨物尺寸超出以上大小，或者貨物性質不便使用標準貨櫃的話，即需使用一些特殊的貨櫃，如：開頂櫃、平板櫃或平台櫃了。這種特殊貨櫃多用於單程運輸，例如去程或回程，並且使用也沒標準貨櫃頻繁，運送人一般都限量供應，因而報價一般也較標準貨櫃高出很多。如果貨物尺寸超出貨櫃的長寬高時（例如機械、大型的馬達或工具機等），將占用到該貨櫃周邊的櫃位（slot），運送人會以其占用的櫃位數，加成收費。占用艙位愈多，加收運費金額愈大。

4.依是否簽服務契約分：表訂費率及契約費率

　　這是指契約費率與非契約費率的區別。對貨量大而有和運送人簽訂服務契約實力的廠商而言，可就運輸條件包括運費費率、船位、貨況資料等和運送人議價，簽訂服務契約（service contract），可取得較優惠的條件。相對就船舶運送人而言，每航次均需要相當大貨櫃量，方能維持穩定的服務，因而簽訂服務契約來確保基本貨源是重要的經營策略。在美國航線，根據1998年《航業改革法》之規定，為維持公平自由競爭的環境，允許船貨雙方簽定服務契約，前提是須向聯邦海事委員會報備。服務契約內容也不必對外公開，保持服務契約的機密性（confidentiality），對貨主及運送人都有利。因此國際級大貨主。如美國的Wal-Mart、Target Store、Sears、Nike等以及大的海運承攬運送人都藉簽訂服務契約，爭取有利的運送條件。依照服務契約制定的費率，便稱為契約

費率；未簽訂服務契約的費率，即稱爲非契約費率（non-contract rate）。未簽訂服務契約時，即按費率表（tariff）報價，因此又稱爲表訂費率（tariff rale）。

5.依運送人報價方式分：外加運費與內含運費

所謂外加運費，是在報價時並不包含附加費，因此除基本運費外，其他附加費都需另外加上去；內含運費（all in rate）則所報的價已含附加費在內（如：一般櫃USD 150/300含EBS = emergent bunker surcharge，半危DGUSD 300/600含EBS）。這兩種報價各有優缺點，基本上視市場狀況而定。外加報價基礎於市場變動時，運送人可隨時調整，但貨主則有運費成本不確定的問題；相對的如果是內含價的話，雖然貨主的貨運成本固定，但運送人則有運價無法上調的問題。

6.OWS = OVERWEIGHT SURCHAARGE 超重附加費

依OWS代表超重附加費（船業），如圖**6-5**（某船務公司的報價表）。

SHIPPING LINE.

中美／南美西運價		Effect Date	Aug 21-31, 2017		運價表編號：2017	
國家	目地港	20'	40'	40'HC	中轉港	航行天數
瓜地馬拉	Puerto Quetzal	1025	1650	1750	NB/HK	37
薩爾瓦多	Acajutla	1025	1650	1750	NB/HK	35
哥倫比亞	Buena Ventura	575	850	850	NB/HK	39
厄瓜多爾	Guayaquil	575	850	850	NB/HK	42
祕魯	Callao	575	850	850	Direct	33
智利	Iquique	575	850	850	Direct	37
	Valparaiso	575	850	850	Direct	42
	Lirquen	575	850	850	NB/HK	47
	San Antonio	575	850	850	NB/HK	45

Tariff number is GFW1550188 本運費基隆／臺中／高雄同價，桃園外加 Usd 75 / TEU .
※ Rate base on per Gate in Date ※
Remark：
A.厄瓜多、瓜地馬拉、薩爾瓦多，需在提單上標註海運費用 ※
B. The OWS surcharge to Buenaventura / San Vicente：
　　USD300 for 20'Dry with cargo weight between 18-22 Ton, including 18 Ton；
　　USD500 for 20'Dry with cargo weight between 22-25 Ton, including 22 Ton and 25 Ton."
　（超重附加費）
C.除厄瓜多爾 Guayaquil 外，智利、秘魯、哥倫比亞開放 40'NOR
　　高雄出口：Usd 700 / 40'NOR

除以上所述之基本費率外，尚會因各種臨時的國際情勢再外加各種不同的附加費。至於常見的附加費（surcharges）則有以下七種，均屬於運費的內容：

1.燃油變動附加費

燃油消耗是船舶運送人最主要的成本項目之一，因此在國際油價高漲期間，船舶運送人的燃油支出會大幅上揚。因爲燃油價格往往是上下變動，若在基本運費做調整往往緩不濟急，對貨主也不見得公平。因此爲平衡高燃油價格時期的支出，船舶運送人在此期間常會加收**燃油變動附加費**（bunker surcharge, BS; fuel adjustment factor, FAF）。至於其金額之多寡，則視油價變動幅度而定，例如：US\$20/20'，30/40'。油價變動太劇烈時期，運送人甚至加收**緊急燃油附加費**（emergent bunker surcharge, EBS）以爲因應。

2.幣值變動附加費

相對於BAF係在油價上漲時加收，CAF則在一國幣值劇升時收取，運費通常多以美元爲計算基礎，因此當一國幣值對美元劇升時，勢必影響到運送人的運費收入，此期間乃加收**幣值變動附加費**（currency surcharge, CS; currency adjustment factor CAF）以茲平衡。

3.港口擁擠附加費

遇某港口有嚴重擁擠時，船舶常需等候碼頭裝卸，浪費船期，致使船舶運送人營運成本劇增，船期安排也爲之大亂，讓船舶運送人大感頭痛。印度及巴基斯坦和一些非洲國家的港口，塞港現象是經常性的。因此船舶運送人乃加收**港口擁擠附加費**（port congestion surcharge），以挹注所增加之營運成本，同時也有給港務當局壓力的目的。就船舶營運而言，加收此附加費絕非目的，船舶運送人要的是將船舶滯港時間縮到最短，以提高船舶營運效率，穩定船期。

什麼狀況下會發生此項費用呢？例如：赫伯羅特（Hapag-Lloyd）獲悉，西班牙港口工人罷工，因此宣布2017年3月6日起，赫伯羅特將對所有出口和進口西班牙的貨物徵收港口擁擠費（Emergency Congestion Surcharge），費用爲200歐元／20' TEU，300歐元／40' TEU，但此費用也會因罷工結束而停收。

4.戰爭兵險附加費

遇有戰事發生時，國際保險公司會宣布某一區域爲戰區。進出該區域的船隻，將被

收取較高的保費，船舶運送人於是收取戰爭兵險附加費，將此費用轉嫁貨主。等到戰事解除之後。保險費率即會恢復正常，戰爭兵險附加費也予取消。當時美國攻打伊拉克期間波斯灣及紅海地區貨載即要收**戰爭兵險附加費**（war risk surcharge, WRS）。

5.空櫃調度費

爲應付某些航線貨櫃進出嚴重失衡，船公司必須將空櫃回運到出口地，爲挹注空櫃調度所發生成本所加收的附加費用。美國航線是進多出少的地區，必須將空櫃調運回遠東，否則遠東將無櫃可用。歐洲航線亦然，只是不像美國航線那麼嚴重。因此船公司又在基本運費之外，收取**空櫃調度費**（empty positioning surcharge, EPS; container imbalance charge, CIC）。

6.旺季附加費

這和空櫃調度費類似，只是此項費用既稱爲**旺季附加費**（peak season surcharge, PSS），可了解它是發生在旺季期間艙位非常缺乏時才加收。

7.預報艙單費

911恐怖攻擊事件發生以後，美國爲防止恐怖事件再發生於美國領土，目前除了美國外，歐洲等區都已要求貨物在裝船之前，必須預報艙單以便篩選可疑貨載，拒絕裝運。運送人必須逐筆傳輸預報貨載，因此加收**預報艙單費**（AMS fee）每份提單30美元。

第三節　相關費用

費用（charges）與**運費**（freight）不同，後者是運送人提供運輸服務所收取的報酬，已如前節所述，而費用則是因提供或使用運輸服務所產生其他相關支出者，運送人以代收代付的方式，向貨主收回者。話雖然如此，但有些費用項目的性質，並不容易與運費清楚劃分。這些年來，有些費用的收取也有變相運費的味道，此須事先加以說明。以下茲逐一說明貨櫃運輸常見的費用項目：

1.貨櫃場作業費（又稱目的港交櫃費）

貨櫃場作業費（terminal handling charge, THC）又可稱作目的港交櫃費（destination delivery charge, DDC）此項目屬於費用或運費值得討論。

作業的費用在內。唯因運費長期低迷，但調升基本運費的努力每每因運送人各有所圖，而屢次受挫。運送人在不堪虧損的情形下，乃將此費用自運費中分離出來，單獨向貨主收取。一般航運公司，並不將此費用計付代理傭金給船務代理公司，因此其屬費用項目性質，應無疑義。

運送人幾乎將調漲運價的努力重點放在貨櫃場作業費上，已成為變相的漲價，因此難以得到貨主團體的認同。託運人協會即認為，合理的調漲基本運費可以接受。但一再變相調漲THC，實在難以容忍，此為每次調漲THC時託運人協會主要爭執點所在。事實上，亞洲很多航線的運費都已經低於運輸成本了。舉例言之，臺灣至香港的運費20呎櫃為80美元，香港至臺灣則為0或10美元。這樣的運價之所以還能存在，是因為船公司還有THC收入的緣故。不過由於臺灣地區的貨主不夠團結，所以對THC的爭議一直是抱怨歸抱怨，船公司還是照漲不誤。現行臺灣的收費標準為NT\$5600/20'、NT\$7000/40' STD & HQ；至於美國的DDC，美國西岸為US\$370.-/20',740.-/40',835.-/40'HQ，美國東岸為US\$1,040/20'、US\$1,300/40' STD、US\$1,300/40' HQ、US\$1,646/45'。

2.裝櫃費與拆櫃費

裝櫃費（stuffing charge）顧名思義，即針對LCL貨載而有需裝櫃服務時所收取。**拆櫃費**（un-stuffing charge）則指進口貨，而有需拆櫃服務時所收取。現行收費標準均為每噸NT\$380。

3.貨櫃延滯費與留滯費

貨櫃延滯費（container demurrage）與留滯費（detention charge），是就貨櫃使用超過免費期所收取。如果就貨櫃在貨櫃場內該領未領所收取，即為延滯費。如果貨櫃在貨主手中，該還未還所收取，則為留滯費。此部分筆者在第五章已有詳細的詮釋。

4.貨物倉租

貨物倉租（storage）指進出口貨物使用倉庫的費用，為從併裝貨進倉到出倉期間計收，一樣可分出口和進口說明：

(1) 對出口併裝貨，運送人一般在所定時間（通常為結關日前五天）內才開放收

貨,因此出口貨很少會產生此項費用。

(2) 進口併裝貨一樣會因為貨主提貨手續、銷售安排或生產線安排的原因而延遲提領,致產生此項費用。這項費用通常是屬於貨櫃場的直接收入,一般不容易給予折扣。貨主所屬貨品如需存倉較長時間的話,最好先辦理提領,再依貨物種類,改存外圍保稅倉庫或一般倉庫,其收費標準低廉得多。例如進口轎車,因為關稅金額大,即可進存保稅倉庫,以免太早繳交高額關稅。貨櫃場的倉庫,主要目的是配合船舶作業,因此注意的重點是倉庫空間的週轉速率。否則長時間存倉的話,勢必影響到倉庫的作業效率。進口併裝貨為自卸櫃進倉當日起算,一般為每噸每日NT\$20～40之間,依貨櫃場的簽約而定。每一期以三日計算,不累進。

因此進口貨通常能帶來較佳收益,成為貨櫃場經營者力爭的貨源。

5.文件費

文件費(documentation charge)為運送人因製作及簽發提單所收取之費用,以每份提單為計費單位,現行標準為每份收費NT\$1,600～2,000。

6.進口換單費

進口換單費(D/O fee)顧名思義是對進口貨載,貨主更換D/O時所收取之費用。現行標準為每份D/O收費NT\$2,000。

7.電放費

託運人為便利其受貨人提貨且避免寄送提單遺失的問題起見,乃在裝貨港即將全套正本提單歸還給運送人或不領取正本提單,而由運送人通知國外代理行放貨給指定的受貨人。為支應因此增加的聯繫(通常為副本提單的傳真或e-mail)成本,乃收取**電放費**(telex release fee),現行標準為每份提單收費NT\$300～500。

8.外港附加費

係貨主要求在裝卸港外之外地收交貨時所加收的額外費用。在臺灣,每家船公司對桃園地區結關的貨運報價,每櫃加收費用也不一:若船只靠高雄、基隆、臺中每櫃加收的,也沒有一定的標準,例如某船公司其收費是基隆／臺中／高雄同價,桃園外加**Usd 75 / TEU**,但都屬於外港附加費(out port surcharge; arbitrary)。

9.選擇卸港費

貨主於交裝當時尚未決定卸貨港，乃請求運送人將貨櫃安排裝載於可選擇卸港的位置。由於這樣的安排，會增加運送人裝卸作業上的不便，因此要求加收**選擇卸港費**（optional discharge charge）。最後選定之卸貨港，必須在船舶抵達第一個卸港之前告知運送人，以做安排。

10.翻艙費

貨主臨時性要求更改卸港時，運送人必須翻動裝載貨櫃的位置，因此將加收翻艙費用。一般收費是按移動貨櫃的動作數計算，如幸運只有將該櫃調上碼頭，再調回船上，則可能只發生兩個動作，費用可能不高。但如果貨櫃擺的位子不好，可能必須翻動很多櫃子，則翻船費可能很高。**翻艙費**（shifting charge）也會因翻艙作業港口之不同，而有不同收費標準。且費用相當昂貴。

11.快速通過費

是美國洛杉磯轉運內陸點的貨，為避開市區塞車，再造一條快速道路，名為Alameda Corridor，因使用這條快速道路所加收的過路費，謂之**快速通過費**（Alameda charge）。目前收費為US\$70/20'、140/40' STD & HQ、US\$140/40'HQ。

12.港口安檢費

國際海事組織所倡導，為加強港口安全而實施安全檢查。因此港口有在醞釀收取**港口安檢費**。雖未成定局，但恐勢在必行。就目前所悉，每個港口收費標準不一，空櫃集中轉櫃免收。這是為防恐怖攻擊事件，全球所必須支付的代價。

13.報關費

如有代為報關時會再加收**報關費**（customs clearance charge）。但標準也不一。

14.封條費

自2010年1月1日起很多船公司開始加收**貨櫃封條費**（container seal charge）每支NT\$200。

此外，如果在有涉及轉運時，則費用的項目將更多。尤其自香港中轉大陸的轉運，所發生費用項目甚多，例如：水位費、公蓑費、查車費、清潔費、轉關費等，本文

不擬再一一列舉說明。

　　總之，運送人所收取的費用林林總總，可謂依據情勢之變化及客戶之不同要求，而有不同的收費，且收費標準與名目亦隨航線之不同而異。船公司巧立名目，或許也有其不得不的苦衷。

　　以上所舉只是常見的一些項目而已。建議若想了解更詳細的細節，可向船舶運送人或海運承攬運送人查詢。

　　綜合以上所述，運費和費用的計算簡單公式為：

　　運費＝基本運費＋附加費＋費用

　　有些費用項目是在進口地或出口地收取的，就此又稱為當地費用（local charges）。

　　圖6-6是進口地的帳單（From Shanghai, China to Kaohsiung, Taiwan），因此Taiwan又稱為當地費用（local charges）。

　　舉例一：

　　1. FCL Commodity：Empty container（non-DG cargo）

　　2. POL/POD：Shanghai /Kaohsiung, Taiwan

　　3. Selling rate：

　　　　O/F = USD50/container（40'HQ）（FAK = for all kind）

　　　　ECRC+CIC = USD 192.-

　　　　B/L = NTD 1,400.-/SET

　　　　THC = NTD 7,000.-/40'HQ container

　　4. Calculation：

　　　　USD50×30.93（exchange rate）+ USD 192×30.93 +THC NTD 7,000.-+ B/L NTD 1,400.- = NTD 1,547.- + NTD 5,939.- + NTD 7,000.- + NTD 1,400.-

　　　　　　= NTD 15,886.-

　　舉例二：

　　圖6-7是出口地的帳單（From Keelung, Taiwan to Felixstowe, UK），Taiwan又稱為當地費用（local charges by LCL）

　　1. LCL Commodity：hand tools（non-DG cargo）

　　2. POL/POD：keelung, taiwan / flixstowe, uk

　　3. Selling rate：

　　　　O/F = USD40/CBM

×××××　國際運通有限公司
×××××　　　CO., LTD.

TEL : 02-　　　　FAX : 02-

DEBIT　NOTE

船期代碼: SI-0602013　　　　　　　　SALES　:　DINA
客戶名稱　　　　　　　　　　　　　　OP　　:　lisa
　　　　ASIA b×××　　　　　　　　帳單號碼 :　10602200001
　　　　　　　　　　　　　　　　　　E.T.A.　:　2017/2/20
聯絡人　:　Sophia　　　　　　　　　FROM　　:　SHANGHAI,CHINA
TEL　　: 07 ×××　　FAX: 07 ×××　DEST　　:　KAOHSIUNG,TAIWAN
統一編號 : ×××　　　　　　　　　　Ex.Rate :　USD 30.9300
Vsl/Voy: QI MEN S411
H B/L　: SHKHQM411F111

Charge Item	Qty. Unit(s)	Cur	Unit	Prepaid(USD)	Collect(NTD)	Vat
海運費	1 X 40HQ	USD	50			
ECRC & CIC（附加費）	1 X 40HQ	USD	192			
吊櫃費（THC）	1 X 40HQ	TWD	7,000			
小提單（DO Fee）	1 SET	TWD	1,400			

　　　　　　　　　　　　　　　　　　發票金額:
　　　　　　　　　　　　　　　　V.A.T.(5%):
　　　　　　　　　　　　　　　　　收據金額:

　　　　　　　　　　　　　　　　　　　　　　　(NTD)

REMARK:
報關行 b××　　報關股份有限公司
TEL:07-　　　　　　　　FAX:07-
預定換D/O日期:0
換D/O方式:電放

1.請於收到帳單及發票時，核對金額與基本資料
2.如有任何問題，請於收到帳單後5日內通知！
3.所有款皆由本公司先行代墊，故票期請開一個月內
　支票抬頭：×××××國際運通有限公司
4.如需電匯，請匯至：
　華南商業銀行 ×××
　戶名：×××××國際運通有限公司
　帳號：147-10-

Very truly your,

×××××　　CO., LTD.

圖 6-6

xxxx　　國際運通有限公司

SYSTEMS CO., LTD.

DEBIT NOTE

LOT NO : SE-0602010　　　　　　　SALES :
客戶名稱:　　　　　　　　　　　　OP :
　　　　　　　　　　　　　　　　INV NO. :
聯絡人 :　　　　　　　　　　　　CLOSING : 2017/2/21
TEL :　　　　　　　FAX:　　　　ON BOARD: 2017/3/1
Vsl/Voy: MANHATTAN BRIDGE 08W　　E.T.A : 2017/3/30
S/O NO.: 6694　　　　　　　　　Ex.Rate : USD 30.9900
H B/L : WCS-SE0602010　　　　　統一編號
FROM : KEELUNG,TAIWAN　　　　　DEST : FELIXSTOWE,U.K.

Charge Item	Qty.	Unit(s)	Cur	Unit	Collect(USD)	Prepaid(TWD)	Vat
海運費	7.270	CBM	US	40.00		9,012	V
裝/拆櫃費	7.270	CBM	TW	380.00		2,763	V
出口提單	1	SET	TW	1,100.00		1,100	V

發票金額	12,875
V.A.T.(5%):	644
收據金額	0
	13,519
	(TWD)

REMARK:

1.請於收到帳單及發票時，核對金額與基本資料
2.如有任何問題，請於收到帳單後5日內通知！
3.所有款皆由本公司先行代墊，故票期請開一個月內
　支票抬頭:
4.如需電匯，請匯至：
　華南商業銀行　懷生分行
　戶名:
　帳號:

Very truly your,
　　　SYSTEMS CO., LTD.

圖 6-7

B/L = NTD 1,100.-/SET

T H C = NTD 380.-/CBM

4. Calculation：

USD40×7.27 CBM X 30.93（exchange rate）+ THC NTD 380.X 7.26-+ B/L NTD

1,100.- = NTD 9,012.- + NTD 2,763.- + NTD 1,100.-

　　　　= NTD 12,875.-

第四節　運費的支付

依照國際貿易條件對運費的支付可分：**運費預付**（freight prepaid），**運費到付**（freight collect）及**第三地付款**三種。國際貿易條件的內容之一就是約定運費由哪一方支付，茲分別說明如下：

1.運費預付和運費到付

運費預付指運費在裝船港（loading port）支付，運費到付指運費則在目的港（discharging port）支付。運費在哪一邊支付和貨主的貿易條件有關，因此在此先簡單介紹《國貿條規》（Incoterms）。

《國貿條規》又稱「交貨條件」，是由國際商會（International Chamber of Commerce, ICC）於1936年所制訂，為全球貿易業者、運貨業者、保險業者及金融業者所共同遵守使用。國際商會制定《國貿條規》的目的，在於對貿易中最通用的貿易條件提供一套解釋的國際規則，進而避免不同國家對同類貿易條件可能有不同解釋的不確定因素，或至少使其降到最低。《國貿條規》關係到現代國際貿易發展、買賣契約訂定是否周詳。目前最新版INCOTERMS 2016（圖6-7），就和大家所熟知的《信用狀統一慣例》（UCP 600）的修訂一樣，文譯為《2011年版國貿條規》。

現行版本是將貿易條件分為4種基本上不同的類型共13種交貨條件，即以賣方僅在其營業場所將貨物交付買方的貿易條件開始，為屬「E」類型貿易條件Ex Works；接著是以賣方須將貨物交給買方指定運送人的第二類型貿易條件為屬「F」類型貿易條件，有FCA、FAS及FOB共3種。

INTERPRETATION OF THE INCO TERMS

Services	EXW ExWorks	FCA Free Carrier	FAS Free Alongside Ship	FOB Free Onbeard Vessel	CFR Cost & Freight	CIF Cost Insurance & Freight	CPT Carriage Paid To	CIP Carriage Insurance Paid To	DAF Delivered At Frontier	DES Delivered Ex Ship	DEQ Delivered Ex Quai Duty Paid	DDU Delivered Duty Unpaid	DDP Delivered Duty Paid
Warehouse Storage	Seller	Seller	Alongsde	Seller	Seller	Seller	Seller	Seller	Seller	Seller	Seller	Seller	Seller
Warehouse Labour	Seller	Seller	Ship	Seller	Seller	Seller	Seller	Seller	Seller	Seller	Seller	Seller	Seller
Export Packing	Seller	Seller	Seller	Seller	Seller	Seller	Seller	Seller	Seller	Seller	Seller	Seller	Seller
Loading Charges	Buyer	Seller	Seller	Seller	Seller	Seller	Seller	Seller	Seller	Seller	Seller	Seller	Seller
Inland Freight	Buyer	Seller	Seller	Seller	Seller	Seller	Seller	Seller	Seller	Seller	Seller	Seller	Seller
Teminal Charges	Buyer	Buyer	Seller	Seller	Seller	Seller	Seller	Seller	Seller	Seller	Seller	Seller	Seller
Fowarder's Fees	Buyer	Buyer	Seller	Seller	Seller	Seller	Seller	Seller	Seller	Seller	Seller	Seller	Seller
Loading On Vessel	Buyer	Buyer	Buyer	Seller	Seller	Seller	Seller	Seller	Seller	Seller	Seller	Seller	Seller
Ocean/Air Freight	Buyer	Buyer	Buyer	Buyer	Seller	Seller	Seller	Seller	Seller	Seller	Seller	Seller	Seller
Charges Upon Arrival	Buyer	Buyer	Buyer	Buyer	Buyer	Buyer	Seller	Seller	Seller	Seller	Seller	Seller	Seller
Duty, Taxes & Customs Clearance	Buyer	Buyer	Buyer	Buyer	Buyer	Buyer	Buyer	Buyer	Buyer	Buyer	Seller	Buyer	Seller
Delivery To Destination	Buyer	Buyer	Buyer	Buyer	Buyer	Buyer	Buyer	Buyer	Buyer	Buyer	Buyer	Seller	Seller

圖 6-8

　　接著，則為賣方須訂立運送契約，但不負裝船後或發貨後貨物象損滅失的風險，或所發生事故而生的額外費用的第3類型貿易條件，為屬「C」類型貿易條件，有CFR、CIF、CPT及CIP共4種；最後第4類型為賣方須承擔將貨物運至目的地所需的一切費用及風險的第4類型，貿易條件為屬「D」類型貿易條件，有DAF、DES、DEQ、DDU及DDP共5種。

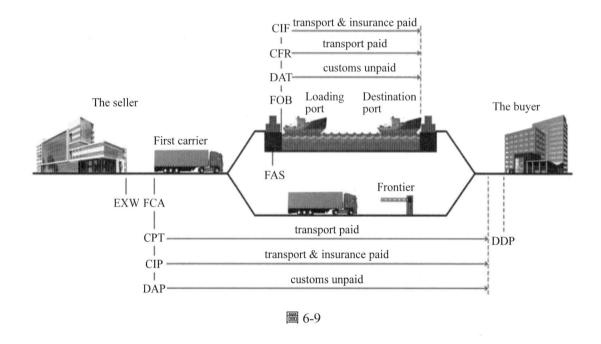

圖 6-9

表 6-1　貿易條件名稱中英對照

INCOTERMS 2011	2011 年版國貿條規
Terms For Any Mode of Transnport	任何運送方式條件
EXW EX Works（insert named place of delivery）	EXW 工廠交貨條件（加註指定交貨地）
FAC Free Carrier（insert named place of delivery）	FAC 貨交運送人條件（加註指定交貨地）
CPT Carriage Paid To（insert named place of destination）	CPT 運費付訖條件（加註指定目的地）
CIP Carriage And Insurance Paid To（insert named place of destination）	CIP 運保費付訖條件（加註指定目的地）
DAP Delivered At Place（insert named place of destination）	DAP 指定地交貨條件（加註指定目的地）
DDP Delivered Duty Paid（insert named place of destination）	DDP 關稅付訖交貨條件（加註指定目的地）

Maritime-Only Terms	僅海運條件
FAS Free Alongside Ship（insert named port of shipment）	FAS 船邊交貨條件（加註指定裝船港）
FOB Free On Board（insert named port of shipment）	FOB 船上交貨條件（加註指定裝船港）
CFR Cost And Freight（insert named port of shipment）	CFR 運費在內條件（加註指定裝船港）
CIF Cost Insurance And Freight（insert named port of destination）	CIF 運保費在內條件（加註指定目的港）
DEQ Delivered Ex Quay（insert named port of destination）	DEQ 目的港碼頭交貨條件（加註指定目的港）

茲再予整理簡表如表6-2。

表 6-2

運輸方式	條規類型			
	起運	主要運費未付	主要運費已付	到達
任何運輸方式	EXW	FCA	CTP CIP	DAP DDP
只用海運	-	FOB FAS	CIF CFR	DEQ

資料來源：曾俊鵬

2.第三地付款

　　三角貿易的情形運費有可能在第三地支付，例如臺灣的貨主有一批貨從上海出到德國漢堡，臺灣貨主要求在臺灣支付運費及費用即是。由於臺商到中國大陸及東南亞設廠者不在少數，因此這樣的實例俯拾可得。第三地付款者通常須在付款地收到款或確認可收到款者，再通知出貨地簽發提單。

　　姑不論付款地為何，海運運費及費用原本為一手交單（提單），一手付費的。相較於貨價，運輸成本僅占貨物成本的百分之二十五至四十之間，因此為利於提單及時轉

讓，取單同時應支付海運運費及費用。

3.Switch B/L（換單）

這種形態大多發生在三角貿易，通常是發提單的地方並不是真正的出貨港。

通常只是換單的作業，這種提單我們叫Switch Bill of Lading，其原因有多項，可能是：

(1) 政府的外匯管制。

(2) 出口商文件貨會計帳務的需求。

(3) 買方的策略考量。

有關這方面的敘述，我們將在第十二章繼續討論。

第七章　貨物理賠的歸屬與責任的探討

第一節　個案分享

國際貿易的貨物運輸經常會因意外事故而會毀損、滅失等因素產生處理的費用。當然其因素要歸納出來是相當多的，除了是運送人、託運人、工廠、拖車、搬運（工廠）、甚至租櫃公司等，都有可能是造成損失與費用產生的相關者。

筆者最近接獲客戶來訊提到空櫃交還時要付**修櫃費NTD 11,460未稅**，當時的情節是：

買方自上海進口一個四十呎一般非危險貨櫃、內裝空桶容器SHA170000365（1x40'HQ: HAHU5017652）：empty drum, gray plastic pallet / 180 PKGS / 4946.4 KGS，當天卸下空桶後、將此空櫃HAHU5017652交回櫃場，

卻被櫃場說此貨櫃毀損（如圖7-1），要求扣押款NTD 12,000。

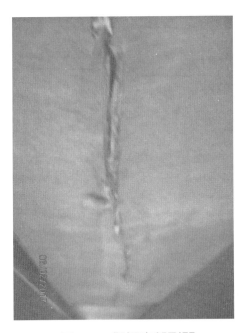

圖 7-1　貨櫃底部裂開

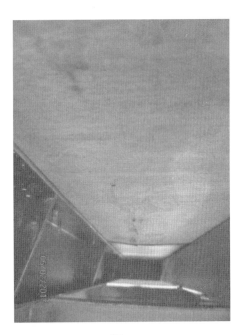

圖 7-2

圖 7-3

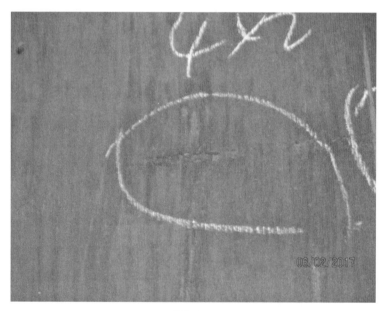

圖 7-4

圖 7-5　地板有油漬

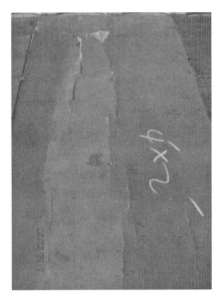

圖 7-6　地板被重壓

圖 7-7

圖 7-8

圖 7-9

圖 7-10 　　　　　　　　　　　　　　　　 圖 7-11

　　但司機身上正好沒有帶這麼多錢，因此就將此空櫃拉返回工廠。事實上，買方司機領重櫃時，櫃場放行時也有發現此櫃毀損，所以還在領櫃單註記（如圖7-12）。

　　買方希望筆者能夠幫忙協調，並與船公司做最好的處置，當然他們也會向他們上海廠反應臺灣目前的狀況。

　　針對這個貨櫃，經過筆者透過船運公司、貨代公司（上海）、海運公司臺灣的代理、貨櫃場的修護中心所做出來的查驗結果，針對這個案例要分好幾個層面來探討：

1. 正常的貨櫃怎麼連4946.4 kgs的貨重都承擔不起？基本20'container至少可以裝載到21,500.- kgs. 40'container 25,500.- kgs的貨重。
2. 此貨櫃的櫃況真的不是很好。
3. 在出口地（上海）的拖車司機領櫃時，是否沒有檢查櫃況就直接拖至工廠裝貨？
4. 海運運送人（船運公司）所租借的貨櫃是否具有ISO認證？以這種櫃況若承載21,000.-kgs的貨是否會發生不可預測的風險？意外的風險又要歸誰來負擔？
5. 工廠裝貨的工人在操作設備處理不當？
6. 進口商（買方）卸貨時的的工具使用不當？
7. 其它使用上的不當等。

此時承攬運送人須秉持公正的態度來正視這個問題並要妥善處理。站在提供服務及安撫客戶的原則與態度，需要將所有的資料檔從出口地booking一直到進口、提貨都要

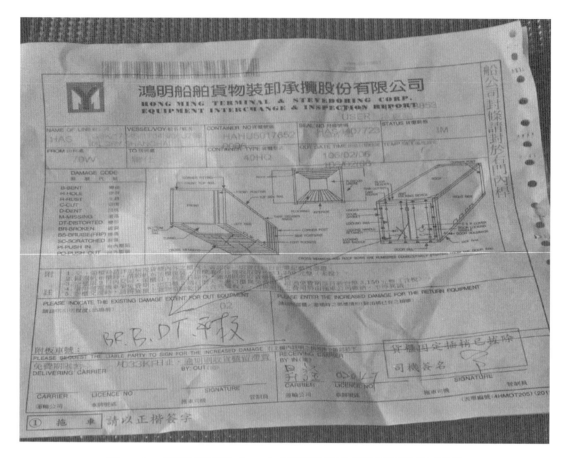

圖 7-12　貨櫃交接單（EIR）註明貨櫃的櫃況有狀況的顯示

查閱並與代理、船公司、客戶與其工廠及拖車都要詳細的詢問，到最後可能還是要協助與船公司協商能得到某些折扣，以便將客戶的損失降到最低。這種類似的問題會經常發生，責任的歸屬很難完全釐清。

第二節　運送人賠償風險

當然還會有更多貨物在運輸過程中所可能產生損失之風險，其中如貨物的毀損、滅失、延遲到達、碰撞責任及共同海損分攤等。若是因運送人責任所造成之貨物毀損及滅失，運送人須向貨主負賠償責任。一般運送人的賠償風險有以下幾種：

1. 貨物短少（shortage）、貨物滅失（loss）（如貨櫃落海以及其沿生之共同海損

問題）及貨物毀損〔如破損、受撞、遭擠壓、擦損、水濕（可分海水濕以及淡水濕）〕、遲到所產生的實體損害責任（cargo liability），其有運送人所應負責原因而產生者，即可能必須負賠償之責任。

2. 因過失而產生的責任，此統稱為error & omissions。這類包括貨到延遲（delay）、交貨錯誤（delivery of cargo to wrongful party）、貨物未提領、未履行貨主指示而為運送及監督貨物（failure to execute shippers' orders & instructions），及最常見的無單放貨（release of cargo without B/L）等。

3. 貨物誤裝、或出整櫃因託運人使用貨櫃不當產生之貨櫃損害、洗櫃費損失。

4. 貨物因出口商申報不實遭進口國海關扣押。

5. 對第三人責任（third party liability），對第三人造成的死亡或身體傷害等。

6. 罰款。如違反國家法令或海關而產生的罰款。

7. 其它各項費用。如有關調查、抗辯或檢驗費等。

因為有以上所敘述的責任風險，因此無論是船舶運送人或海運承攬人都應該投保運送人責任險。

第三節　貨主的投保

貨主（進口或出口業務）可就其買賣條件為CIF或FOB及其需求購買最適合的保險。至於購買途徑可考慮透過保險經紀人（insurance brokers）安排，或直接向保險公司洽購，甚至請報關行或海運承攬人代為洽辦。

目前來說若透過保險經紀人（insurance brokers）安排保險事宜，將會較專業、也是趨勢。

基本上，向運送人提出要求貨損索賠應檢具之相關文件：

1. 索賠函（Claim letter）、客戶之貨損索賠通知（notice of loss）。

2. 提單正反面影本（Bill of lading copy）。

3. 公證報告（Survey report）。

4. 商業發票（Commercial invoice）。

5. 裝箱單或包裝明細（Packing list）。

6. 裝櫃單／拆櫃報告（Loading plan/devanning report）。

7. 如索賠人為保險公司，須提供保險代位求償收據（Subrogation Receipt）。

8. 其它索賠文件〔如進出口報單（可以證明貨物之價值）、貨櫃交換單（Equip-ment Interchange Receipt，證明貨櫃狀況）、理貨單（tally sheet）、照片（最好標明拍攝地點、日期）、殘值證明（或是貨物毀損狀況單據）〕。

　　至於有關這方面的保險，筆者將不做更多的敘述，畢竟若認知上看法不一時，將使貨物理賠處於難以認定的狀態。

第八章 出口報關與貿易條規及出口實務個案討論

第一節　貨物出口通關

　　財政部爲我國主管關務行政之機關，其下設有關政司、關稅總局及各地區關稅局。關政司系幕僚單位，負責全國關稅政策、關稅制度之規劃、關稅法規之擬定及國際關務等事項。

　　關稅局即一般人所稱的**海關（Customs或Customs House）**，其轄下有基隆、臺北、臺中、高雄四關稅局爲**把守國境關卡之機關**，其最高主管單位爲關稅總局，負責關稅稽徵及查緝走私等業務之執行。

　　目前海關執行業務有：

1. **徵稅**：進口稅、出口稅、轉口稅（受託代徵貨物稅、營業稅、商港建設費、菸酒稅及健康福利捐等）。目前我國海關僅對進口貨物課徵進口稅。
2. **緝私**：指爲規避檢查，偷漏關稅或逃避管制，未向海關申報而私運貨物進出口國境。
3. **進出口貿易統計**：僅針對海關所做之進出口貿易統計數爲準，不包括轉口的洋貨、外國駐華使館進出口免稅貨物。慈善機構進出口以CIF計價，出口以FOB計價。
4. **受託代辦業務**：檢驗（疫）合格證、貨物稅、完稅證照、書刊審查通知書、燻蒸消費證、通訊器材進口護照、糧食出口證照、度量衡及計量器檢驗合格證書。
5. **其他**：如退保稅，配合執行外匯貿易管制，編刊進出口貿易統計，修建及維護助航設備等。

第二節　商品分類制度與關稅

　　HS（Harmonized Commodity Description and coding System）國際商品統一分類制度，簡稱Harmonized System，係由關稅合作理事會（Customs Co-operation Council）所研制之多用途商品分類制度，主要以消除國際間商品分類分歧異，減少商品分類轉換手續，促進國際貿易發展爲目的。根據**世界關務組織（World Customs Organization, WCO）**統計，全世界採行HS之國家或地區有175個之多，亦即全球貿易將近98%以HS做分類及統計，顯見HS對國際商品分類之重要。

　　我國為了配合貿易國際化，財經部門於1983年HS誕生時，立即決定研究採行，並成立HS專案工作小組，積極推動相關工作，編訂《海關進口稅則》分類號列，且決定依循HS之分類架構，前6碼號列及貨名與HS相同，並在HS六位碼下再增第7～8兩位碼，為稅則號碼（供海關課徵關稅用），前8位碼合稱為「稅則號別」。另外在8位之關稅碼下，又增第9～10兩位，為統計號別（供政府統計及進出口貿易管理之用），最後另加第11碼為電腦檢查碼。使得我國擁有一套十位碼之商品分類編號，供相關單位共同使用，我國紛亂之商品分類因而得以統一。僅以列示我國十位碼之商品分類編號及第11位檢查碼。

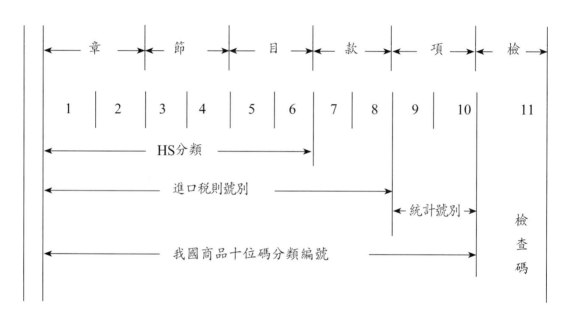

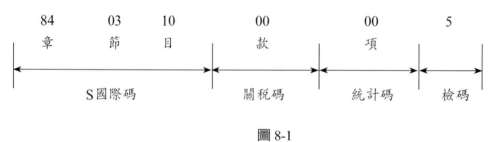

圖 8-1

　　宣示加入WTO後我國稅率，對低度開發之國家（如阿富汗、緬甸、孟加拉、剛果、柬埔寨等）進口之咖啡、皮革、紡織品等一百多項產品，給予免關稅之優惠。我國現行《海關進口稅則》之稅率欄，由原兩欄改為三欄。即：

1. 第一欄之稅率：適用於WTO會員（以WTO網站公告，且我國未對其援引排除條款者爲準，目前有145個會員國），或WTO以外與我國有互惠待遇之國家或地區（包括越南、柬埔寨、寮國、伊朗、利比亞、沙烏地阿拉伯等42個國家或地區）。

2. 第二欄之稅率：適用特定低度開發、開發中國家或地區之特定進口貨物；或與我國簽署自由貿易協定之國家或地區之特定進口貨物（目前僅巴拿馬適用）。

3. 第三欄之稅率：不適用第一欄及第二欄稅率之進口貨物，應適用第三欄稅率。進口貨物如同時得適用第一欄及第二欄稅率時，適用較低之稅率。

關稅（Customs Duty）係貨物通過一國國境（課徵關稅領域）時，依《海關稅則規定》應繳納之稅捐，具有過境稅之性質，唯《京都公約》將關稅定位爲國內消費稅（指需課徵關稅之進口貨物爲「供國內消費者」）。其課徵之方式有：

1.從價稅（Advalorem Duty）

按進口貨物之價格，依法定稅率核計。其公式爲：關稅＝完稅價格×稅率。一般進口貨物之關稅，大都按從價稅課徵。

(1) 優點

　①符合稅負公平原則。

　②便於與他國關稅或本國內地稅稅率高低做比較。

　③能隨物價上漲調整稅額，不會影響國家稅收。

　④可適用於所有貨物。

(2) 缺點

　①影響物價因素太多，查估價格外費時費力，徵稅成本較高。

　②部分貨品等級、品質不易確定，核價常造成困擾，且廠商異議案件較多。

　③廠商會低報價格，以達逃稅之目的，反而會違背公平原則。

2.從量稅（Specific Duty）

按進口貨物之數量、重量、容積或長度等爲核計標準，每一單位課徵一定金額。其公式爲：關稅＝每一單位應稅金額×數量。

(1) 優點

　①手續簡單，通關作業快速。

　②稅負明確，異議案件較少。

③進口品質優良物品較有利，可刺激國內工廠提高品質，提升工業水準。

(2) 缺點

①不論物品品質優劣稅額相同，稅負不夠公平。

②無法依物價漲落調節稅收。

③不易比較稅率之高低。

④不能適用於所有貨品。

⑤不法廠商會高報價格，以達資金外移目的。

第三節　報關行之責任

臺灣為海島型經濟，為此國際貿易對我十分重要，只要有貿易行為，就會發生進出口貨物報關與通關手續，由ICC修訂之INCOTERMS 2016中，買賣雙方依不同貿易條件各自完成通關手續，即是明證，以經營國際貿易的角度而言，從報關行切入，學習精熟的進出口貨物通關與報關技能，對處理國際貿易是相當有助益的。

報關行是一種提供貿易服務並經營受託辦理進、出口貨物報關納稅等業務的營利事業。貨物進出口通關之所以委由報關行辦理，基於下列二個主要理由：

1.報關行之設立

(1) 要先經海關許可。

(2) 其員工應有一人以上具有「專責報關人員」之資格。

(3) 設立報關行應具備之條件：

①資本額：申請設置報關業務，其資本額應在新臺幣5百萬元以上（離島地區新台幣一百萬元以上）。

②專責報關人員：報關行之員工中應有一人以上具有「專責報關人員」（Accredited Person for Conducting Brokerage Business; Registered Customs Specialist）之資格。

③報關實務經驗：報關行負責人應具有三年以上報關實務經驗，如設有授權掌理報關業務之經理人者，不在此限；經授權掌理報關業務之經理人，應具有三年以上報關實務經驗。

④設置電腦及連線設備：爲配合海關通關自動化作業需要，報關行應設置電腦及相關連線設備處理報關業務。但情形特殊之地區，經海關核准者不在此限。

2.報關行之委任關係

報關行接受貨主委託辦理**報關**、**納稅**等行爲，屬委任關係。海關規定須由貨主檢附委任書，始能辦理。爲委任事務之處理，須爲法律行爲，而該法律行爲，依法應以文字爲之者，其處理權之授與，亦應以文字爲之。其授與代理權者，代理權之授與亦同（《民法》第531條）。由上述可知「委任書」之必要性。代理範圍包括**繕打報單**、**遞送報單**、**會同查驗貨物**、**簽認查驗結果**、**繳納應完稅捐及規費**、**提領放行之貨物**、**收受海關通知與文件**、**領取貨樣**等。

第四節　出口報關

所謂「貨物出口報關」，係指貨物出口於貨物裝運前，依貨物出口通關規定，將貨物送進海關指定之貨櫃場、貨櫃集散站或碼頭倉庫，交由海關控管。並由貨物出口人或受委託之報關行，以電腦繕製出口報單傳輸海關報關。經海關審查貨物出口人或報關行所報關之資料無訛，並實地抽驗貨物內容與所申報之資料相符後，即予放行，出口人始可辦理貨物出口裝船或裝機事宜。

1.貨物通關自動化

所謂「貨物通關自動化」（Cargo Clearance Automation），係將海關辦理貨物通關的作業與所有「相關業者」及「相關單位」，利用「電腦連線」，以「電子資料相互傳輸」取代傳統「人工遞送文書」；及以「電腦自動處理」替代「人工作業」，俾加速貨物通關。

「電腦連線」並非由業者直接與海關連線，而是另行設置一個「通關網路」：

(1) 「通關網路」已命名爲「關貿網路」（英文名稱爲TRADE-VAN；縮寫爲T/V。VAN係Value Added Network之縮寫），連線者透過該網路彼此傳輸資料。因此，「相關業者」、「相關單位」均須與「T/V」連線，成爲其用戶，海關也是連線用戶之一。

(2)「T/V」每週除固定利用假日抽出2小時（週日02：00至04：00）從事維護外，平日均係24小時作業，因此，夜間照樣可以受理、傳輸。

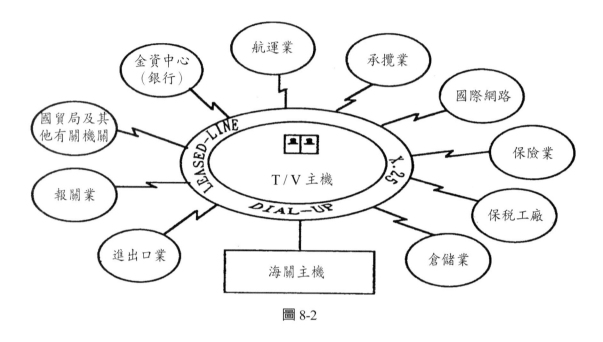

圖 8-2

2.通關自動化的優點

通關自動化的好處，除了一般所知道的快速、方便、減少人工作業、提高效率等外，它至少提供了業者以下的方便：

(1) 收單方面：由於是電腦收單，業者可以在一天二十四小時內，隨時透過關貿網路傳輸報關資料。不必將書面報單派員送到海關辦理通關手續。

(2) 繳稅方面：由於設計有「先放後稅」保證金額度，因此業者只要在電腦直接自額度內扣除稅金，事後再予補繳即可。

(3) 放行方面：因為全面電腦連線操作，可隨時取得放行訊息及通知單，可提早向貨棧辦提貨手續。

(4) 網路加值服務方面：包括海關資料庫、公共資料庫、EDI資料庫、法規全文檢索、電子布告欄等加值服務，可以提供連線業者隨時查詢。

通關自動化系統確實帶給使用者莫大的便利，在一切講求效率的現代化社會中，讓我們共同享用此一系統。

3.貨物通關方式

經完成電腦收單的報關資料，資料會直接進入海關系統。在海關系統中設置四個電腦檔，分別為貨品分類檔、價格審查權、簽審檔和抽驗檔。報關資料經海關系統四個電腦檔運作，如果業者申報貨品分類或稅則稅率不符，電腦會立即通知報關行補正輸入。而後海關電腦專家系統按進出口廠商之等級、貨物來源地、貨物性質及報關行等篩選條件，分別將報單核定為C1（免審免驗通關）、C2（文件審核通關）及C3（貨物查驗通關）三種通關方式。

(1) C1通關方式

出口貨物可立即裝船出口；進口貨物則於完成繳納稅費手續，即可持憑電腦列印之放行通知及原提貨單證前往貨棧提貨。其書面報單及其他有關文件正本，出口案件應由報關人列管一年，進口案件列管三年，海關於必要時得命其補送或前往查核。

(2) C2通關方式

報關人於連線報關後，須於翌日海關辦公時間終了前補送書面報單及其他相關文件正本，經審核相符後通關放行。

(3) C3通關方式

報關人除於上開時間內檢送書面報單及其他有關文件正本外，進口貨物並應自報關日起十日內申請會同海關驗貨關員查驗貨物，再由業務單位審核及分類估價後通關放行。

4.報關應檢附之文件

(1) 出口報單

(2) 裝貨單（Shipping Order, S/O）

(3) 商業發票（Commercial Invoice）

(4) 包裝單

(5) 貨物進倉證明單一份

(6) 委任書

(7) 型錄、圖樣或說明書

(8) 其他機關委託代為查核之文件；如檢驗合格證、燻蒸證明、貨物稅完稅證明

5.出口檢驗與檢疫

出口的貨品代表臺灣的形象，因此政府為了建立國際市場上之信譽，提高我國產

品之品質，防止動植物疫病的傳染，建立「Made in Taiwan」的國際品牌，規定部分出口產品須取得出口檢驗合格證書，才准予出口，出口商在將貨物裝運出口前，可透過經濟部標準檢驗局的網路系統，輸入CCC碼或點選商品分類進行查詢，了解該貨物是否需要檢驗或檢疫。我國法令規定，一般商品檢驗由經濟部標準檢驗局負責，動植物檢疫由行政院農委會動植物防疫檢疫局負責。至於檢驗的標準，是依據《中華民國國家標準》（Chinese National Standard, CNS）規定執行，若尚有CNS者，則依據「暫行標準檢驗」辦理。

出口商在了解相關檢驗規定後，在貨物包裝的外觀上應加註商品名稱、品質、規格、生產工廠名稱地址以及重量或容量，以利檢驗工作的進行。

6.檢驗、檢疫程序

出口檢驗之程序，依據國內規定分為：(1)報驗、(2)檢驗、(3)發證、(4)港口驗對等四個步驟。

(1) 報驗

報驗人填具輸出報驗申請書與合格證，貨品名稱與數量須與L/C上相符合。輸出分等檢驗商品運輸到港口後，業者或代理人（通常是報關行）填寫分等檢驗用報驗申請書、輸出檢驗合格證書、品質檢驗報告等文件，連同檢驗費向港口檢驗機構報驗。

(2) 檢驗

檢驗商品係依報行標準抽驗，檢驗時間是在報驗後二十四小時內執行。取樣檢驗人員隨機抽取，報驗人不得指定。

經濟部標準檢驗局執行檢驗的方式，有下列三種：

①自行檢驗：由經濟部標準檢驗局、所屬各地分局或辦事處的檢驗室自行檢驗。

②代施檢驗：由經濟標準檢驗局委託具有某種商品檢驗能力，且審查認可的公私立之法人團體或事業機構，代為執行技術部分之檢驗工作。例如：臺灣電子檢驗中心、臺灣金屬工業發展中心、糧食局等。

③分等檢驗：凡經濟部指定實施分等檢驗之商品，生產該商品之工廠，可向經濟部申請品質管制，分等檢驗工廠產品登記，經過經濟部赴廠評估認可後，經濟部採信其自行檢驗的能力與記錄，並發給「檢驗合格證書」。

(3) 發證

經檢驗合格者，由檢驗機構發給合格證書，若檢驗不合格者，得於接到不合格通知書15日內，申請就原取樣品免費複驗一次。

(4) 港口驗對

出口商在貨物裝船前，持所領取之檢驗合格證書報請檢驗局港口分局驗對。凡驗對相符者於「輸出檢驗合格證書」上加蓋「驗記」戳記，業者即可持該項證書，向海關辦理驗關等手續。

7.出口檢疫

防檢局自2000年7月起，積極蒐整我國重要易夥伴國家相關電子檢疫資訊資料，並配合防檢局網路骨幹系統、檢疫申報發證系統及電子檢疫資料認證系統，進行規劃、環境開發及整合工作，擬藉由網際網路傳輸與資訊系統，提升行政效率，以達到為民服務之宗旨。

輸出未列應施檢疫範圍之植物或植物產品，經檢疫符合輸入國植物檢疫規定者，即予放行。若因未取得本局核給之檢疫證，致使運抵輸入國引起檢疫問題，業者應自行負責。

第五節　個案研討

FREIGHT FORWARDER海運出口操作流程
・接受出口商的booking後：向船公司或同行booking。
・製作Shipping Instruction/Order（SI或SO）給出口商。
・編製出口booking note（LOT number）：結關當天，由出口商（或出口商的報關行）提供做提單資料後：製作draft HBL，再請出口商核對；並提供作MBL資料給船公司或同行。
・確定on board date後：印出正式出口提單，作出debit note，並請款去船公司或同行領MB/L，製作國外帳單。
・發PER-ALERT給國外代理：MBL、HBL、國外帳單。
・國外代理指定貨（It's nominated cargo），基本上以FOB term居多。

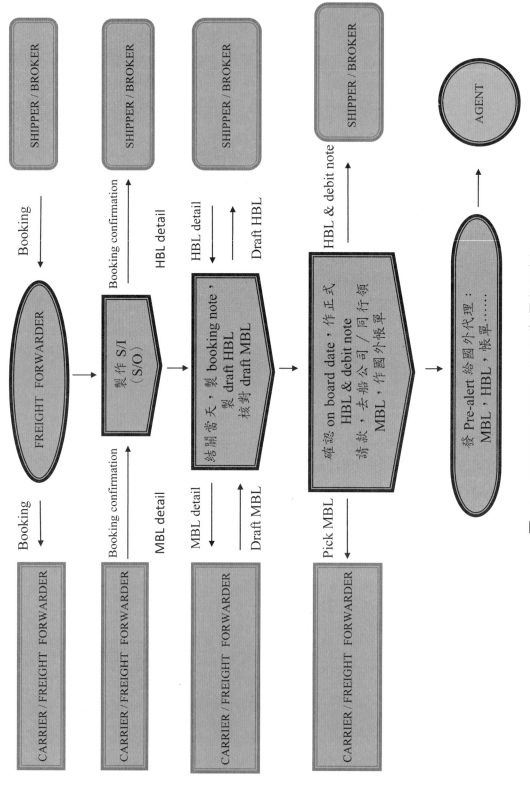

圖 8-3　FREIGHT FORWARDER 海運出口流程

"K" Line Booking Confirmation

"K" Line Taiwan Booking Rep:　　**WANG, ALEX**　　　　　　　**JAN 05 2017 10:06 AM**

Booking Number: **TW3073009**	Booked Date: **JAN 03 2017 05:37 PM**	Revised Date: **JAN 05 2017 10:06 AM**
Booking Status: **FIRM**	SC NUM: **JKT5006901**　　BL NUM:	SO NUM: **1278**
Comments:		

Customer Name:　　**✕✕✕✕✕ CO., LTD.**	
TEL:　　　　　　FAX:	EMAIL:

Vessel/Voyage:　　**YM WITNESS, 09W**	Cutoff Time:　　　　**THURSDAY, JAN 12 2017, 17:00**
Place of Receipt:　**TAICHUNG, TAIWAN**	Doc Cutoff:
Receipt Type:　　**CY**	Est. Sailing Date:　　**WEDNESDAY, JAN 18 2017, 15:00**
Port of Load:　　**KAOHSIUNG / 108碼頭(高明)**	ETA Place of Delivery:　**FRIDAY, JAN 27 2017, 23:00**
First POD:　　**SINGAPORE, SINGAPORE**	
T/S Vessel, Voyage:　**NYK FUJI, 050S**	
Place of Delivery:　**JAKARTA, INDONESIA**	
Delivery Type:　　**CY**	

Empty Location/Facility (領櫃地):	ORIGIN HUB Location / Facility (交櫃地):
TAICHUNG / 中國航運(CMT)	**TAICHUNG / 台中32碼頭(長榮)**
Address:　　台中市, 龍井區, 臨港路2段63號	Address:　　台中市, 梧棲區, 中南一路2段809號
Telephone:　　**04-26380075**	Telephone:　　**04-26573031**
Country:　　**TAIWAN**	Country:　　**TAIWAN**
Pickup Date:	
Other Req:	

Equipment Requirements:

	Prefix	Number	Check
1x40' : DRY, 9'6"			

Cargo Description:

Commodity	DG	Reefer	Vent	Temp	Weight
G.C.	**N**	**N**			

圖 8-4

×××××　**CO.,LTD.**

××××× 國 際 運 通 有 限 公 司　台北市忠孝東路

Tel ：　886 - 2 -
Fax：：　886 - 2 -

Date: JAN / 04 / 2017
TO: 永明 公司 / **Ms.**　　　**TEL: XX**　　　**FAX:XXX**
CC:
FM: **Lisa**

● 裝船通知 **BOOKING ADVICE**

結關日　：＿＿**1 / 12　(四)**＿：＿**17:00 前放行**＿＿＿

Booking number:　＿**TW3073009**＿　　　　S/O NO.:　＿**1278**＿＿

** 提單作法提供時間：＿＿＿**1/12 中午**＿＿＿

＿＿＿ 結當天下午 5:00 整　/　＿＿ 結當天中午 12:00 整　/　＿＿ 需當天 17:00 前放行

FM：**TAICHUNG**　　TO:＿＿＿**JAKARTA**＿＿＿　Loading:　**KAOHSIUNG**＿

船公司：**K-LINE**　船名/航次：**YM　WITNESS　V.09W**　　**(在 Singapore 轉船)**

＿＿＿ by CFS　　**V**　by CY/CY ＿＿＿＿　**1x40' HQ**＿＿＿＿

ETD.　：＿**1 / 18**＿　ETA.:＿＿**1 / 27**＿＿

領櫃地點：＿＿**台中中國航運**＿＿＿　　交貨地點：＿＿**台中 32 號 碼頭**＿＿＿

**訂艙之注意事項,下列為保障您的權益,敬請詳讀,查照辦理,謝謝!

1. 請要求司機於領空櫃時,注意概況是否良好,以避免事後糾紛.
2. 如果貨物為檢疫貨品或危險品,請事先通報,若未事先告知而發生貨損或危損其它貨物,本公司逕向 貴公司求償.
3. 如有虛報貨品,內容,數量以致在目的地發生任何時間延誤,查扣等,由訂艙人自負所有責任.
4. 倘若貨物性質導致貨櫃內不產生汗損,託運人得要求受貨人洗清貨櫃或支付洗櫃費與船公司.
5. 凡 CY 貨櫃,出口商應隨時注意貨物裝載重量是否平衡及貨物有無固定(Lashing)問題,以免發生貨損ীⵂ產生額外費用.
6. 貨櫃進站時,請詳填裝貨記錄單,並請準確填寫每櫃貨物重量,船公司保留追究因重量不符而引致的一切後果.
7. 如未事先申報貨物價值,其賠償悉按海商法單位責任限制或本公司規定.
8. 本貨物裝載之預定開航日及預定到達日,均依照船公司之公告船期所載,並隨之變動,請知悉.
9. 敬請核對此文件上所記錄的資料是否正確,如有錯誤,請即致電本公司更正為要,否則視為接受上列所有資料及條件.

出口：東北亞
1) 臺灣出口至日本及韓國,凡木質包裝貨物或任何物品之外包裝有木頭材料者,請做好煙燻處理.
2) 自 2008 年 4 月起,出口至日本之 20' 櫃的內陸拖車限重,由 24ton 變更為 20.32ton(含容積重).
　意指:20' 的貨重不得超過 17.9 ton (20' 空櫃重約 2370 kgs(WHL,YML));如果貨重超過 17.5 ton 以上.
　就必須請日本受貨人,於領櫃時一定要使用 3 軸之拖車,才可在公路上行駛,若使用一般的 2 軸拖車就不能在公路行駛,會有罰款.

出口:東南亞
1) 至馬來西亞,印尼,菲律賓,凡木質包裝貨物或任何物品之外包裝有木頭材料者,請做好煙燻處理.
2) 至印尼:貨物請列出細品名,並且 Shipper 欄須列出口商的英文地址.
3) 至巴生港、東埔寨, 因應當地海關要求請提供 SHIPPER 完整地址以利清關

出口:中國大陸地區之貨品
**請不要在麥頭(shipping mark),打上 R.O.C. (REPUBLIC OF CHINA) 之標誌或圖樣. 貨櫃內,不得夾帶中文書籍,報紙,雜誌等私人物品,若
因而造成大陸海關查緝,扣押,檢驗,沒收或拒絕進口等等之一切損失(含所有衍生之費用),則由訂艙人負完全責任.

出口:歐洲線 請注意:2011/1/1 起實施 ENS,請務必提供下列資料

1).客戶必須提供 SHPR/CNEE/NTFY 詳細資料,包含(FULL NAME & ADDRESS & ZIP CODE, STREET, CITY, COUNTRY NAME 等)及 EORI
　 NO (Economic Operators Registration and Identification number)歐盟境內經營者便用註冊及 辨識代號.
2) EU 規定詳細品名及 6 碼 H.S.CODE(包含 CY/CY 及 CONSOL 併櫃貨之每筆 S/O 都要提供).
3) 關於此項歐盟新法規,我們將對進口或過境歐盟國家的貨物徵收 ENS 傳輸費,每張提單收取 USD25.此外,對於 ENS 原始資料傳輸後,
　 若要修改將收取 USD40 的艙單更正費.
** 若有疑問,請洽: 聯凱/鄭 S #14, TEL:02-8773 8775, FAX: 02-2731 3300　　E-MAIL: lisa@wingcargo.com.tw

圖 8-5

YONG MING INTERNATIONAL DEVELOPMENT
CO., LTD.

WCS-SE0601010
SO:1278

PT.HERBALIFE JAKARTA CO.,LTD.
Gedung Menara DEA 2 Lt. Ground - Mezzanine
Jl. Mega Kuningan Barat Kav.E4.3 no. 1-2, Kel.

SAME AS CONSIGNEE

	TAICHUNG,TAIWAN	PT.INTIRAGA LOGISTICS Boulevard Road C1/31, Indonesia		
YM WITNESS 09W	KAOHSIUNG,TAIWAN			
		TEL:6221 xxx	'AX:6221 xxx	
JAKARTA,INDONESIA	JAKARTA,INDONESIA	ATTN:xxx		

| | 1X40'HQ | SAID TO CONTAIN : 600CTNS | 5,490.00 | 65.000 |
| | VVVVVVV | SHIPPER'S LOAD & COUNT | KGS | CBM |

DFSU6206986/CBL70423/40'HQ/CY/CY/600CTNS/5490KGS/65CBM

HERBALIFE(R)
2000ML
WATER BOTTLE
30PCS
C/NO.1-300
MADE IN TAIWAN
DO
1000ML
WATER BOTTLE
30PCS
C/NO.1-300
MADE IN TAIWAN

　　　　2000ML PLASTIC WATER BOTTLE
　　　　1000ML PLASTIC WATER BOTTLE

"FREIGHT COLLECT" SERVICE TYPE : CY/CY
SAY TOTAL ONE (1) 40'HQ CONTAINER ONLY.

**   SURRENDERED   **

JAN.18,2017　　　　　　(0)

JAN.18,2017

圖 8-6　此圖是先傳給出口商預讀的草稿，以便確認有無需要修正

20170112   1710

Shipper ×××××CO., LTD. 12F.-3, NO.54, SEC. 3, JHONGSIAO E. RD.,DA-AN DISTRICT, TAIPEI CITY 106, TAIWAN (R.O.C.) TEL:02-87738775 FAX:02-27313300	B/L No. KKLUTW3073009 1278

K LINE
KAWASAKI KISEN KAISHA, LTD.

COMBINED TRANSPORT BILL OF LADING

Consignee

PT.INTIRAGA LOGISTICS
Boulevard Road C1/31, Indonesia
TEL: xxx, FAX: xxx
ATTN: xxx , e-mail:

DRAFT NON-NEGOTIABLE

Notify Party

SAME AS CONSIGNEE

Pre-Carriage by	Place of Receipt TAICHUNG, TAIWAN CY	
Ocean Vessel Voy No. V.09W YM WITNESS	Port of Loading KAOHSIUNG, TAIWAN	JKT5006901
Port of discharge JAKARTA, INDONESIA	Place of Delivery JAKARTA, INDONESIA CY	Final Destination (for the Merchant's reference)

Container No. Seal No. Marks and Numbers	No. of Containers or pkgs.	Kind of packages; description of goods	Gross weight (KGS)	Measurement (CBM)
DFSU6206986 CBL70423 (40DRY96) HERBALIFE(R) 2000ML WATER BOTTLE 30PCS C/NO.1-300 MADE IN TAIWAN DO 1000ML WATER BOTTLE 30PCS C/NO.1-300 MADE IN TAIWAN	600CTNS 1 CONTAINER(S) 600 CTNS	CY /CY "SHIPPER'S LOAD AND COUNT" 2000ML PLASTIC WATER BOTTLE 1000ML PLASTIC WATER BOTTLE ---------------- 1 CONTAINER(S) (600 CTNS)	G.W 5,490 G.W 5,490	65.000 65.000

PARTICULARS FURNISHED BY SHIPPER

If shipper enters a value, the ad valorem rate will be charged (See Clause 24)

Total No. of Containers or Packages (in words) ONE (1) CONTAINER(S) ONLY		G.W 5,490	65.000

Freight and Charges	Revenue Tons	Rate Per	Prepaid	Collect
O.FRT THC DEST TML HDLG CHG CONTAINER SEAL CHARG ORIGIN DOC FEE	1.000 1.000 1.000 1.000 1.000	USDxxx .00/40H TWD7,000/40H USDxx .00/40H TWD220/SL TWD1,600/BL	TWD7,000 TWD220 TWD1,600	
"FREIGHT COLLECT AS ARRANGED" TOTAL			TWD8,820	

Ex. Rate	Prepaid at TAIPEI	Payable at JAKARTA	Place and date of issue TAIPEI
	Total prepaid in local currency	No. of original B(s)/L THREE (3)	**KAWASAKI KISEN KAISHA, LTD.** AS CARRIER
	Shipped on board the vessel		

By
"K" LINE (TAIWAN) LTD.
AS AGENTS FOR THE CARRIER

By
"K" LINE (TAIWAN) LTD.
AS AGENTS FOR THE CARRIER

圖 8-7　此圖為船公司傳給承攬運輸人先預讀的草稿

| Shipper
YONG MIN INTERNATIONAL DEVELOPMENT
CO., LTD. | **BILL OF LADING** | B/L No.
WCS-SE0601010
SO:1278 |

Consignee
PT.HERBALIFE JARARTA CO.,LTD.
Gedung Menara DEA 2 Lt. Ground
J1. Mega Kuningan Barat Kav.E4.3 no. 1-2,
Kuningan Timur Kec. Setiabudi, Jakarta Sel

Notify party
SAME AS CONSIGNEE

××××× **CO., LTD.**

12F.-3, No. 54, Sec. 3, Chung Hsiao E. Rd., Taipei, Taiwan.
Tel: × × × × × × ×　　Fax: × × × × × × ×
E-mail: × × × × × × ×

Received in apparent good order and condition unless otherwise indicated hereon the container(s) and/or goods hereinafter mentioned to be transported and/or otherwise forwarded from the Place of Receipt to the intended Place of Delivery upon and subject to all the terms and conditions appearing on the face and back of this Bill of Lading.
One of the original Bill of Lading duly endorsed must be surrendered in exchange for the Goods or Delivery Order.
IN WITNESS WHEREOF THE NUMBER OF ORIGINAL BILL OF LADING STATED BELOW HAVE BEEN SIGNED, ONE OF WHICH BEING ACCOMPLISHED, THE OTHER(S) TO BE VOID.

Pre-Carriage by	Place of receipt TAICHUNG,TAIWAN	For delivery of goods please apply to: PT.INTIRAGA LOGISTICS
Ocean Vessel YM WITNESS 09W	Voy No.　Port of loading KAOHSIUNG,TAIWAN	Boulevard Road C1/31,Grand Depok City, Depok Indonesia (16412)
Port of discharge JAKARTA,INDONESIA	Place of delivery JAKARTA,INDONESIA	TEL:6221 XXX　,FAX:6221 XXX ATTN:XXX

Container No. Seal No. Marks and Numbers	No. of Containers or pkgs	Kind of packages; description of goods or pkgs	Gross weight	Measurement
	1X40'HQ VVVVVVV	SAID TO CONTAIN : 600CTNS SHIPPER'S LOAD & COUNT	5,490.00 KGS	65.000 CBM
DFSU6206986/CBL70423/40'HQ/CY/CY/600CTNS/5490KGS/65CBM				
HERBALIFE(R) 2000ML WATER BOTTLE 30PCS C/NO.1-300 MADE IN TAIWAN HERBALIFE(R) 1000ML WATER BOTTLE 30PCS C/NO.1-300 MADE IN TAIWAN		2000ML PLASTIC WATER BOTTLE 1000ML PLASTIC WATER BOTTLE		
		"FREIGHT COLLECT"　SERVICE TYPE : CY/CY SAY TOTAL ONE (1) 40'HQ CONTAINER ONLY.		

PARTICULARS FURNISHED BY SHIPPER

Freight and Charges	Revenue Tons	Rate	Per	Prepaid	Collect

** SURRENDERED **

| Place of B(s)/L Issue
JAN.18,2017 | Number of Original B(s)/L
(0) | ××××× **CO., LTD.**
on Board Date　JAN.18,2017 |

As Carrier

圖 8-8

20170118   1340

Shipper

××××× CO., LTD.

106, TAIWAN (R.O.C.)

Consignee
PT.INTIRAGA LOGISTICS
Boulevard Road C1/31, Indonesia (16412)
TEL: xxx , FAX: xxx
ATTN: xxx
e-mai:

Notify party
SAME AS CONSIGNEE

(Forwarding Agents)

1278

B/L No.
KKLUTW3073009

COMBINED TRANSPORT BILL OF LADING

COPY NON-NEGOTIABLE

EXTRACT OF MAIN DESCRIPTION
OF ORIGINAL BILL OF LADING

Pre-Carriage by	Place of receipt
	TAICHUNG,TAIWAN CY

Ocean Vessel	Voy. No.	Port of loading	
YM WITNESS	V.09W	KAOHSIUNG,TAIWAN	JKT5006901

Port of discharge	Place of delivery	
JAKARTA, INDONESIA	JAKARTA, INDONESIA CY	* Final Destination (for the Merchant's reference)

Container No.	Seal No. Marks and Numbers	No. of Contai-ners or pkgs.	Kind of packages; description of goods	Gross weight (KGS)	Measurement (CBM)
DFSU6206986 (40DRY96)	CBL70423	600CTNS	CY /CY	G.W 5,490	65.000
HERBALIFE(R) 2000ML WATER BOTTLE 30PCS C/NO.1-300 MADE IN TAIWAN HERBALIFE(R) 1000ML WATER BOTTLE 30PCS C/NO.1-300 MADE IN TAIWAN		"SHIPPER'S LOAD AND COUNT" 1 CONTAINER(S) 600 CTNS 2000ML PLASTIC WATER BOTTLE 1000ML PLASTIC WATER BOTTLE ---------------- 1 CONTAINER(S) (600 CTNS)		G.W 5,490	65.000

PARTICULARS FURNISHED BY SHIPPER

SURRENDERED

Declared Value US$	If shipper enters a value, the ad valorem rate will be charged (See Clause 24)			
Total No. of Containers or Packages (In words)	ONE (1) CONTAINER(S) ONLY		G.W 5,490	65.000

Freight and Charges	Revenue Tons	Rate	Per	Prepaid	Collect
"FREIGHT COLLECT AS ARRANGED"					

Ex. Rate	Prepaid at TAIPEI	Payable at JAKARTA	Place and date of issue TAIPEI Jan.18,2017
	Total prepaid in local currency	No. of original Bts)/l THREE (3)	KAWASAKI KISEN KAISHA, LTD. AS CARRIER

ICS
3/L

SHIPPED on board the Vessel
Date Jan.18,2017

By "K" LINE (TAIWAN) LTD.
AS AGENTS FOR THE CARRIER

By "K" LINE (TAIWAN) LTD.
AS AGENTS FOR THE CARRIER

圖 8-9

SHIPPING ORDER

PrtDate:2017/1/11

SHIPPER / EXPORTER: ×××× CO., LTD. DA-AN DISTRICT, TAIPEI CITY 106, TAIWAN (R.O.C.) TEL:02-xxx　　　FAX:02-xxx	DOCUMENT NO(S/O NO.):　1278
	TO: 台灣川崎汽船股份有限公司 TEL:25239798 FAX:25217572 　　　備註: 提單請電放 　　　　　在TPE領單 & 繳費
CONSIGNEE: PT.INTIRAGA LOGISTICS Boulevard Road C1/31, Indonesia (16412) TEL:6221 xxx, FAX:6221 xxx ATTN: e-mail	
NOTIFY PARTY: SAME AS CONSIGNEE	FROM: XX 　國際運通有限公司 台北市大安區xxx TEL:02-xxx FAX:02-xxx ATTN:LISA
VESSEL / VOYAGE : YM WITNESS　09W	
PLACE OF RECEIPT: TAICHUNG,TAIWAN	PORT OF LOADING: KAOHSIUNG,TAIWAN
PORT OF DISCHARGE: JAKARTA,INDONESIA	PLACE OF DELIVERY: JAKARTA,INDONESIA

PARTICULARS FURNISHED BY SHIPPER					
MARKS	NO. OF CONT OR OTHER PKGS	DESCRIPTION OF PACKAGES AND GOODS		GROSS WEIGHT	MEASUREMENT
HERBALIFE(R) 2000ML WATER BOTTLE 30PCS C/NO.1-300 MADE IN TAIWAN -DO- 1000ML WATER BOTTLE 30PCS C/NO.1-300 MADE IN TAIWAN	1x40'HQ VVVVVVV	SAID TO CONTAIN : 600CTNS DFSU6206986/40'HQ/600CTNS/5490KGS/0CBM 2000ML PLASTIC WATER BOTTLE 1000ML PLASTIC WATER BOTTLE		5,490.00 (KGS)	0.000(CBM)
		"FREIGHT COLLECT" SAY TOTAL ONE (1) 40'HQ CONTAINER ONLY.			

SVC TYPE :CY/CY	600 CTNS	5,490.00 KGS
整櫃 FCL 領櫃地點: 併櫃 LCL 貨送地點:	交櫃地點: 結關日:　2017/01/12	

圖 8-10　此圖是運送承攬人向船公司繳費同時電放提單，以便國外代理不需
　　　　提示正本提單即可提貨

×××××　CO., LTD.

TEL :02-×××　　　FAX :02-×××

DEBIT NOTE

LOT NO　　　　 : SE-0601010	PRT DATE: 2017/01/17
RCVG STN/AGT: PT.INTIRAGA LOGISTICS	INVOICE : SE0601010
VSL/VOY　　　 : YM WITNESS / 09W	ATTN PIC:
FROM　　　　 : KAOHSIUNG,TAIWAN	MB/L NO.: KKLUTW3073009
FROM　　　　 : YONG MIN　INTERNATIONAL	TO　　 : JAKARTA,INDONESIA
	CNEE　 : PT.HERBALIFE

HAWB NO.	FEE	C/N　　WEIGHT(KG)			DEBIT	CREDIT	
WCS-SE0601010	TELEX RELEASE	USD30/SET X 1	=	30.00	30.00		C
WCS-SE0601010	HANDLING CHARGE	USD35/40HQ X 1	=	35.00	35.00		C

*PROFIT SHARE :

AMOUNT:					65.00	0.00	

TOTAL DUE ××××× CO., LTD. : USD65.00

REMARK:

PLEASE WIRE THE MONEY INTO OUR BANK A/C AS PROVIDES BELOW
BANK: HUA NAN COMMERCIAL BANK, HSIN SHENG BRANCH
A/C NO.: 113970010214
A/C NAME: ××××× CO.,LTD.
SWIFT ADDRESS: HNBKTW

×××××　**CO., LTD.**

Signature

圖 8-11　此圖是承攬運送人向國外代理收費的帳單明細

第九章　進口報關與貿易條規及進口及實務個案討論

第一節　貨物進口通關

進口商於貨物卸入海關倉庫後，其委託的報關行應於十天內口頭申請貨物查驗並會同查驗。若貨物無須經查驗者，則在經海關分類估價後核發稅單，進口商憑單繳稅後即可提貨。

現在海關通關作業是透過關貿網路處理，進口商可直接透過關貿網路系統申報通關，貨物經海關抽驗後分C1、C2、C3三類通關方式。若屬「C1通關」者，直接徵稅，免審文件、免驗貨；如核列為「C2通關」者，僅審核書面文件後，發單徵稅；如核列為「C3通關」者，經審核書面文件及查驗貨物後，才核發徵稅。以上三者在進口商繳清稅款後，即可放行提貨。

一、貨物通關自動化後進口通關程序

（一）收單

進口商將報關資料傳送到報關行，報關行將資料透過關貿網路傳送至海關主機，海關將該筆資料核對無誤後，完成電腦收單程序。

以海運為例：

1. 船運業者在船舶抵埠前或抵埠後24小時內，將「進口艙單」，透過「關貿網路」傳送至海關。
2. 報關業者將「進口報單」，透過「加值網路」傳送至海關。
3. 倉儲業者於貨物進倉後，將「進口貨物進倉資料」，透過「加值網路」傳送至海關。俟艙單資料、報關資料、進倉資料等三份訊息，都進入海關電腦後，海關電腦即執行邏輯檢查並彼此比對。檢查及比對通過者，艙單資料即進入艙單檔，報關資料進入報關檔，進倉資料進入進倉檔。

（二）分類估價

1. 海關電腦依：
(1) 貨品分類檔：為針對申報進口之貨物，核定其稅則及稅率。
(2) 價格審核檔：為針對先核後放之進口貨物，加以審核。

(3) 簽審檔：為針對所申報之進口貨物，是否需要憑輸入許可證或其他相關單位之簽審文件，始可進口。

(4) 抽驗檔：為對所申報之進口貨物，決定是否需要先經海關查驗無訛後，始准予通關。

(5) 廠商資料檔：為分辨輸入人之資格及等級，並計算進口實績。報關檔之資料經上述五個電腦檔運作後，如業者所申報之貨品分類有問題，海關電腦將主動通知報關人，報關人應儘速補正輸入。

2. 依貨物進口核價方式之不同而有不同之動作，即：

(1) 進口貨物屬於**先核後放者**，海關電腦將主動通知報關人，將書面報單送交分估單位，等分類估價後，再予以通關。

(2) 進口貨物屬於**先放後核者**，即自動進入簽審檔和抽驗檔，而生產C1、C2、C3三種通關方式。

根據《關稅法》第16條規定，納稅義務人並得在貨物進口前，預先申報。又按財政部所頒發之《進出口貨物預行報關處理準則》規定，進口貨物之納稅義務人，得於載運船舶抵埠前五天（全貨櫃輪為七天）內，檢齊有關文件向海關預行報關（船公司艙單得先預報）。

海關對於預報進口之貨物，除對稅則分類有異議外，應於納稅義務人繳納進口稅捐或保證金後，先予簽放，俟貨物進口後，經查驗來貨無訛後，即予放行提領。空運亦得比照辦理。

（三）驗貨

以C3方式通關者，海關人員到現場驗貨。

（四）繳稅

完成C1、C2或C3通關過程後，海關繳稅系統核算應繳稅款，通知報關行，由報關行列印稅費繳納證，由納稅義務人向銀行繳稅。

（五）放行

納稅義務人完稅後，由海關列印放行通知單，報關人員憑證向倉庫提貨，完成全部進口通關程序。

二、進口通關應準備之單據

進口商在辦理進口報關時，通常由報關行代理報關手續，而進口報單時應檢附下列單據。

1. 小提單（Delivery Order, D/O）
2. 包裝單（Packing List）
3. 發票（Invoice）
4. 裝櫃明細表（Container Loading List）
5. 委任書
6. 輸入許可證（Import Permit, I/P）
7. 產地證明書（Certificate of Origin, C/O）
8. 貨物申報書
9. 其他依法定規定須檢附之文件

三、進口檢驗

進口貨物輸入我國境內者須依據我國經濟部商檢局規定，應辦理進口檢驗須辦理進口檢驗的貨物，在貨物運抵港卸入海關倉庫後，辦理報關手續前，進口商應向檢驗機構申請檢驗。

如為須經檢疫的貨品項目時，則在船舶抵達進口港前即應向港口檢驗局申請檢疫，須取得檢疫合格證書，進口商可憑以申報貨物通關進口。

進口商若想了解進口的貨品是否需經檢驗，除了可查詢標準檢驗局所公告之「應施檢驗商品品目表」外，也可透過標準檢驗局網站（http：//www.bsmi.gov.tw）進行查詢。

（一）一般商品進口檢驗程序

1. 報驗：填具輸入申請書與合格證，並檢送有關結匯證件，海關單向到達港口檢驗機構報驗，在繳費後，領取並貼掛檢驗標籤。
2. 取樣：(1)在商品堆置地點做外觀檢查。(2)依國家標準之規定取樣，並給取樣憑單。(3)報驗商品經取樣後未獲檢驗結果前，非經報准不得擅自移動。(4)輸入商品，其體積龐大或需特殊取樣工具取樣，無法在碼頭倉庫取樣者，得申請具結提

運封存於指定地點取樣檢驗。

3. 檢驗：依規定標準執行檢驗，評定合格與不合格。

4. 發證：經檢驗合格者，核發合格證書，不合格者發給不合格證書。接獲不合格通知書的進口商，若有異議，可在收到通知書後15日內，請求複驗一次。

（二）驗關時之查驗重點

依財政部頒定之《進出口貨物查驗及取樣準則》第12條第5款：拆包或開箱：查驗貨物時，其搬移、拆包或開箱暨恢復原狀等事項，統由納稅義務人或其委託之報關人負責辦理，但應盡可能保持貨物裝箱及包裝原狀，並避免貨物之損失。檢驗應注意下列事項：

1. 貨物名稱、牌名、品質、規格、貨號、型號等。

2. 來源地名（產地或生產國別）。

3. 數量（長度、面積、容量等均用公制單位）。

4. 淨重（用公制單位）。

故進口商所提供之通關文件上（如，商業發票、包裝明細單等）對所進口貨物的敘述必須與實際進口的貨物內容一致，此謂「貨證相符」。

（三）申報不實的影響

1.常見申報不實的情況

(1) 高價低報（UNDER VALUE）

(2) 虛報產地

(3) 虛報貨品名稱與材質

(4) 匿（短）報數量、重量

(5) 其他貨證不符的情況

2.影響及處分

報運貨物進出口，其實到貨物與原申報不符，涉及逃避管制或偷漏（溢沖退）稅款者，依下列方式處分或處理。

(1) 僅偷漏（溢沖退）稅款而未涉及逃避管制案件，依《海關緝私條例》第37條第1

項或第4項等規定處分。

(2) 涉及逃避管制案，依同條例第37條第3項轉據同條例第36條第1、3項處分。

(3) 其所漏稅款涉及內地稅者，應併予追徵及處罰；如涉及刑事責任者，應移送法辦。

（四）進口檢疫

針對國外進口之動植物及其相關貨品，進口商必須申請進口檢疫。

1. 動物及其產品輸入之檢疫：輸入動物及其產品在檢疫上區分為(1)屬禁止輸入之動物及其產品、(2)屬有條件輸入動物及其產品、(3)屬應施隔離檢疫動物項目。

2. 植物及其產品輸入之檢疫：輸入植物及其產品在檢疫上區分為(1)屬禁止輸入部分、(2)有條件輸入部分、(3)應施隔離檢疫項目。

四、貨物進口報關期限

（一）正常進口報關期限

貨物進口報關，應由納稅義務人或其受託之報關行，自裝載貨物之運輸工具進口日起十五天內向海關辦理報關手續。如不在限期內報關者，從第十六天開始，每一天須罰滯報費新臺幣二百元。

如於原承載貨物之運輸工具進口後，三十五天內仍未報關者，海關可將其貨物變賣，所得價款除扣繳應納之稅捐及必要之費用外，如有餘款由海關代為保管，進口商可於五年內檢具提貨單等文件，向海關申請發還，逾期繳歸國庫。

（二）預報進口報關期限

根據《關稅法》第16條規定，納稅義務人得在貨物進口前，預先申報。又按財政部所頒發之《進出口貨物預行報關處理準則》規定，進口貨物之納稅義務人，得於載運船舶抵埠前五天（全貨櫃輪為七天）內，檢齊有關文件向海關預行報關（船公司艙單得先預報）。

海關對於預報進口之貨物，除對稅則分類有異議外，應於納稅義務人繳納進口稅捐或保證金後，先予簽收，俟貨物進口後，經查驗來貨無訛後，即予放行提領。空運貨物

亦得比照辦理。

五、進口通關文件流與貨物流

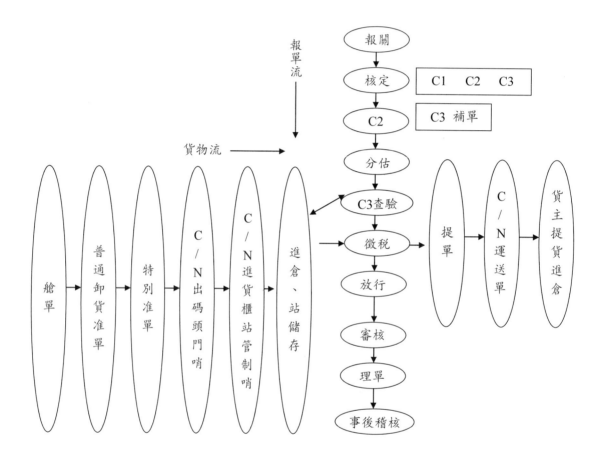

六、進口商如何查詢進口產品關稅稅率

1. 關稅總局網站（http：//web.customs.gov.tw）：「稅則稅率查詢」。
2. 關稅總局稅則處提供電話查詢服務。電話：(02)25505500按8或(02)25508184。

第二節　　個案研討

FREIGHT FORWARDER海運進口操作流程

1. 收到國外代理的Pre-alert（HBL、MBL等），或船公司／同行的「到貨通知」。

2. 製作「到貨通知」給進口商：核對資料。

3. 製作：「更改切結書」給船公司或同行。

4. 船到日前，製作出帳單給進口商。

5. 船到日：請款去船公司或同行領D/O。

6. FAX/E-MAIL D/O copy給進口商，通知領D/O。

7. 此筆個案是開信用狀為案例作探討。進口商因為無法及時贖單向承攬業換Delivery order，因此用銀行背書來擔保提貨。

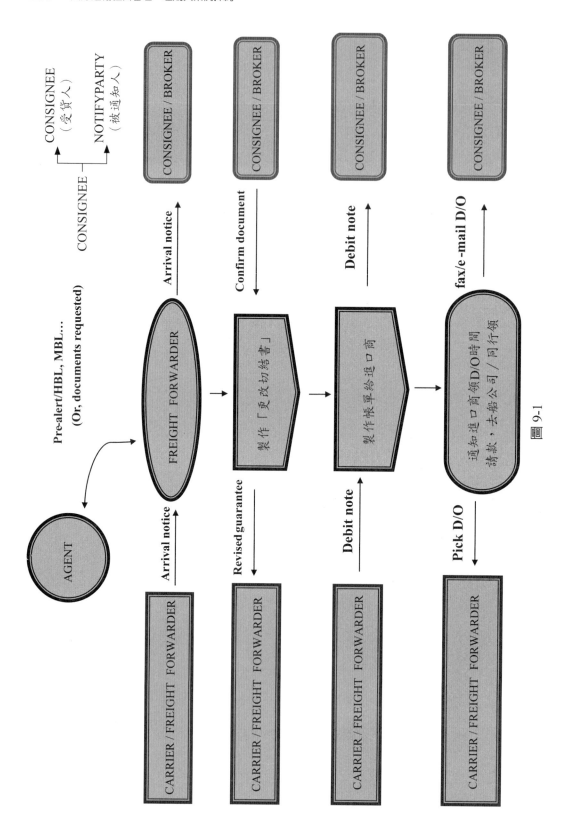

圖 9-1

KECE LINE

OCEAN BILL OF LADING

Shipper/Exporter		
PT.DOL FOOD ICE CREAM MANUFACTURE JL.INDUSTRI , TANGERANG 15710, INDONESIA		

S/O No./Ref. No.	B/L No. **MAX-JKT-0116110058**

Consignee

TO THE ORDER OF CATHAY UNITED BANK

Forwarding Agent- References

×××× CO., LTD

TEL : +886 2 XXXX
FAX : +886 2 XXXX
PIC : DINA

Notify Party (complete name and address)

HSIANG HSIANG FOOD CO., LTD.
NO.168, CHUNG CHENG RD., PAN-CHIAO, TAIPEI HSIEN,
TAIWAN,R.O.C.

Point and Country of Origin (for the Merchant's reference only)

Onward Inland Routing/ Export Instructions (for the Merchant's reference only)

Place of Receipt / Date TG. PRIOK, JAKARTA, *	Port of Loading TG. PRIOK, JAKARTA, *

Ocean Vessel | Voy. No.
APL LOS ANGELES V.123

Port of Discharge TAICHUNG PORT - TAIWAN	Place of Delivery TAICHUNG PORT - TAIWAN

In Witness Whereof, the undersigned, on behalf of Kece Group. Has Signed the number of Bill(s) of Lading stated below, all of this tenor and date, one of which being accomplished, the others to stand void.

Particulars Furnished by the Merchant

Marks & Nos	Quantity And Kind of Packages	Description of Goods / Container No. / Seal No.	Measurement (M³) Gross Weight (KGS)
CONTAINER/SEAL NO.: CAIU9750498/AS60032694	1 CTNR (2650 CTNS)	DESCRIPTION OF GOODS AND/OR SERVICES SHIPPER'S LOAD, COUNT & SEALED. S.T.C : 1X40'HC CONTAINER : FOB JAKARTA, INDONESIA 1,600 CTNS CHO CHO WAFER STICK CHOCOLATE (6 JARS X 700 GR) 450 CTNS CHO CHO WAFER STICK STRAWBERRY (6 JARS X 700 GR)	**69.93 M3** **14,514.00 KGS**
* INDONESIA ** NUMBER : 6AXXXXX DATE OF ISSUE : 21 NOVEMBER, 2016 ISSUED BY : CATHAY UNITED BANK, TAIPEI - TAIWAN CLEAN ON BOARD TOTAL NUMBER OF CONTAINERS OR PACKAGES (IN WORDS)		300 CTNS CHO CHO WAFER STICK PEANUT (6 JARS X 700 GR) 300 CTNS BELLA MEISES CHOCOLATE CANDY 1 BAG X 4 KGS TOTAL QUANTITY : 2,650 CARTONS AS PER PROFORMA INVOICE NO.: DLPTA-195/X/EX/2016 DATE: OCTOBER 31, 2016 IRREVOCABLE DOCUMENTARY CREDIT ** **NET WEIGHT : 11,070.00 KGS**	SHIPPED ON BOARD AT TG. PRIOK, JAKARTA-INDONESIA BY APL LOS ANGELES V.123 ON NOVEMBER 27, 2016 Declared Value $ if Merchant enters actual value of Goods and pays the applicable ad valorem tariff rate, Carrier's package limitation shall not apply.

FREIGHT & CHARGES	Revenue Tons	Rate	Per	Prepaid	Collect
FREIGHT COLLECT					

SERVICE TYPE CY - CY	Number of Original B(s)/L	PT. MILENIA ARMADA EKSPRES AS AGENT FOR KECE LINE
	Place of B(s)/L Issue/Date JAKARTA, NOVEMBER 27, 2016	
	Laden on Board the Vessel NOVEMBER 27, 2016	By AS AGENT FOR THE CARRIER　KECE LINE

圖 9-2　此圖是國外貨代發給出口商的子提單（HBL）

BILL OF LADING

APL

SHIPPER (Principal or Seller licensee and Full Address)	PAGE		B/L NUMBER
PT. MILENIA ARMADA EKSPRES KOMPLEK RUKAN MITRA BAHARI JL. PAKIN RAYA BLOK A NO. 15 JAKARTA UTARA 14440 - INDONESIA	1 OF 2		APLU 078547811

	EXPORT REFERENCES

CONSIGNEE (Name and Full Address /Non-Negotiable Unless Consigned to Order.)
(Unless provided otherwise, a consignment "To Order" means "To Order of Shipper")
××××× CO., LTD
10FL-1, NO. 160, SEC.3, CHUNG HSIAO
E. ROAD, TAIPEI, TAIWAN, R.O.C

FORWARDING AGENT (References, F.M.C. No.)

POINT AND COUNTRY OF ORIGIN OF GOODS
10160

NOTIFY PARTY / INTERMEDIATE CONSIGNEE (Name and Full Address)
SAME AS CONSIGNEE
PIC : DINA TSAI

ALSO NOTIFY (Name & Full Address) / DOMESTIC ROUTING/ EXPORT INSTRUCTIONS /
PIER — TERMINAL / ONWARD ROUTING FROM POINT OF DESTINATION
* JAKARTA, INDONESIA

INITIAL CARRIAGE (MODE)*	PLACE OF RECEIPT
	TG. PRIOK, *
EXPORT CARRIER (Vessel, Voyage, & Flag) APL LOS ANGELES 123	PORT OF LOADING TG. PRIOK, *
PORT OF DISCHARGE KAOHSIUNG, TAIWAN	PLACE OF DELIVERY TAICHUNG, TAIWAN

Excess Valuation - Please refer to Clause 7 (iii) on Reverse Side

PARTICULARS FURNISHED BY SHIPPER

Payment by Cheque must be made to the order of APL Co. Pte Ltd

MARKS & NOS./CONTAINER NOS.	NO. OF PKGS.	H.M.	DESCRIPTION OF PACKAGES AND GOODS	GROSS WEIGHT	MEASUREMENT
N/M	2650		1 X 40'HC CONTAINER :- SC 00751347/I CTNS SLAC CY/CY 2650 CARTONS CONSIST OF 1,600 CTNS CHO CHO WAFER STICK CHOCOLATE (6 JARS X 700 GR) 450 CTNS CHO CHO WAFER STICK STRAWBERRY (6 JARS X 700 GR) 300 CTNS CHO CHO WAFER STICK PEANUT (6 JARS X 700 GR) 300 CTNS BELLA MEISES CHOCOLATE CANDY 1 BAG X 4 KGS TOTAL QUANTITY : 2,650 CARTONS AS PER PROFORMA INVOICE NO.: DLPTA-195/X/EX/2016 DATE: OCTOBER 31, 2016 IRREVOCABLE DOCUMENTARY CREDIT NUMBER : 6A DATE OF ISSUE : 21 NOVEMBER, 2016 CONTINUED ON FOLLOWING PAGE	14514.000KG	69.930M3

B/L TO BE RELEASED AT: JAKARTA, ID

OCEAN FREIGHT PAYABLE AT:

FREIGHT RATES CHARGES, WEIGHTS AND/OR MEASUREMENTS (SUBJECT TO CORRECTION)	PREPAID U.S. $	COLLECT U.S. $	LOCAL CURRENCY	

The undersigned Carrier hereby acknowledges receipt of the sealed container or packages or other shipping units said to contain the Goods described above in apparent external good order and condition unless otherwise stated. The Shipper agrees, and the Consignee and every person purchasing this instrument for value, if Negotiable, or otherwise having an interest in the Goods is advised that the receipt, custody, carriage and delivery of the Goods are subject to all the terms and conditions set forth and by incorporated by reference on this side and the reverse hereof, whether written, stamped or printed.

A set of 3 originals of this bill of lading is hereby issued by the Carrier. Upon surrender to the Carrier of any one negotiable bill of lading, properly endorsed, all others shall stand void.

LOS	123	TOTAL PREPAID	
VESSEL	VOYAGE	TOTAL COLLECT	

BL Number: APLU 078547811
Date: NOV. 27,2016
Place Issued: JAKARTA, ID

THANK YOU FOR SHIPPING WITH APL

American President Lines, Ltd., The Carrier
BILL OF LADING COMPLETE

** Proof Read Copy **

圖 9-3　此圖是國外船公司發給貨代的主提單（MBL）

BILL OF LADING

SHIPPER (Principal or Seller licensee and Full Address)			PAGE 2 OF 2		B/L NUMBER APLU 078547811
PT. MILENIA ARMADA EKSPRES KOMPLEK RUKAN MITRA BAHARI JL. PAKIN RAYA BLOK A NO. 15 JAKARTA UTARA 14440 - INDONESIA			EXPORT REFERENCES		

CONSIGNEE (Name and Full Address /Non-Negotiable Unless Consigned to Order.) (Unless provided otherwise, a consignment "To Order" means "To Order of Shipper")	FORWARDING AGENT (References, F.M.C. No.)
×××××× CO., LTD 10FL-1, NO. 160, SEC.3, CHUNG HSIAO E. ROAD, TAIPEI, TAIWAN, R.O.C	
	POINT AND COUNTRY OF ORIGIN OF GOODS 10160

NOTIFY PARTY / INTERMEDIATE CONSIGNEE (Name and Full Address)	ALSO NOTIFY (Name & Full Address) / DOMESTIC ROUTING/ EXPORT INSTRUCTIONS / PIER — TERMINAL / ONWARD ROUTING FROM POINT OF DESTINATION
SAME AS CONSIGNEE # PIC : DINA TSAI	* JAKARTA, INDONESIA

INITIAL CARRIAGE (MODE)"	PLACE OF RECEIPT TG. PRIOK, *
EXPORT CARRIER (Vessel, Voyage, & Flag) APL LOS ANGELES 123	PORT OF LOADING TG. PRIOK, *
PORT OF DISCHARGE KAOHSIUNG, TAIWAN	PLACE OF DELIVERY TAICHUNG, TAIWAN

Excess Valuation - Please refer to Clause 7 (iii) on Reverse Side　　PARTICULARS FURNISHED BY SHIPPER　　Payment by Cheque must be made to the order of APL Co. Pte Ltd

MARKS & NOS./CONTAINER NOS.	NO. OF PKGS.	H.M.	DESCRIPTION OF PACKAGES AND GOODS	GROSS WEIGHT	MEASUREMENT
			ISSUED BY : CATHAY UNITED BANK, TAIPEI - TAIWAN NET WEIGHT : 11,070.00 KGS SHIPPED ON BOARD AT TG. PRIOK, JAKARTA-INDONESIA BY APL LOS ANGELES V.123 ON NOVEMBER 27, 2016 ***FREIGHT COLLECT*** ***CTR NBR*** ****SEAL NBR**** T/S HT MODE QUANT/TYPE CAIU975049-8 AS60032694 D40 96 CY/CY 2650CTNS ** SHIPPER'S LOAD, STOW AND COUNT ** SHIPPED ON BOARD NOV. 27, 2016		

B/L TO BE RELEASED AT:		OCEAN FREIGHT PAYABLE AT:		The undersigned Carrier hereby acknowledges receipt of the sealed
FREIGHT RATES CHARGES, WEIGHTS AND/OR MEASUREMENTS (SUBJECT TO CORRECTION)	PREPAID U.S. $	COLLECT U.S. $	LOCAL CURRENCY	container or packages or other shipping units said to contain the Goods described above in apparent external good order and condition unless otherwise stated. The Shipper agrees, and the Consignee and every person purchasing this instrument for value, if Negotiable, or otherwise having an interest in the Goods is advised that the receipt, custody, carriage and delivery of the Goods are subject to all the terms and conditions set forth and by incorporated by reference on this side and the reverse hereof, whether written, stamped or printed. A set of　　3　originals of this bill of lading is hereby issued by the Carrier. Upon surrender to the Carrier of any one negotiable bill of lading, properly endorsed, all others shall stand void.

LOS	123	TOTAL PREPAID			
VESSEL	VOYAGE	TOTAL COLLECT			

BL Number:　　APLU 078547811　　Date: NOV. 27,2016

Place Issued: JAKARTA, ID

American President Lines, Ltd., The Carrier

BILL OF LADING COMPLETE

THANK YOU FOR SHIPPING WITH APL

** Proof Read Copy **

圖 9-4

承　諾　書

查本公司交換　貴公司 _____ 輪第 _____ 航次

由裝貨港 _____ 至卸貨港 _____

提單號碼 _____ ．茲因原託運單申報錯誤，敬請惠將提

單更改如后：

原申報 ：

CNEE ：

請更改為： _____

CNEE ：

DECRIPTION ：　　　　　　　　　　　　　　　MARKS ：

PKGS ：　　　　　　　　　　　　　　　　　　櫃場 ：
CBM ：
G.W. ：

如因上列更改，致發生任何糾紛而使　貴公司蒙受任何損害時，本公司願負一
切損害賠償等責任，與　貴公司無涉，並自願放棄先訴抗辯權．

此　　致

陽明海運股份有限公司

受貨人名稱及印章：聯凱國際運通有限公司
法定代理人簽章：
地　　址：台北市大安區忠孝東路3段160號10樓之1
電　　話：02-87738775

中　華　民　國　　　　年　　　　月　　　　日

圖 9-5　此圖為更正受貨人的更改承諾書

XXX 國際運通有限公司
xxxx SYSTEMS CO., LTD.

TEL:02-xxxx　　FAX:02-xxxx

TO: xxx 船務代理股份有限公司　　　　　　　　　　　CNTR#:

　TEL : 02-xxx　　　　　FAX : xxx

FM: xxxx 國際運通有限公司/進口部:鄭小姐 分機14

**更正切結書

本公司裝載　貴公司

船名：　　　　　　　　航次：

由　　　　　　　　至　　　　　　*CY/CY

ETA:

提單號碼

　　茲因報關需要，敬請將小提單更改如下，如發生任何損失，概由本公司負責，並自願放棄先訴抗辯權。

　　　　　　　　　　　　　　　　　　　　　　**在TPE繳費 & 交切結

收貨人請更正為：

_____

MARKS :　　　　　　　DESCRIPTION OF GOODS:

_____

　　　　　　　　　　　　　　　PACKAGES:
　　　　　　　　　　　　　　　GROSS WEIGHT:　　　　　KGS
　　　　　　　　　　　　　　　CBM:　　　CBM

此　致

　　　xxxx 船務代理股份有限公司

　　中 華 民 國　　　年　　　月　　　日

圖 9-6　此圖也是更改受貨人的切結書之另一種格式

OCEAN BILL OF LADING

Shipper/Exporter		
PT.DOL FOOD ICE CREAM MANUFACTURE JL.INDUSTRI , TANGERANG 15710, INDONESIA	S/O No./Ref. No.	B/L No. **MAX-JKT-0116110058**

Consignee	Forwarding Agent- References
TO THE ORDER OF CATHAY UNITED BANK	×××××CO., LTD TEL : +886 2 XXXX FAX : +886 2 XXXX PIC : DINA

Notify Party (complete name and address)	Point and Country of Origin (for the Merchant's reference only)
HSIANG HSIANG FOOD CO., LTD. NO.168, CHUNG CHENG RD., PAN-CHIAO, TAIPEI HSIEN, TAIWAN,R.O.C.	
	Onward Inland Routing/ Export Instructions (for the Merchant's reference only)

Place of Receipt / Date TG. PRIOK, JAKARTA, *	Port of Loading TG. PRIOK, JAKARTA, *	ETA= 12/04 (KAO)→北後台中
Ocean Vessel	Voy. No. APL LOS ANGELES V.123	
Port of Discharge TAICHUNG PORT - TAIWAN	Place of Delivery TAICHUNG PORT - TAIWAN	In Witness Whereof, the undersigned, on behalf of Kece Group. Has Signed the number of Bill(s) of Lading stated below, all of this tenor and date, one of which being accomplished, the others to stand void.

Particulars Furnished by the Merchant

Marks & Nos	Quantity And Kind of Packages	Description of Goods / Container No. / Seal No.	Measurement (M³) Gross Weight (KGS)
CONTAINER/SEAL NO.: CAIU9750498/AS60032694 * INDONESIA ** NUMBER : 6AXXXXX DATE OF ISSUE : 21 NOVEMBER, 2016 ISSUED BY : CATHAY UNITED BANK, TAIPEI - TAIWAN CLEAN ON BOARD TOTAL NUMBER OF CONTAINERS OR PACKAGES (IN WORDS)	1 CTNR (2650 CTNS)	DESCRIPTION OF GOODS AND/OR SERVICES SHIPPER'S LOAD, COUNT & SEALED. S.T.C : 1X40'HC CONTAINER : FOB JAKARTA, INDONESIA 1,600 CTNS CHO CHO WAFER STICK CHOCOLATE (6 JARS X 700 GR) 450 CTNS CHO CHO WAFER STICK STRAWBERRY (6 JARS X 700 GR) 300 CTNS CHO CHO WAFER STICK PEANUT (6 JARS X 700 GR) 300 CTNS BELLA MEISES CHOCOLATE CANDY 1 BAG X 4 KGS TOTAL QUANTITY : 2,650 CARTONS AS PER PROFORMA INVOICE NO.: DLPTA-195/X/EX/2016 DATE: OCTOBER 31, 2016 IRREVOCABLE DOCUMENTARY CREDIT ** **NET WEIGHT : 11,070.00 KGS**	**69.93 M3** **14,514.00 KGS** SHIPPED ON BOARD AT TG. PRIOK, JAKARTA-INDONESIA BY APL LOS ANGELES V.123 ON NOVEMBER 27, 2016 Declared Value $ if Merchant enters actual value of Goods and pays the applicable ad valorem tariff rate, Carrier's package limitation shall not apply.

FREIGHT & CHARGES	Revenue Tons	Rate	Per	
FREIGHT COLLECT				到貨通知 特此通知 貴司貨載將於 12月 4 日 到達 KEE (KAO,請核對內容如有 錯誤,請於 前通知我們,以免海關罰款. Fm:×××××國際運通有限公司-進口/鄭'S#14 Tel:×××××××, Fax: ×××××××

SERVICE TYPE	Number of Original B(s)/L	PT. MILENIA ARMADA EKSPRES
CY - CY	Place of B(s)/L Issue/Date JAKARTA, NOVEMBER 27, 2016	AS AGENT FOR KECE LINE
	Laden on Board the Vessel NOVEMBER 27, 2016	By AS AGENT FOR THE CARRIER KECE LINE

圖 9-7

×××××CO., LTD.
國際運通有限公司

IDENTITY AND GUARANTEE
DELIVERY WITHOUT BILL OF LADING

In consideration of your releasing for delivery to us or to our order the undermentioned goods of which we claim to be the rightful owners, without production of the relevant Bill(s) of lading (not as yet in our possession).

We hereby undertake and agree to indemnify you in full against all consequences and / or liabilities of any kind whatsoever directly or indirectly arising from or relating to the said delivery and to make in respect of such consequences and /of liabilities including costs as between solicitor and client and all or any sums demanded by you for the defense of any proceedings brought against you by reason of the delivery aforesaid.

And we further agree upon demand to pay any freight and / of general average and / or charges due on the goods aforesaid (it being expressly agreed and understood and all liens shall subsist and be unaffected by the terms hereof).

And we further undertake and agree that immediately the bill(s) of lading is / are received by us, we will deliver the same to you full endorsed.

Consignee's name :	Date :
Vessel name / Voy no. APL LOS ANGELES V.123	Eta. / Dest. TAICHUNG PORT - TAIWAN
Shipper : PT. DYL	Dept port : TG. PRIOK. JAKARTA

SUBJECT TO CARGO ON BOARD UPON VESSEL'S ARRIVAL

B/L NO.	Marks & Numbers (Measurement)	Description of P'kgs/G.W of Goods	Container no.(s)
MAX-JKT-011611 0058		1600 CTNS CHO CHO WAFER STICK CHOCOLATE (6 JARS X 700GR) 450 CTNS CHO CHO WAFER STICK STRAWBERRY (6 JARS X 700GR) 300 CTNS CHO CHO WAFER STICK PEANUT (6 JARS X 700GR) 300 CTNS BELLA MESES CHOCOLATE CANDY 18 BGX4/KGS	CAIU9750498

INDEMNITIES WITH LIMITED GUARANTEES OF BEARING ANY QUALIFYING REMARK WHATSEVER CANNOT BE ACCEPTED.

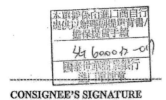

本單據係由進口商自行處理以辦理副提單背書/擔保提貨手續
44 600065-01
國泰世華商業銀行進口部專用

CONSIGNEE'S SIGNATURE

BANKER'S SIGNATURE

CATHAY UNITED BANK

Authorized Signature

本擔保提貨保證責任自本行收到　貴公司退回之擔保提貨
書或擔保提貨解除申請書副聯之日起，或自　貴公司收到
本行寄還　貴公司驗完或背書前正本提單之日起十日後，本
行之保證責任即自動解除。

圖 9-8　此圖為進口商向進口的運輸承攬業者提供的銀行擔保提貨證明

附註：
（一）由於進口文件仍在傳送中，進口商無法贖單提示正本文件向運輸承攬業者換小提單（D/O），所以向銀行申請擔保提貨。
（二）當文件到，進口商贖單後，此份正本文件會經銀行寄至運輸承攬業者手中。
（三）運輸承攬業者會將此份擔保書再寄回銀行。

第十章 國際航空及航空運輸進口、 出口流程與個案探討

第一節　國際航空運輸

　　航空運輸業所涵蓋的範圍，甚為廣泛。但本節僅就航空運輸業加以說明之。航空運輸業（air carriers/airlines）是指以航空公司為主體，所提供的旅客或貨物運輸的行為。我國《民法航空法》規定：民用航空運輸業是指「以航空器直接載運客、貨、郵件，取得報酬之事業」。本節主要敘述航空貨運輸送的操作的流程及個案的實物探討為主要的標的。

　　航空運輸是指利用飛機運送貨物的現代化運輸方式。近年來，採用航空運輸的方式日趨普遍，航空貨運量愈來愈大，航空運輸的地位日益提高。

　　航空運輸始於1871年。當時普法戰爭中的法國人用氣球把政府官員和物資、郵件等運出被普軍圍困的巴黎。1918年5月5日，飛機運輸首次出現，航線為紐約—華盛頓—芝加哥。同年6月8日，倫敦與巴黎之間開始定期郵政航班飛行。30年代有了民用運輸機，各種技術性能不斷改進，航空工業的發展促進航空運輸的發展。第二次世界大戰結束後，在世界範圍內逐漸建立了航線網，以各國主要城市為起訖點的世界航線網遍及各大洲。1990年，世界定期航班完成。

一、航空運輸的特點

1.具有較高的運送速度

　　當今世界市場競爭十分激烈，行情瞬息多變，時間成本是企業需要考慮的重要因素，航空運輸較高的運送速度已成為當前國際市場上商品競爭的有利因素。

2.適於鮮活、季節性商品

　　鮮活商品對時間的要求很高，運輸延遲會使商品失去原有價值。採取航空運輸可以保證商品新鮮成分，有利於開闢遠距離的市場。對於季節性商品，航空運輸能夠保證在銷售季節到來前應市，避免由於錯過季節導致商品無法銷售而產生的費用。

3.破損率低、安全性好

　　採用航空運輸的貨物本身價值較高，航空運輸的地面操作流程環節比較嚴格，管理制度比較完善，這就使貨物破損率很低，安全性較好，但也有例外。

4.節省包裝等費用、加快資金週轉

航空運輸速度快，商品在途時間短、交貨速度快，可以降低商品的庫存數量、減少倉儲費、保險費和利息支出等。另外，航空運輸保管制度完善，貨損貨差較少，包裝可相應地簡化，降低了包裝費用和保險費用。產品流通速度加快，也加快了資金週轉速度。航空運輸的不足有：如投資大、運量小、運費比較高、易受天氣的影響等。

二、航空運輸的經營方式

1.班機運輸方式

班機是指在固定的航線上定期航行的航班，即有固定始發站、目的站和途經站的飛機。班機的航線基本固定，定期開航，收、發貨人可以確切地掌握起運和到達時間，保證貨物安全迅速地運達目的地，對運送鮮活、易腐的貨物以及貴重貨物非常有利。不足之處是艙位有限，不能滿足大批量貨物及時出運的需要。

2.包機運輸

包機運輸可分為整架包機和部分包機。

(1) 整架包機

指航空公司或包機代理公司，按照與租機人雙方事先約定的條件和運價，將整架飛機租給租機人，從一個或幾個航空站裝運貨物至指定目的地的運輸方式。運費隨國際航空運輸市場的供求情況而變化。

(2) 部分包機

指幾家航空貨運代理公司聯合包租一架飛機，或者由包機公司把一架飛機的艙位分別分給幾家航空貨運代理公司，適合一噸以上但不足裝一整架飛機的貨物，運費較班機低，但運送時間則比班機要長。

(3) 集中託運

集中託運是航空貨運代理公司把若干批單獨發運的、發往同一方向的貨物集中起來，組成一票貨，向航空公司辦理託運，採用一份總運單集中發運到同一站，由航空貨運代理公司在目的地指定的代理人收貨、報關並分撥給各實際收貨人的運輸方式。這種託運方式，貨主可以得到較低的運價，使用比較普遍，是航空貨運代理的主要業務之一。

(4) 航空快遞

航空快遞是由一個專門經營該項業務的公司和航空公司合作，通常為航空貨運代理公司或航空速遞公司派專人以最快的速度在貨主、機場和用戶之間運送和交接貨物的快速運輸方式。該項業務是兩個空運代理公司之間通過航空公司進行的，是最快捷的一種運輸方式。

航空快遞業務主要形式有：

①門到門服務

發貨人需要發貨時，打電話給快遞公司。快遞公司派人到發貨人所在地取件，根據不同的目的地進行分揀、整理、核對、制單、報關，利用最近的航班，通過航空公司將快件運往世界各地。發件地的快遞公司將所發快件的有關信息通告中轉站或目的地的快件公司。快件到達中轉站或目的地機場後由中轉站或目的地的快件公司負責辦理清關、提貨手續，將快件及時送交收貨人手中，並將有關信息反饋到發件地的快遞公司。

②門到機場服務

快件到達目的地機場後，當地快件公司及時將有關到貨信息告知收貨人，清關、提貨手續可由收貨人自己辦理，也可委託快件公司或其他代理公司辦理。適用於貨物價值較高或目的地海關當局對貨物或物品有特殊規定的快件。

③專人派送

這種方式是指發件的快遞公司指派專人攜帶快件在最短的時間內，採用最快捷的交通方式，將快件送交到收貨人手中。門到門服務是最方便、最快捷，使用最普遍的方式；門到機場的服務，簡化了發件人的手續，但需要收貨人安排清關、提貨手續；專人派送服務是一種特殊服務，費用較高，使用較少。

第二節　航空貨運進口流程

航空貨物進口運輸代理業務流程，是指代理公司對於貨物從入境到提取或轉運整個流程的各個環節，所需辦理的手續及準備相關單證的全過程。航空貨物進口運輸代理業務流程包括代理預報、交接單貨、理貨與倉儲、理單與到貨通知、制單與報關、發貨與收費、送貨與轉運等。

一、預定艙位

在國外發貨前，由國外代理公司將託運單（Master, Hawb, Manifest, packing list, commercial invoice）、航班、件數、重量、品名、實際收貨人及其他地址、聯繫電話等內容發給目的地代理公司，這一過程被稱為預報。到貨預報的目的是使代理公司做好接貨前的所有準備工作。其注意事項有：

1. 注意中轉航班。中轉點航班的延誤會使實際到達時間和預報時間出現差異。
2. 注意分批貨物。從國外一次性運來的貨物在國內中轉時，由於國內載量的限制，往往採用分批的方式運輸。

二、交接單、貨

航空貨物入境時，與貨物相關的單據也隨機到達，運輸工具及貨物處於海關監管之下。貨物卸下後，交貨物存入航空公司或機場的監管倉庫，進行進口貨物艙單錄入，將艙單上總運單號、收貨人、始發站、目的站、件數、重量、貨物品名、航班號等資訊通過電腦傳輸給海關留存，供報關用。同時根據運單上的收貨人位址寄發取單、提貨通知。

交接時做到單、單核對，即交接清單與總運單核對；單、貨核對，即交接清單與貨物核對。

三、理貨與倉儲

理貨：逐一核對每票件數，再次檢查貨物破損情況，確有接貨時未發現的問題，可向民航提出交涉；按大貨、小貨、重貨、輕貨、單票貨、混載貨、危險品、貴重品、冷凍品、冷藏品，分別堆存、進倉；登記每票貨儲存區號，並輸入電腦。

倉儲：注意防雨、防潮、防重壓、防變形、防溫長變質、防曝曬，獨立設危險品倉庫。

四、理單與到貨通知

理單：集中託運，總運單項下拆單；分類理單、編號；編制種類單證。

到貨通知：盡早、盡快、盡妥地通知貨主到貨情況。

正本運單處理：電腦打制海關監管進口貨物入倉清單，一式五份。用於商檢、衛檢、動檢各一份，海關二份。

五、制單（進口報單）、報關

制單、報關、運輸的形式：1.貨代公司代辦制單、報關、運輸；2.貨主自行辦理制單、報關、運輸；3.貨代公司代辦制單、報關，貨主自辦運輸；4.貨主自行辦理制單、報關後，委託貨代公司運輸；貨主自辦制單，委託貨代公司報關和辦理運輸。

進口報關：報關一切大致分為審單、繳稅（進口稅+營業稅）、驗放四個主要環節。

報關期限與滯報金：進口貨物報關期限為，自運輸工具進境之日起的十四日內，超過這一期限報關的，由海關徵收滯報金，徵收標準為貨物到岸價格的萬分之五。

開驗工作的實施：客戶自行報關的貨物，一般由貨主到貨代監管倉庫借出貨物，由代理公司派人陪同貨主一併協助海關開驗。客戶委託代理公司報關的，代理公司通知貨主，由其派人前來或書面委託代辦開驗。開驗後，代理公司須將已開驗的貨物封存，運回監管倉庫儲存。

六、收費（繳稅）、發貨

發貨：辦完報關、報檢等手續後，貨主須憑蓋有海關放行章、動植物報驗章、衛生檢疫報驗章的進口提貨單到所屬監管倉庫付費提貨。

收費：貨代公司倉庫在發放貨物前，一般先將費用收妥。收費內容有：到付運費及墊付現金；單證、報關費；倉儲費；裝卸、鏟車費；航空公司到港倉儲費；海關預錄入、動植檢，衛檢報驗等代收代付費；關稅及墊付現金。

七、放行、送貨與轉運

放行：納稅義務人完稅後，由海關列印放行通知單，報關人員憑證向倉庫提貨，完成全部進口通關程序。

貨物運送：主要指進口清關後貨物直接運送至貨主單位，運輸工具一般為汽車。

轉運業務：主要指將進口清關後貨物轉運至內地的貨運代理公司，運輸方式主要為飛機、汽車、火車、水運、郵政。

　　進口貨物轉關及監管運輸：是指貨物入境後不在進境地海關辦理進口報關手續，而運往另一設關地點辦理進口海關手續，在辦理進口報關手續前，貨物一直處於海關監管之下，轉關運輸亦稱監管運輸，意謂此運輸過程置於海關監管之中。

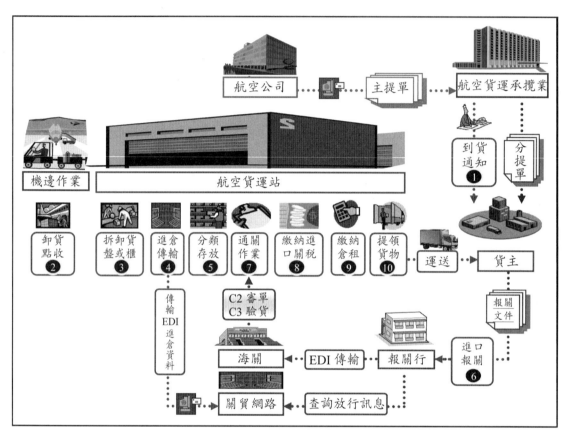

圖 10-1　　航空貨運進口作業流程

第三節　航空貨物出口流程

　　航空貨物出口運輸代理業務流程主要包括以下二十個環節：承攬業務→委託運輸→審核單證→預配艙→預訂艙→接單→制單→接貨→標簽→配艙→訂艙→出口報關→出倉單→提板箱→貨物裝箱裝板→簽單→交接發運→航班跟蹤→信息服務→費用結算。

一、承攬業務

作為航空貨物運輸承攬代理人，其承攬並銷售的產品是航空公司的艙位，只有飛機艙位配載了貨物，航空貨運才真正具有了實質性的內容，因此承攬貨物處於航空貨物出口運輸代理業務流程的核心地位。

二、委託運輸

航空公司代理公司與出口單位（發貨人）就出口貨物運輸事宜達成意向後，可以向發貨人提供所代理的有關航空公司的「國際貨物託運書」。對於長期出口或出口貨量大的單位，航空貨運代理公司一般都與之簽訂長期的代理協議。發貨人發貨時，首先需填寫委託書，並加蓋公章，作為貨主委託代理承辦航空貨物出口貨運的依據。航空貨運代理公司根據委託書要求辦理出口手續，並據以結算費用。因此，「國際貨物託運書」是一份重要的法律文件。

根據《華沙公約》第5條第1和第5款規定：「貨運單應由託運人填寫，也可由承運人或其代理人代為填寫。」實際上，目前貨運單均由承運人或其代理人代為填寫。為此，作為填開貨運單的依據——託運書，應由託運人自己填寫，而且託運人必須在上面簽字或蓋章。

託運書（Shipper's Letter of Instruction）是託運人用於委託承運人或其代理人填開航空貨運單的一種表單，表單上列有填制貨運單所需的各項內容，並應印有授權於承運人或其代理人代其在貨運單上簽字的文字說明。

託運書包括下列內容欄，敘述如下：

1.託運人（SHIPPER）

填託運人的全稱、街名、城市名稱、國名，以及便於聯繫的電話號碼、電傳號碼或傳真號碼。

2.收貨人（CONSIGNEE）

填收貨人的全稱、街名、城市名稱、國名（特別是在不同國家內有相同城市名稱時，必須要填上國名）以及電話號碼、電傳號碼或傳真號碼，本欄內不得填寫「to order」或「to order of the shipper」（按託運人的指示）等字樣，因為航空貨運單不能轉讓。

3.始發站機場（AIRPORT OF DEPARTURE）

填始發站機場的全稱，若機場名稱不明確，可填城市名稱。

4.目的地機場（AIRPORT OF DESTINATION）

填目的地機場（不知道機場名稱時，可填城市名稱），如果某一城市名稱用於一個以上國家時，應加上國名。例如：LONDON UK倫敦，英國；LONDON KY US倫敦，肯達基州，美國；LONDON TO CA倫敦，安大略省。

5.要求的路線／申請訂艙（REQUESTED ROUTING／REQUSETING BOOK-ING）

本欄用於航空公司安排運輸路線時使用，但如果託運人有特別要求時，也可填入本欄。

6.供運輸用的聲明價值（DECLARED VALUE FOR CARRIAGE）

填供運輸用的聲明價值金額，該價值即為承運人負賠償責任的限額。承運人按有關規定向託運人收取聲明價值費，但如果所交運的貨物毛重每公斤不超過20美元（或其等值貨幣），無須填寫聲明價值金額，可在本欄內填入「NVD」（NO Value Declared，未聲明價值），如本欄空著未填寫時，承運人或其代理人可視為貨物未聲明價值。

7.供海關用的聲明價值（DECLARED VALUE FOR CUSTOMS）

國際貨物通常要受到目的站海關的檢查，海關根據此欄所填數額徵稅。

8.保險金額（INSURANCE AMOUNT REQUESTED）

中國民航各空運企業暫未開展國際航空運輸代保險業務，本欄可空著不填。

9.處理事項（HANDLING INFORMATION）

填附加的處理要求，例如：另請通知（ALSO NOTIFY）。除填收貨人之外，如託運人還希望在貨物到達的同時通知他人，請另填寫通知人的全名和地址。

10.貨運單所附文件（DOCUMENT TO ACCOMPANY AIR WAYBILL）

填隨附在貨運單上往目的地的文件，應填上所附文件的名稱，例如：託運人的動物

證明（SHIPPER'S CERTIFICATION FOR LIVE ANIMALS）。

11.件數和包裝方式（NUMBER AND KIND OF PACKAGES）

填該批貨物的總件數，並註明其包裝方法，例如：包裹（Package）、紙板盒（Carton）、盒（Case）、板條箱（Crate）、袋（Bag）、捲（Roll）等，如貨物沒有包裝時，就註明為散裝（Loose）。

12.實際毛重（ACTUAL GROSS WEIGHT）

本欄內的重量應由承運人或其代理人在秤重後填入。如託運人已經填上重量，承運人或其代理人必須進行覆核。

13.運價類別（RATE CLASS）

本欄可空著不填，由承運人或其代理人填寫。

14.計費重量（公斤）（CHARGEABLE WEIGHT）（kg）

本欄內的計費重量應由承運人或其代理人在量過貨物的尺寸（以釐米為單位）由承運人或其代理人算出計費重量後填入，或其代理人必須進行覆核。

15.費率（RATE / CHARGE）

本欄可空著不填。

16.貨物的品名及數量（包括體積及尺寸）〔NATURE AND QUANTITY OF GOODS（INCL·DIMENSIONS OR VOLUME）〕

填貨物的品名和數量（包括尺寸和體積）。

若一票貨物包括多種物品時，託運人應分別申報貨物的品名，需要注意的是，貨物中的每一項均需分開填寫，並盡量填寫詳細，本欄所屬填寫內容應與出口報關發票和進口許可證上所列明的相符，所填寫的貨物尺寸應註明計量單位，對於危險物品，則應註明其專用名稱和包裝級別。

17.託運人簽字（SIGNATURE OF SHIPPER）

託運人必須在本欄內簽字。

18 日期（DATE）

填託運人或其代理人交貨的日期。

三、審核單證單證應包括：

1. 發票、裝箱單：發票上一定要加蓋公司公章（業務科室、部門章無效），標明價格術語和貨價（包括樣品的發票）。

2. 託運書：一定要註明目的港名稱和目的港所在城市名稱，明確運費預付或運費到付、貨物毛重、收發貨人、電話／電傳／傳真號碼。託運人簽字處一定要有託運人簽名。

3. 報關單：註明經營單位註冊號、貿易性質、收匯方式，並要求在申報單位處加蓋公章。

4. 外匯核銷單（若有進口貨需核銷時）：在出口單位備註欄內，一定要加蓋公司章。

5. 輸出許可證：合同號、出口口岸、貿易國別、有效期，一定要符合要求並與其他單據相符。

6. 商檢證：商檢證（如檢驗合格證、燻蒸證明、貨物稅完稅證明）、商檢放行單、蓋有商檢放行章的報關單均可。商檢證上應有海關放行聯字樣。

7. 進料／來料加工核銷本：要注意本上的合同號應與發票相符。

8. 索賠／返修協議：要求提供正本，要求合同雙方蓋章，外方沒章時，可以簽字。

9. 到付保函：凡到付運費的貨物，發貨人都應提供保函。

四、預配艙

代理人彙總所接受的委託和客戶的預報，並輸入電腦，計算出各航線的件數、重量、體積，按照客戶的要求和貨物重、體積情況，根據各航空公司不同機型對不同板箱的重量和高度要求，制定預配艙方案，並對每票貨配上運單號。

五、預訂艙

代理人根據所指定的預配艙方案，按航班、日期列印出總運單號、件數、重量、體積，向航空公司預訂艙。

六、接受單證

接受託運人或其代理人送交的已經審核確認之託運書及報送單證和收貨憑證。將收貨記錄與收貨憑證核對，製作操作交接單，填上所收到的各種報關單證份數，給每份交接單配一份總運單或分運單。將製作好的交接單、配好的總運單或分運單、報關單證移交制單。

七、填制貨運單

航空貨運單包括主運單和分運單，填制航空貨運單的主要依據是發貨人提供的國際貨運委託書，委託書上的各項內容都應體現在貨運單項式上，一般用英文填寫。

八、確認艙位，接受貨物

接受貨物，是指航空貨運代理公司把即將發運的貨物從發貨人手中接過來並運送到自己的倉庫。

接受貨物一般與接單同時進行。對於通過空運或鐵路從內地運往出境地的出口貨物，貨運代理人按照發貨人提供的運單號、航班號及接貨地點、日期，代其提取貨物。如貨物已在始發地辦理了出口海關手續，發貨人應同時提供始發地海關的關封。

接貨時應對貨物進行過磅和丈量，並根據發票（invoice）、packing list、裝箱單或送貨單清點貨物，核對貨物的數量、品名、合同號或麥頭等是否與貨運單上所列一致。

九、標記和標籤

標記：包括託運人、收貨人的姓名、地址、聯繫電話、傳真、合同號等；操作（運輸）注意事項；單件超過150公斤的貨物。標籤：航空公司標籤上三位阿拉伯數字代表所承運航空公司的代號，後八位數字是主運單號碼。分標籤是代理公司對出具分標籤的標識，分標籤上應有分運單號碼和貨物到達城市或機場的三字代碼。一件貨物貼一張航空公司標籤，有分運單的貨物，再貼一張分標籤。

十、配艙

核對貨物的實際件數、重量、體積與託運書上預報數量的差別。對預訂艙位、板箱的有效利用、合理搭配，按照各航班機型、板箱型號、高度、數量進行配載。

接到發貨人的發貨預報後，向航空公司噸控部門領取並填寫訂艙單，同時提供相應的信息；貨物的名稱、體積、重量、件數、目的地；要求出運的時間等。航空公司根據實際情況安排艙位和航班。貨運代理訂艙時，可依照發貨人的要求選擇最佳的航線和承運人，同時為發貨人爭取最低、最合理的運價。

十一、出口報關

首先將發貨人提供的出口貨物報關單之各項內容輸入電腦，即電腦預錄入。在通過電腦填制的報關單上加蓋報關單位的報關專用章；然後將報關單與有關的發票、裝箱單和貨運單綜合在一起，並根據需要隨附有關的證明文件；以上報關單證齊全後，由持有報關證的報關員正式向海關申報；海關審核無誤後，海關官員即在用於發運的運單正本上加蓋放行章，同時在出口收匯核銷單和出口報關單上加蓋放行章，在發貨人用於產品退稅的單證上加蓋驗訖章，黏上防偽標誌；完成出口報關手續。

十二、出倉單

配艙方案制定後就可著手編製出倉單：出倉單的日期、承運航班的日期、裝載板箱形式及數量、貨物進倉（航空公司將出口貨物進到指定的倉儲如華儲、永儲、榮儲、遠雄等）順序編號、總運單號、件數、重量、體積、目的地三字代碼和備註。

十三、棧板、箱

向航空公司申領板、箱並辦理相應的手續。提板、箱時，應領取相應的塑料薄膜和網。對所使用的板、箱要登記、銷號。

圖 10-2　棧板的使用要特別注意

十四、貨物裝箱裝板

　　注意事項：不要用錯集裝箱、集裝板；不要用錯板型、箱型；不要超裝箱板尺寸；要墊襯，封蓋好塑料紙，防潮、防雨淋；集裝箱、板內貨物盡可能配裝整齊，結構穩定，並接緊網索，防止運輸途中倒塌；對於大宗貨物、集中託運貨物，盡可能將整票貨物裝一個或幾個板、箱內運輸。

十五、簽單

　　貨運單在蓋好海關放行章後還需要到航空公司簽單，只有簽單確認後才允許將單、貨交給航空公司。

圖 10-3　託運單：上面有件數／重量／危險品級數／安檢等放行後，倉庫會將此單交給航空公司作資料

十六、交接發運

交接是向航空公司交單交貨，由航空公司安排航空運輸。交單就是將隨機單據和應有承運人留存的單據交給航空公司。隨機單據包括第二聯航空運單正本、發票、裝箱單、產地證明、品質鑑定證書。交貨即把與單據相符的貨物交給航空公司。交貨前必須黏貼或拴掛貨物標籤、清點和核對貨物、填制貨物交接清單。大宗貨、集中託運貨，以整板、整箱秤重交接。零散小貨按票秤重，計件交接。

十七、航班跟蹤

需要聯程中轉的貨物，在貨物運出後，要求航空公司提供二程、三程航班中轉信息，確認中轉情況。即時將上述信息反饋給客戶，以便遇到不正常情況時即時處理。

十八、信息服務

從多個方面做好信息服務：訂艙信息、審單及報關信息、倉庫收貨信息、交運秤重信息、一程二程航班信息、集中託運信息、單證信息。

十九、費用結算

費用結算主要涉及同發貨人、承運人和國外代理人三方面的結算。

1. 與發貨人結算費用在運費預付的情況下，收取航空運費、地面運輸費、各種服務費和手續費。

2. 與承運人結算費用。向承運人支付航空運費及代理費，同時收取代理佣金。

3. 與國外代理結算主要涉及付運費和利潤分成等。

到付運費實際上是發貨方的航空貨運代理人為收貨人墊付的，因此收貨方的航空貨運代理公司在將貨物移交收貨人時，應收回到付運費並將有關款項退還發貨方的貨運代理人。同時發貨方的貨運代理人應將代理佣金的一部分分給其收貨地的貨運代理人。

由於航空貨運代理公司之間存在長期的互為代理協議，因此與國外代理人結算時一般不採取一票一結的辦法，而採取應收應付互相抵消、在一定期限內以清單沖帳的辦法。

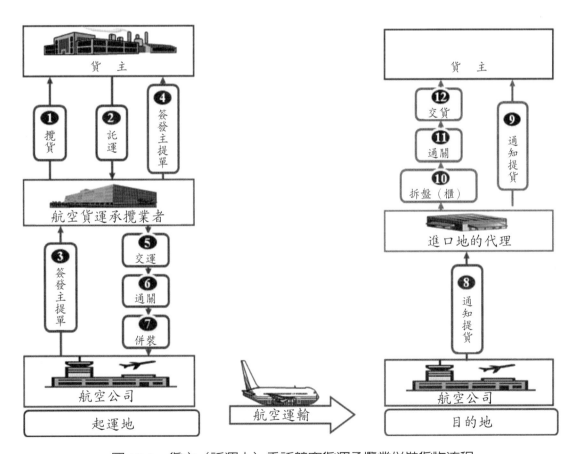

圖 10-4　貨主（託運人）委託航空貨運承攬業併裝貨物流程

附註：

進口文件	英文	提供者	注意事項
主提單	Master Airway Bill Number	航空公司	班機落地後——交給forwarder
艙單	Manifest	Forwarder agent	航空公司交給倉庫，點貨用

以下為報關文件：

併號提單	Hawb Air Waybill	Forwarder Agent	
發票	Commercial invoice	Shipper	品名、數量、單價、產地、條件、出口商簽名
裝箱單	Packing list	shipper	每一箱的裝箱明細
報單	Application	報關行	資料需同hawb提單／發票／裝箱單，稅則正確等
個案委任書		進口商	蓋章；隨附報關文件；只能用一次
長期委任書		進口商	蓋章；向海關申請；最多用5年；可多家報

一、一般文件如下

1. Hawb Air Wsybill（B/L）：出口承攬業者提供

2. Commercial Invoie（不可order/proforma invoice）/packing list：出口商提供

3. 進口報單：報關行提供

4. 個案委任書（1筆／需附1張）進口商蓋大小章：一定是進口商委任給報關行來報關

   (1) 長期委任書（向海關申請——最多5年）

   (2) 由報關行傳送到「關貿」、「海關資訊室」接收→回覆關貿報關行

   (3) 目前通關方式如下三種

   (4) C1-免審免驗通關／放行〔近9成以上，無需將A文件（B/L、COMMERCIAL INVOICE、PACKING LIST、進口報單、個案委任書）送至海關，簡稱無紙化〕

   (5) C2-書面審核：需附A文件

(6) C3-查驗貨物：需附A文件

(7) 進口貨物通關流程

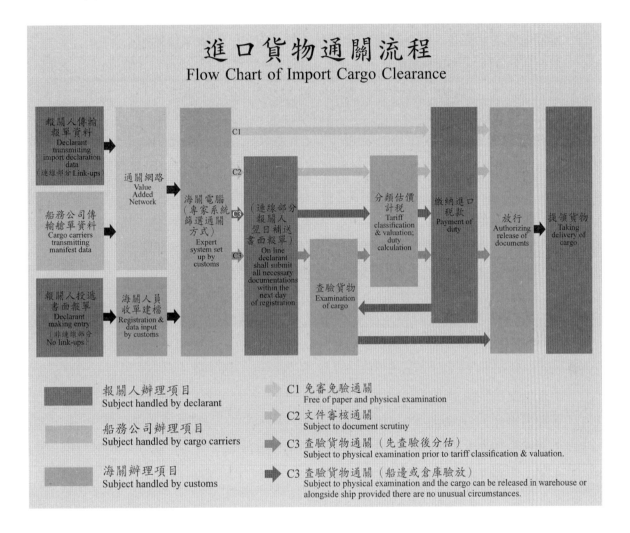

(8) 課稅要CIF（完稅）

　　①離岸價格 = 貨物價格

　　②貨物價格 + 運費 + 保險費 = CIF = 完稅 = 起岸價格

二、特殊貨物進口：需合格證／許可證（報單第30欄位——輸入許可證號碼）

三、不同屬性產品／需向該主管機關申請，如：

　　1.菸酒類：國庫署

　　2.電子類：標準檢驗局

　　3.藥品／食品類：衛生福利部食品藥物管理署

4. 動／植物類：行政院農委會動植物防疫檢疫局

5. 無線電類：中華民國國家通訊傳播委員會

6. 專案申請

四、國際航空運輸協會（IATA）統一確定了「體積重量」的標準公式。

1. 航空貨運貨物的體積重量（公斤）＝貨物的體積〔長（cm）×寬（cm）×高（cm）〕／6000，也就是說，6000立方公分體積的貨物相當於1公斤重來計算運費，換算過來，1立方公尺體積的貨物要按照167公斤計算運費。

2. 在空運業務中，存在著計費重量（CHARGABLE WEIGHT）和實際重量（GROSS WEIGHT）兩個重量。航空公司根據貨物的密度來計算費用，對於重貨而言，計費重量等於實際重量，即貨物的毛量；對於輕泡貨物而言，貨物的計費重量按照1個立方米等於167公斤計算。不足一公斤的，尾數四捨五入。

3. 計費重量（公斤）＝〔長（cm）×寬（cm）×高（cm）〕／6000

4. 計費重量（公斤）＝貨物的體積（CBM）×167公斤

第四節　個案討論

1. 此個案是空運貨自瑞士進口

2. 貿易條件：Ex-work（工廠提貨價）

3. 貴重物品要求監拆

4. 進口報關及卡車由進口廠商自行安排

ZRH-00024813
ZRH-00024813

Shipper's Name and Address	Shipper's Account Number	Not Negotiable **Air Waybill** Issued by

ABC COMPANY CO.,LTD

Lättichstrasse 4b
6340 Baar
Switzerland

General Transport Ltd
Freight Building West
8058 Zurich-Airport

Copies 1, 2 and 3 of this Air Waybill are originals, and have the same validity.

Consignee's Name and Address	Consignee's Account Number

Hsing Wu Company

Industrial Park First Road
Xitun Dist
New Taipei
Taiwan

It is agreed that the goods described herein are accepted in apparent good order and condition (except as noted) for carriage SUBJECT TO THE CONDITIONS OF CONTRACT ON THE REVERSE HEREOF. ALL GOODS MAY BE CARRIED BY ANY OTHER MEANS INCLUDING ROAD OR ANY OTHER CARRIER UNLESS SPECIFIC CONTRARY INSTRUCTIONS ARE GIVEN HEREON BY THE SHIPPER, AND SHIPPER AGREES THAT THE SHIPMENT MAY BE CARRIED VIA INTERMEDIATE STOPPING PLACES WHICH THE CARRIER DEEMS APPROPRIATE. THE SHIPPER'S ATTENTION IS DRAWN TO THE NOTICE CONCERNING CARRIER'S LIMITATION OF LIABILITY. Shipper may increase such limitation of liability by declaring a higher value for carriage and paying a supplemental charge if required.

Issuing Carrier's Agent Name and City

General Transport Ltd
Freight Building West
8058 Zurich-Airport

Accounting Information

MAWB: 172-20865412

Agent's IATA Code	Account No.

Airport of Departure (Addr. of First Carrier) and Requested Routing

Zurich

Reference Number	Optional Shipping Information
AE1501170041	EXW BAAR

To	By First Carrier	Routing and Destination	to	by	to	by	Currency	CHGS Code	WT/VAL PP CO	Other PP CO	Declared Value for Carriage	Declared Value for Customs
LUX	CV		TPE	CV			CHF		C	C	NVD	NCV

Airport of Destination	Requested Flight/Date	Amount of Insurance
Taipei-Taoyuan	CV9613/10CV6104/12XXX	INSURANCE - If carrier offers insurance, and such insurance is requested in accordance with the conditions thereof, indicate amount to be insured in figures in box marked "Amount of Insurance"

Handling Information　CH/RA/00078-01　General Transport　SPX by KC
REF:68900

SCI
--

No. of Pieces RCP	Gross Weight	k g	Rate Class / Commodity Item No.	Chargeable Weight	Rate / Charge	Total	Nature and Quantity of Goods (incl. Dimensions or Volume)
2	144.0K		Q	360.0		As agreed	Medical Instruments 1/120x 80x145 cm 1/120x 80x 80 cm TTL VOL: 2.160 CBM
2	144.0K					As agreed	

Prepaid	Weight Charge	Collect	Other Charges
	Valuation Charge		
	Tax		
	Total Other Charges Due Agent		
	Total Other Charges Due Carrier		Shipper certifies that the particulars on the face hereof are correct and that insofar as any part of the consignment contains dangerous goods, such part is properly described by name and is in proper condition for carriage by air according to the applicable Dangerous Goods Regulations.

General Transport Ltd
Nico Gobat
_____
Signature of Shipper or his Agent

Total Prepaid	Total Collect
	As agreed

General Transport Ltd
2017-JAN-06 10:13 Zürich-Airport

Currency Conversion Rates	CC Charges in Dest. Currency

Executed on (date)　　　at (place)　　　Signature of Issuing Carrier or its Agent

For Carrier's Use only at Destination	Charges at Destination	Total Collect Charges

ZRH-00024813

Original 2 (for Consignee)

圖 10-5　此圖是 HAWB AIR WAY BILL

DOUBLE WIN **SYSTEMS CO.,LTD.**

雙贏 國 際 運 通 有 限 公 司

TO：遠雄 － 進口   DATE：2017/1/9

TEL： 03-3992888 #1504(客服)

FAX： 03-3938519

e-mail： imp.cus@ftz.com.tw   FROM： rene Chen

申請 監拆通知

		Flight no CV 6104/13 (22:40)							
Mawb no.	**Hawb no.**	件數/重量	主/併	機放	冷藏	冷凍	貴重	
172-20865412	0024813 精密儀器 請小心! 並請監拆!	2Pks / 144K						

登記公司：___雙贏_國際___   進場電話確認者：_____

時間/日期：_____   確認時間：_____

登記者姓名：____

e-mail:_____

登記者公司章：

圖 10-6　此圖為運輸承攬業者（FORWARDER）向遠雄艙儲要求申請監拆通知

ABC Company Co.,Ltd.

ABC Company Co.,Ltd.

6341 Baar
Switzerland
Phone +41 (0)41 562 1
Fax   +41 (0)41 562 1
customercare@medela.
www.medela.com

Consignee address

Hsing Wu Company

Hsing Wu Company

Industrial Park First Road
Xitun Dist.
New Taipei

Taiwan

Industrial Park First Road
Xitun Dist.
New Taipei

Taiwan

Invoice   8345368   page: 1 / 1

Date	05.01.17	Customer No.	100072
Our order	2387076	Sales Director	Bühler Bruno
Delivery date	05.01.17	Delivery terms	EXW Steinhausen Incoterms 2010
Your order	PO161207A001	Shipping mode	Airfreight
Order date	07.12.16	Payment terms	60 days net
Your reference			
Our reference	Irene Vollenweider		

The Medela general conditions of sales and delivery as per our official Price List or our Website
are applicable.

Pos.	Art.-No.	Description	Qty.	Price per unit	Total	
10	038.4001	BiliBed phototherapy system	15.00 pcs	60.00	900.00	CHF
		Serialnumber	1646195, 1646196, 1646201, 1646202, 1650582, 1650584 - 1650593			
		Country of origin:	Switzerland			
		Customs tariff number:	90189000			
20	099.0143	Spare Part BiliBed 4 Polyurethane foil S BB3/BB4	20.00 pcs	2.30	46.00	CHF
		Country of origin:	Switzerland			
		Customs tariff number:	90330000			

ABC Company Co.,Lte

CH-6341 Baar / Switzerland

Value of Goods	Add. costs	Net Value		Total
946.00 CHF	0.00	946.00 CHF		946 .00 CHF

圖 10-7

Hsing Wu Company

Taichung City 407

PACKING LIST
****

Order Nr.		2387076	
Gross Weight Total (kg)		144	

Pallet/Pack	Qty	Art.-No.	Description 1	Weight Net (kg)	Weight Gross (kg)	Height (cm)	Volume (m3)	Measure (cm)
709141				73.00	89	145	1.3920	120*80*145
	9	ST 038.4001	BiliBed phototherapy system	63.00				
	20	ST 099.0143	Spare Part BiliBed 4 Polyurethane foil S BB3/BB4	10.00				
709142				42.00	55	80	0.7680	120*80*80
	6	ST 038.4001	BiliBed phototherapy system	42.00				
Total				115.00	144		2.1600	

圖 10-8

XYZ
Phone +41 (0)43 81

Air Cargo Manifest

Consolidator: XYZ Freight Building West To: DOUBLE WIN Systems Co. Ltd. Zhong Xiao E.Road 10655 Taipei City Notify:	Date:	Jan 6, 2017
	Shipment number:	AE1501170041
	MAWB number:	172-20865412
	Flights:	CV 9613/10, CV 6104/12
	Origin:	ZRH　Zurich
	Destination:	TPE　Taipei
	Total pieces:	2
	Total weight:	144 kg

HAWB	Shipper	Consignee	Nature of goods	Secure	Pcs	Weight	PT
ZRH-00024813	ABC COMPANY CO.,LTD 6340 Baar Switzerland	Hsing wu company Industrial Park 1st Road NEW TAIPEI TAIWAN	Medical Instruments	SPX KC	2	144 kg	CC

Page 1 of 1

圖 10-9

圖 10-10　此圖是 MASTER AIRWAY BILL

核准日期	
核准案號	

長期委任書

委任人醒吾公司＿＿＿＿＿＿＿＿＿＿＿＿＿＿＿＿＿＿＿＿為辦理進口、出口、轉運(口)
貨物通關作業需要，茲依據關稅法第 22 條第 1 項規定，委任
受任人(報關業者) XXXXX 國際運通有限公司 自＿＿＿＿年＿＿＿＿月＿＿＿＿
日迄＿＿＿年＿＿＿月＿＿＿日止，代為辦理通關過程中依規定應為
之各項手續，受任人對之均有為一切行為之權，並包括：簽認
查驗結果、繳納稅費、提領進口貨物、捨棄、認諾、收受 貴
關有關報關貨物之一切通知與稅費繳納證等文件(或訊息)、領
取報關貨物之貨樣，以及辦理出口貨物之退關、退關轉船、提
領出倉等之特別委任權。

委任人如嗣後擬對受任人之權限加以限制或予終止委任
時，應先以書面通知 貴關，經 貴關更新委任資料後始發生
效力，否則不得以其事項對抗 貴關。

此致
財政部關務署　台北　關

委任類別：□進出口商 □保稅廠商 □船(航空)公司
　　　　　(請勾選 "V"，未委任者請打 "X")

委　任　人：　醒吾公司＿＿＿＿＿＿＿＿＿＿＿＿＿＿　（簽章）

　　　　　負責人姓名：＿＿＿＿＿＿＿＿＿＿＿＿＿　（簽章）
　　　　　統一編號：＿＿＿＿＿＿＿＿＿＿＿＿＿＿
　　　　　船(航空)公司請另填代號：＿＿＿＿＿＿＿＿
　　　　　海關監管編號：＿＿＿＿＿＿＿＿＿＿＿＿
　　　　　地　址：　新北市西通區工業一路1號＿＿＿
　　　　　電話：＿＿＿＿＿＿＿＿＿分機＿＿＿＿＿

受　任　人：　XXXXX 國際運通有限公司＿＿＿＿　（簽章）

　　　　　負責人姓名：＿＿＿＿＿＿＿＿＿＿＿＿＿　（簽章）
　　　　　報關業者箱號：＿＿＿XXX＿＿＿＿＿＿＿
　　　　　地　址：＿＿＿XXXXXXX＿＿＿＿＿＿＿
　　　　　電話：＿＿＿XXXXXXX 分機＿＿＿＿＿

中華民國＿＿＿＿XX 年＿XX 月＿XX 日

圖 10-11　進口商委任報關行進行報關的格式

個案委任書

委 任 醒吾公司＿＿＿＿＿＿＿＿＿＿ 為 辦 理 貨 物 通 關 作 業 需 要

，茲 依 據 關 稅 法 第 22 條 第 1 項 規 定，委 任 受 任 人(報 關 業 者)

受任 國際運通有限公司＿＿＿＿＿，代 為 辦 理 第　　CA/　/06/11111/00001

號
□進口報單
□出口報單　所 載 貨 物 通 關 過 程 中 依 規 定 應 為 之 各 項 手 續
□轉運申請書

，受 任 人 對 之 均 有 為 一 切 行 為 之 權，並 包 括：簽 認 查 驗 結 果、

繳 納 稅 費、提 領 進 口 貨 物、捨 棄、認 諾、收 受 貴 關 有 關 本 批

貨 物 之 一 切 通 知 與 稅 費 繳 納 證 等 文 件(或 訊 息)、領 取 報 關 貨 物

之 貨 樣，以 及 辦 理 出 口 貨 物 之 退 關、退 關 轉 船、提 領 出 倉 等 之

特 別 委 任 權。

　　　　　此 致

財政部關務署　台北　關

委　任　人：　醒吾公司　　　　　　　　　　　　　（簽 章）

　　　　負 責 人 姓 名：＿＿＿＿＿＿＿＿＿＿　（簽 章）
　　　　統 一 編 號：＿＿＿＿＿＿＿＿＿＿
　　　　海 關 監 管 編 號：＿＿＿＿＿＿＿＿＿
　　　　地 址：　新北市西通區工業一路1號
　　　　電 話：　　　　　　　分 機＿＿＿＿＿

受　任　人：×××××國際運通有限公司　　　　（簽 章）

　　　　負 責 人 姓 名：＿＿＿＿＿＿＿＿＿＿　（簽 章）
　　　　報 關 業 者 箱 號：　　×××××
　　　　地 址：　×××××××
　　　　電 話：　×××××××分 機＿＿＿＿

　　　　中 華 民 國 ＿＿ ×× 年 ×× 月 ×× 日

圖 10-12

班機已抵達 TPE!　Jan. 12, 2017

CC：報關行

請待「點進倉」後才能 EDI！

進- C2035

倉棧代號	收單關別	進口日期	航次	主提單號碼	進倉日期
	CA	2017/××/××	CV 6104	172-20865412	

NO	分提單號碼	艙單 件數/單位/倉棧	進倉 件數/單位/倉棧	毛重	存放 倉別	貨物 儲存區	傳送 海關	原因	封包號碼	特殊 註記
1.	ZRH00024813	2 / PKG /	/ /							

圖 10-13

進 口 報 單

海空運別(1)	空運	報單類別(2)	G1外貨進口		聯 別		頁次	第1頁/共1頁
報單號碼(3)	CA/ /06/11111/1111			CA 11111111			海關通關號碼(4)	

船舶名稱/航機代碼(5)			主提單號碼(8)	172-20865412		匯率(16)		31.54
船舶呼號(6)	船舶航次/航機班次(7)	CV 6104	分提單號碼(9)	ZRH00024813	離岸價格(17)	幣別 CHF	金 額	946.00
裝貨港名稱/代碼(10) CHZRH ZURICH,SWITZERLAND			國外出口日期(13) 106/01/06	進口日期(14) 106/01/12	運 費 (18)		CHF	756.00
貯存地點代碼(11) C2001		進口運輸方式代碼(12) 41	報關日期(15) 106/01/12		保 險 費 (19)			NIL
統一編號(23)	海關監管編號(25)		特殊關係(26) 135	稅費繳納方式(27)	應 加(20)減 費用(21)			NIL NIL
納稅義務人(24)	中文名稱	躍吾公司		AEO編號		起岸價格(22)	CHF TWD	1,702.00 53,681.00
	英文名稱	新北市西距區工業一路1號 /				簽證情形(28)	案號(29)	
	中/英地址							
賣方(30)	中文名稱				AEO編號			
	英文名稱	ABC COMPANY CO LTD						
	中/英地址	lattichstrasse 4b 6340 baar switzerland						
	國家代碼(31) CH	統一編號(32) ACCYCO	海關監管編號(33)					

項次(34)	貨物名稱、商標(牌名)及規格等(35)	生產國別(36) 輸出入許可文件號碼·項次(37) 輸出入貨品分類號列(38) 稅則號列 統計號別 檢查號碼 (主管機關指定代號)	單價(如) (如)	幣別 金 額	淨重(公斤)(40) 數量(單位)(41) (統計用)(42)	價格 完稅(43) 數量	進口稅率	從價 從量 納稅辦沖(45) 貨物稅率(46)
*1	MEDICAL INSTRUMENTS 038.4001 BILLBEAD PHOTOTHERAPY SYSTEM	CH 9018.90.90.90-5	NIL	CHF FOB 60	105 KGM 15 PCE	51,071	Free	50
2	099.0143 SPARE PART BILIBED 4 POLYURETHANE FOIL S BB3/BB4	CH 9033.00.90.00-4	NIL	CHF FOB 2.3	10 KGM 20 PCE	2,610	1.7%	31
				TOTAL	115.00KGM 35.00PCE VVVVVVVVV	53,681 VVVVVVV		

總件數/單位(47)	2 CTN	包裝說明(48)		總毛重(公斤)(49)	144.00KGM

標記(50)/貨櫃號碼(51)/其它申報事項(52)			
	進 口 稅		44.00
	推廣貿易服務費		
	營 業 稅		2,686.00
	稅 費 合 計		2,730.00
	營業稅稅基		53,725.00
	滯 納 金(日)		
	通關方式	(申請)審驗方式	
	證明文件申 請	聯別	份數
	報關人/AEO編號(53) 際運通有限公 受爱		專責人員

7股 小單

圖 10-14　此圖為這個案的進口報單

第十一章　複合式運輸及個案討論

第一節　何謂複合運送

複合運送是指從貨物收貨到交貨其不僅涉及到兩種以上的運送方式之運輸模式，更涉及到兩個國家以上時的國際複合運送，在整個運送過程藉由整合，讓一段又一段的行程得以順暢銜接。

複合運送的重點不在其形式，而需實質上複合運送人（運輸業者或承攬運送人）收取全程運費，並負全程的運送責任。因此，對於一般貨主自行安排的交貨與提貨行為，雖然其涉及到兩種以上的運送方式之運輸模式，但卻是不同的。

因為在同時結合不同運具以達到最有效運送之下，幹線運輸和地方配送需要採用複合運輸作為供應鏈實體作業的關鍵要素，特別是目前競爭世界裡將會以全球供應鏈為中心，複合運輸能力將與必要的運輸模式做連結。

一、傳統式運輸

傳統運輸強調的是分段式（segmented）且可能使用多樣運輸模式，但是這些運輸模式間往往並無整合。拖運人可能與貨運公司（trucking company）、鐵路單位（train）及海運公司（shipping company）個別協商，但是貨運公司、鐵路單位及海運公司並未整合，這種方式一般稱作多模式運輸（multimodalism）。運送人各自獨立運輸，分別向貨主負責，貨主亦就各運輸階段，分別聯繫。非常不便，成本也高，當然運送責任則較容易劃分。

二、複合式運輸

從海運而言，貨櫃化運輸是實現複合運輸的關鍵。貨櫃不但提供貨物保護、降低風險、實現單位化運輸，同時因為運送責任可以區分，複合運送人才敢提供全程運送，保險公司才敢承保。

因此使複合運送蓬勃發展，同時複合運輸的重點在於整合不同運輸模式已確保運送之順暢與效率，藉以彌補傳統模式運輸的缺點。

複合式運輸設備最重要的觀點即在於標準化。當然其最基本設備即是貨櫃（cargo container）。「containerization」是多元運輸與複合運輸最大差異之所在，其關鍵在於全球使用相同標準之設備。

　　技術本質「主要針對中價位貨物」：貨物的價值一般較散裝貨物（bulk cargo）為高，但是較航空貨物（air cargo）為低。

　　卡運輸模式：常與車、火車、船舶配合。貨櫃運輸開始用於商業用途之後，既降低運輸風險，運送責任也容易區分，因此使複合運送蓬勃發展，成為業界的一般標準。複合運送再往前進一步，就是大陸所謂一體化運輸或一條龍運輸（total solution）或我國稱為整型運輸（integrated transportation），有如現在所談論的物流（logistics）的觀念了。

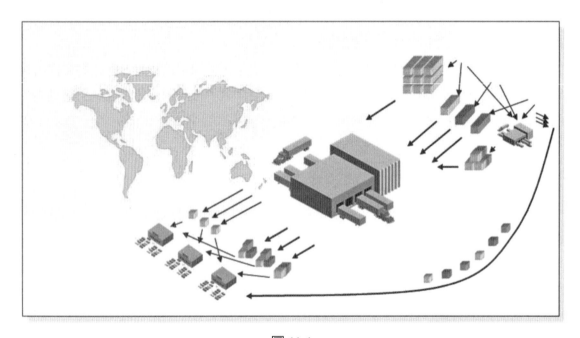

圖 11-1

　　由於每一種運輸模式，都稱為一種mode。複合運送是不同模式的結合，因此英文稱為「intermodal transportation」或「multimodal transportation」，也稱為「combined transportation」。如從責任一已貫之的觀點，則稱為「through transportation」。營運人為MTO（multimodal transportation operator）或CTO（combined transportation operator）。複合運輸的交通量型態，已經成為全球趨勢。

第二節　承攬運送業

一、Forwarder

依據我國《民法》第660條之規定「稱承攬運送人者，是以自己之名義，爲他人之計算，使運送人運送貨物而受報酬爲營業之人。」由此可知承攬運送人爲介於貨主與實際運送人之間，既可單純的代理貨主安排貨物運送相關事宜，如：代訂船位、製作貿易文件、代辦保險、安排貨物存倉、進出口報關、內陸運輸、倉儲物流等。亦可介入貨物運送，成爲公共運送人，承擔運送人的責任，享受運送人的權利。尤其因與貨主服務的深度與廣度均可勝於提供運送工具的運送人，故其與貨主的關係極爲密切，可謂之爲貨主的貨運管理人。

二、承攬運送業（freight forwarder, F/F）的名稱

（一）歐洲：
　　1.英國：Freight Forwarder或Forwarding Agent
　　2.德國：Spediteur
　　3.法國：Commissionnare de Transport或Commissionnare-expediteur
　　4.比利時：Commissionnaire-expediteur
　　5.義大利：Speditioniere
　　6.西班牙：Commisionista de Transportes
　　7.北歐諸國：Speditor
（二）美國：OTI（Ocean transport intermediary）及NVOCC（Non-vessel operating common carrier）
（三）臺灣：舊稱「船舶貨運承攬業」，現稱「海運承攬運送業」
（四）日本：運送取扱業
（五）中國：國際貨運代理業、一條龍

第三節　承攬運送業在複合運送之角色與責任

　　海運承攬運送人其服務之範圍廣泛，故可隨時隨地提供服務，且專業加上可與多數船舶運送人來往全球性服務網的關係，無遠弗屆，對於小型貨主之併櫃貨運輸更有意義，爲此海運承攬運送人可以作爲貨主的運輸代理人，亦可成爲公共運送人，現分別說明之：

一、承攬運送人爲貨主代理人

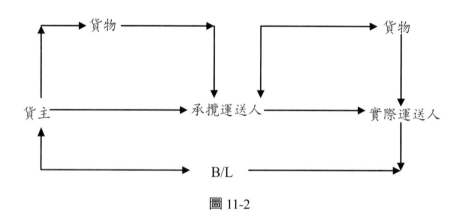

圖 11-2

　　承攬運送人僅將實際運送人的提單轉發予貨主，自己並不簽發提單，因此以貨主代理人的身分。傳統上，海運承攬運送人並不承擔運送人的功能，而只介於運送人與貨主之間，以輔助完成運送目的。他可能是貨主的代理人，也可能是船舶運送人的代理人，端視受哪一方的委託而定，如受船舶運送人的委託爲代理時，依我國法令規定，須具船務代理業的身分，唯如只作爲攬貨代理，則以海運承攬運送業身分應即可爲之。關於海運承攬運送人的這個角色，用以下述這段敘述說明最爲貼切：「海運承攬運送人有能力將你的貨物安排到世界任何角落，但他們並不自行或經其代理人承擔運送。只要他在選擇運送人時盡了合理的注意，即已履行契約責任。」

二、承攬運送人為運送的本人

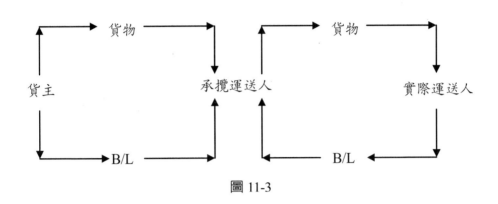

圖 11-3

　　海運攬運送人因自己簽發提單，因此介入成為運送的本人。運送人是否承擔、公共運送人是否實施介入權。以實務而言，則視他是否簽發自己的提單而定。如果他僅轉發船舶運送人所簽發的提單時，則仍只是代理人身分，但如他自行簽發提單時，則一方面享受公共運送人的權利，但亦應盡公共運送人的義務。

三、承攬運送之服務內容

　　海運承攬運送業作為貨運代運人的服務內容相當廣泛，可以說只要貨主願意委託的事項，均為其服務範圍，如依美國《聯邦法律》規定，可歸納為以下十三項：

（一）安排運送貨物至港口。

（二）準備或製作出口申報文件。

（三）向船公司洽訂船位。

（四）準備或製作交貨單（D/O）或碼頭收據（dock re-ceipt）。

（五）代做提單。

（六）代辦領事簽證。

（七）安排貨物存倉。

（八）代辦貨物保險。

（九）代辦貨物通關。

（十）視個別情況要求，發出貨通知給銀行、託運人或受貨人。

（十一）代貨主處理運費或其他費用的支付或墊付事宜。

（十二）運輸過程中的協調事宜。

（十三）對於貨物運送的相關事宜提供專業的諮詢。

由此可見其業務內容廣泛，可提供「全程」或大陸稱為「一條龍」的服務。簡單講，承攬運送人是接受貨主之委託，以運送人或承攬人之身分替貨主完成所委託之各種和運輸有關的任務。貨主專事生產與銷售之工作，和運輸有關的部分則交由承攬運送人為之。各自專業分工，發揮經濟效益。兩者有密切的關係，在此微利時代裡，承攬運送人對貨主尤具積極的意義。戶主需要什麼樣的服務，承攬運送人都要有提供的能力。

四、Forwarder 中 O/P 的工作範圍

1. 聯絡船公司：確認船期、結關日、O/B（船靠日：船開日）及航程天數和預定艙位、S/O NO、領空櫃的櫃及重櫃的櫃場、航線的價格。

2. 連絡貨櫃場的承辦人：解決客戶進倉或拖櫃的困難。同時需主動提供集裝貨櫃的配櫃單（CFS-CY）（結關當天或者隔天）。

3. 連絡同行：向同行打聽目前航線的行情，或者放給同行最新的價格，若有互相併櫃合作的情形，那更需經常性的互通有無，以及配櫃時的默契。

4. 安排船期及配置：若為指定貨，則必須依國外代理行或進口商指示排船期，船公司裝櫃，若散裝貨載則就需尋求同行間互配的協助，假如是集貨櫃，則利潤以最大；成本最低為原則做安排配合。

5. 聯絡客戶或其報關行：經常聯絡指定客戶或者固定配合的客戶以便掌握住客戶出貨的動態，或者被別家同行搶走時在第一時間內通知公司業務，即時的做出搶救動作，同時也可提供適當船期給客戶，好協助客戶在出貨時間的準時。

6. 依客戶所提供資料製作提單：若整櫃時，材數的容量都是固定的，例如20'貨櫃為23～26CBM，40'貨櫃為50～55CBM，除非船公司出櫃場時過地磅而相差太多時，船公司會要求以過地磅為準，因若每櫃重量和原先預定所報的重量相差很多，在船隻裝載貨櫃時會無法如預計的櫃量上船，以致貨主的貨櫃遭到退運命運。

7. 需提供正確資料給船公司或者同行製造提單，並必須核對船公司或同行的提單，以確定進口商或進口代理商在提貨時無暇疵及運費確實無誤。

8. 製造此班航次的帳單，國外代理間應收帳單或應付帳款，因只有O/P最清楚此航班中的每一櫃成本及利潤。

9. 製作一份裝船通知單，以便通知國外代理，因很多進口商都會需要，當出口商一裝船，必須把進口商所需資料，例如：發票（INVOICE）總金額，以便進口商確知哪些訂單、哪些供應商已出貨，而在進口地先做DM，或者通知進口商的下游商家提早做進貨準備，同時最重要的是出買保險。這是O/P非常重要的程序之一。

10. 假如有做集裝貨櫃的O/P，則又需另做一份完整的配櫃單給國外代理以便進口代理行在進口地要求進口貨櫃拆櫃時的參考。

11. 有時需處理指定客戶中出貨的進口商特別要求，或者如進口貨主仍未收到貨等及臨時更改港口，核對國外代理的對帳單等工作。

12. 提供給公司有關市場上最新動態，因O/P是公司最需經常對外聯絡的工作，船公司、同行、客戶需求等對O/P而言他們是第一線最早了解市場變化的人。

13. 物流業與海運承攬運送業：海運承攬運送業是最佳的國際物流業者，運輸量大，運輸成本低廉，是最重要的國際運輸方式，占九成以上，以其服務的深度與廣度成為貨主國際物流需求的最佳夥伴。

14. 海運承攬運送業的承擔責任方式：

(1)以承攬人身份，代貨主安排物流服務，負的是善良管理人的責任。

(2)介入物流服務的提供或操作，則須負營運人的責任。

(3)其所配合的相關企業如下：

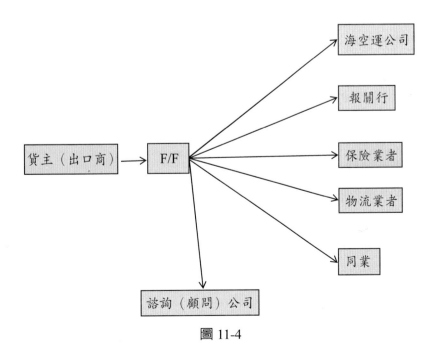

圖 11-4

五、複合運送所帶來的優勢有：

1. 複合運送實現無縫隙（seamless）的運輸，可降低運輸成本及運輸時間。降低貨主的貨物成本，以及資金的積壓。
2. 複合運送實現即時運送（just in time）的目標，改變存貨觀念，降低貨主成本。
3. 複合運送人提供具附加價值（value added）的運輸服務，擴大業務內容、提高獲利空間。
4. 業者各自專注於核心競爭力，實現分工合作目標，更符經濟效益。

第四節　複合運輸系統

複合運輸系統（Intermodal Transportation），是兩種或兩種以上之運輸工具，在兩地之間，對於託運人所託運的貨物，採用單一費率或聯合計費，並且共同負擔運送責任之服務。

1.鐵路和公路的複合運輸

鐵路和公路的複合運輸（Truck-Rail）。
鐵路和水運的複合運輸（Rail-Water）。

2.公路之複合運輸

公路與鐵路之複合運輸（Truck-Rail）。
公路與水運之複合運輸（Truck-Water）。
公路與空運之複合運輸（Truck-Air）。

3.航空之複合運輸

空運與卡車之複合運輸（Air-Truck）。
空運與海運之複合運輸（Sea-Air）。

4.水運之複合運輸

水運與公路之複合運輸（Marine/Truck）。

水運與鐵路之複合運輸（Marine/Rail）。

水運與空運之複合運輸（Sea/Air）。

第五節　個案研討

1.此個案的出口商在日本

．通常會選擇FOB條件之原則（進口時），買方有絕對的主導權。

．本國保險費率較低時（FOB價由進口商投保）。

．容易找到運價低廉船隻，若是買方的物流公司或配合的運送人（Forwarder），與船公司有相當密切的合作關係，則不僅享有較具有競爭力的運費，同時在使用貨櫃時，也可能因重櫃提領但空櫃交還的期限均給予延緩或可享有折扣之類的優惠，無外乎都是對買賣雙方或甚至運送人增加競爭力，可說是1 + 1 > 2。

．由於FOB由買方付運費，故買方找船時，可依據貨物市場需要定船期，尤其對於有季節性、時令性或需求迫切之產品可選擇運輸路程短、沿途停靠港口少之船隻。

．對於特殊性質之貨物進口商亦可選擇船少、設備新之船舶，但與船公司建立友好關係是必要的策略。

2.由不同的廠商將不同產品的貨櫃經由Shimizu port，Japan upto Rotterdam/Marseilles。

3.由於主提單方面（YML）以提供Sea Waybill，在見單放貨的運輸模式，貨櫃將以快速於48小時內at port of discharge通關。

4.經由火車分別送至承攬運送人的物流配送中心（瑞士），或義大利與瑞士邊境的Stabio。

5.再將貨櫃經由卡車運送至義大利各個就近消費中心區，透過物流中心的將物件由半成品組裝成成品。

6.最後再配送至真正的消費者，或是各個通路中心，以便消費者就近購買。

　　這種複合運送實現無縫隙（seamless）的運輸，除了可降低運輸成本及運輸時間，更提供具附加價值（value added）的運輸服務，擴大業務內容、提高獲利空間，提升買方的競爭優勢，也滿足了客戶的服務品質。

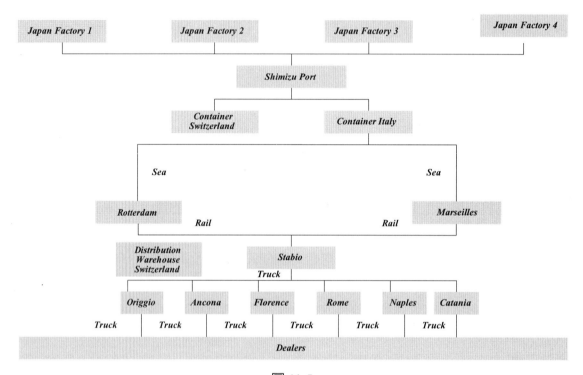

圖 11-5

Shipper
(依出口商提供的文件製作)

MT B/L

Negotiable Multimodal Transport Bill of Lading

issued subject to UNCTAD/ICC Rules for
Multimodal Transport Documents (ICC Publication 481).

Consigned to order of
(真正的收貨人)

(FREIGHT FORWARDER 在本國的名稱:
公司全名,地址,TEL,FAX,)

Notify address
(出口商指定的國外報關公司or物流公司,可以代為清關及
配送的公司)

Declared value	Place of receipt SHIMIZU PORT,JAPAN		
Ocean Vessel	Port of loading SHIMIZU PORT,JAPAN		
Port of discharge ROTTERDAM	Place of delivery ROTTERDAM	Freight payable at	Number of Original Bs/L

Marks and numbers	Number/kind of packages	Description of goods	Gross weight/Measurement
(櫃號,封條號)	(件數)	CY-CY SHIPPER'S LOAD AND ACCOUNT	
MADE IN JAPAN		(品名)	

COPY NON NEGOTIABLE

"FREIGHT COLLECT"

ALSO NOTIFY: (依出口商指示,再秀出另一相
關公司人)

according to the declaration of the merchant

For release of cargo apply to
(FREIGHT FORWARDER 的國外代理公司)

Freight and charges

Place and date of issue

RECEIVED in apparent good order and condition, unless otherwise noted
herein, at the place of receipt for transport and delivery as mentioned
above. One of these Multimodal Transport Bills of Lading must be sur-
rendered duly endorsed in exchange for the goods. In witness whereof
the original Multimodal Transport Bills of Lading all of this tenor
and date have been signed in the number stated above, one of which being
accomplished the other(s) to stand void.

Stamp and signature

The goods and instructions are accepted and dealt with subject to the
Standard Conditions printed overleaf.

As Carrier

圖 11-6　此圖為複合式的提單

YANG MING		NON-NEGOTIABLE SEA WAYBILL	
Shipper **(FREIGHT FORWARDER 公司名稱)**	Booking No. 1105 N (CTI642S) W		Waybill No. YMLUI:
	Export References		
Consignee **(FREIGHT FORWARDER在國外的代理公司)**	Forwarding agent references **(船公司國外代理司公司)**		
	Point and Country of Origin of goods		
Notify party **SAME AS CONSIGNEE**	ALSO NOTIFY		
*Precarried by	*Place of Receipt **SHIMIZU PORT,JAPAN**	Onward inland routing	
Vessel Voy No flag **(船名,航次)**	Port of Loading **SHIMIZU PORT,JAPAN**		
Port of Discharge **ROTTERDAM**	*Place of Delivery **ROTTERDAM**	Delivery status	

PARTICULARS FURNISHED BY MERCHANT			
MKS & NOS/CONTAINER NOS	NO OF PKGS	DESCRIPTION OF PACKAGES AND GOODS	Measurement(M) gross Yreight(KGS)
	1 CTNR	SHIPPER'S LOAD AND COUNT. S.T.C : **(件數)**	CBM KGS
MADE IN JAPAN		**(品名)**	"FREIGHT COLLECT"
(櫃號 / 封條號)			

Declared value 3 _____ If Merchant enters value of Goods and pays the applicable ad valorem rate, Carrier's package limitation shall not apply. See Clause 28 (2)&(3) hereof ---   Place and Date of Issue _____ to

ITEM NO	CHG	RATED AS	PER	RATE	PREPAID	COLLECT	SEA WAYBILL
				Freight As Arranged			The receipt, custody, carriage and delivery of the goods are subject to the terms appearing on the face and back hereof and to carrier's applicable tariff. Delivery of the Goods will be made to the Consignee or his authorized representative upon proper of identity and authorization without the need of producing or surrendering a copy of this Sea Waybill.
Rate of Exchange	USD 31.71						
Number of Original Sea Waybill	1		Total				By _____ Yang Ming Marine Transport Corporation, as carrier
			payable at				

* Applicable only when used for multimodal or through transportation

圖 11-7　此圖為船公司發 SEA WAY BILL 在見單放貨下，貨櫃快速轉運

第十二章　三角貿易（轉運）及自貿區的功能

第一節　三角貿易

一、何謂三角貿易

三角貿易（Triangle Trade），簡單來說係指位於第三國的中間廠商分別與出口國的賣方及進口國的買方簽訂買賣契約貨物，貨物則由賣方運至買方，其間貨物可能經過或未經過中間商所在的第三國。亦即第三國的中間商利用其從事國際貿易之經驗、技術、商務關係、策略或地理上的優越地位，分別與賣方、買方簽下買賣契約，則第三國中間商不僅以文件處理（document process）方式達成貿易，並賺取價差之行為。當然若要更詳細的敘述，其可能還涉及到子、母公司帳務，稅率及公司的政策。但此章我們僅以概略性的三角貿易模式來分享。

二、三角貿易的種類

三角貿易的種類大致可分成四種：

1.傳統三角貿易

只是換單的作業，這種提單我們叫Switch Bill of Lading。

臺灣貿易商收到美國客戶的訂單，臺灣貿易商對中國的製造商下單（也可能是自己的工廠），貨物由中國製造商直接出口（shipping）到美國客戶。

這時候出口文件要非常注意，要請運輸承攬業者要求換單（switch B/L）；否則美國客人將很容易知道工廠給你的臺灣貿易商的成本為何。

至於金流部分：美國客戶匯款給臺灣貿易商，臺灣貿易商再匯款給中國製造商這種模式的三角貿易其原因：

(1) 政府的外匯管制

(2) 出口商（賣方或母公司）文件要配合會計帳務的需求

(3) 賣方的策略考量

優點：直接出口（shipping）至客戶

缺點：需要換單

貿易商的價值：掌握客戶

2.轉口型三角貿易出口地

‧至轉運港不換櫃再出口至目的港

臺灣貿易商（或總公司）收到馬來西亞客戶的訂單，臺灣貿易商對中國的製造商（可能是自己的工廠）下單，貨物進口至臺灣（free trade zone），再轉運出口。

金流部分：馬來西亞客戶匯款給臺灣貿易商，臺灣貿易商再匯款給中國製造商。

這種模式的三角貿易其原因：

①進口國的管制，特別是對特定的出口國或地區。

②額度的考量‧一般進口國對於進口的原物料有一定的額度，但若額度超過時，則會由其他國家取而代之。

優點：利潤高且不容易被取代。

缺點：製造成本因為轉運進再出，成本增加且需要極高的週轉金。

貿易商的價值：掌握通路同時產品較具附加價值。

3.轉口型三角貿易出口地

‧出口地至轉運港換櫃再出口至目的港

臺灣貿易商收到馬來西亞客戶的訂單，臺灣貿易商在跟中國的製造商下單，貨物到臺灣加工廠做加工或送至轉運中心換包裝（Logo）後，貨物再shipping（出口）到馬來西亞客戶。

金流部分：馬來西亞客戶匯款給臺灣貿易商，臺灣貿易商再匯款給中國製造商。

這種模式的三角貿易其原因：買賣雙方的協訂，特別是買方不接受特定國家的出口貨時，賣方透過進口、換櫃、換標籤或麥頭等，再轉運出口，在自貿（free trade zone）運籌中心操作。

優點：利潤高且不容易被取代。

缺點：製造成本也相對提高許多，且需要極高的週轉金，且有可能被買方發現的風險。

貿易商的價值：掌握通路同時產品較具附加價值。

4.退佣金模式

臺灣貿易商收到歐洲國客戶的訂單，臺灣貿易商再跟中國的製造商下單，貨物由中國製造商shipping到歐洲國家的客戶。

金流部分：美國客戶直接匯款給大陸製造商，大陸製造商再退佣金給臺灣的貿易

商。

這個方式很好做買空賣空，對於沒有資金壓力，但貿易商很容易直接被客戶跳過去。

優點：買空賣空且不需要週轉金。

缺點：第一次交易後容易被客戶跳過，直接去與製造商聯繫。

貿易商的價值：可能只有一到二次的交易就結束。

第二節　自貿區的功能

一、自由貿易港及自由貿易區一般的定義

1.自由港（Free port）

所謂自由港通常係包括整個港口及其周邊地區，而在某些情況下，例如香港，自由港海關特惠措施可適用於整個領域。外國貨物進入自由港時通常毋需繳稅，而且貨物的裝卸、儲存、改裝或分裝、裝配、加工或轉運他國，均不受海關控制，可免除種種繁複的行政手續。

2.自由貿易區（Free trade zone）

又稱免稅貿易區（tax-free trade zone），係指在某一特定區域內，無論是原料、零件、半成品或成品，均可自由進出；而在此區域內，貨物可以陳列、儲存、拆裝、改裝、加標籤、分類或與其他貨物混合加工、以便再轉運出口，當地政府均不徵收關稅，也毋需預繳保證金。僅在貨物離開自由貿易區運至地主國其他課稅區域使用或消費時，才徵收關稅及採取進口管制措施。除了免除關稅以外，有些自由貿易區還可減免所得稅，但有些則僅對加工或製造後出口的貨品給予免稅。一般自由貿易區對於貨物儲存在區域內時間並無限制，因此經常有人將自由貿易區當作貨物的轉運場所。自由貿易區就各國實際情況而言，有各種不同的型態與名稱，例如對外貿易區（foreign trade zone）、自由港（free port）、轉口區（transit zone）、自由貿易特區（free perimeter）、加工出口區（export processing zone）及關稅特惠區（special customs privileges facilities）等。

　　我國所規劃的自由貿易港區係指位於國際機場或是國際海港內所劃定的管制區內，或是毗鄰國際機場、國際海港且面積達一定規模、與外界有適當隔離軟硬體設施及管理制度之地區，經政府核定後賦予貨物可以在該區域內陳列、儲存、拆裝、改裝、加標籤、分類或與其他貨物混合加工，以便再轉運出口，貨物不離開自由貿易區前不徵收關稅。我國僅在貨物離開自由貿易區運至地主國其他課稅區域使用或消費時，才徵收關稅及採取進口管制措施。因包含「自由港」貨品豁免關稅，自由進出的規劃，同時又涵蓋「自由貿易區」中加值作業區概念，故以「自由貿易港區」命名以兼涵其意義。

3.優勢

　　進行企業一條鞭的轉運、配銷、重整、多國貨櫃物集併（MCC）、簡易加工、深層加工等生產與貿易活動，節省物流時間，以大幅提升營運效率。基隆港、臺北港、臺中港、高雄港等，均有較適宜進駐的產業有倉儲、物流、組裝、重整、包裝、簡單加工、承攬運送、轉口、轉運等，部分產業並已產生群聚效應

二、國際貨櫃（物）集併作業（MCC）專區

1. 緣起：鑑於大陸經濟快速崛起，並陸續興建數座設備新穎之深水港，吸引國際大型船舶前往泊靠，間接造成臺灣港口貨櫃裝卸數量衰退，漸失往日鼎盛時期在世界航運港口業界占有之地位。為扭轉此一態勢，政府爰擬定振興港口政策，多國貨櫃（物）集併作業（以下簡稱MCC）計畫於焉產生。在財政部及交通部大力支持下，由關務署完成修訂相關關務作業法規，便捷貨物通關；交通部建置MCC資訊平台，降低業者操作成本；相關業者亦有意願將原在國外集併之貨櫃（物）移回臺灣操作，有水到渠成之勢，可望吸引各國航商將原卸於他國轉口貨櫃改運至我國港口裝卸併裝，發揮船帶貨、貨帶船之效果，增加貨櫃裝卸量，重現昔日港埠繁榮風華。

2. 定義：多國貨櫃（物）集併（Multi-country Cargo Consolidation，MCC）通關作業，指海運載運入境之貨櫃（物），進儲海關核准之集散站轉口倉庫或轉口倉間，在未改變該貨物之原包裝型態（不拆及包件），辦理併櫃作業及申報轉運出口之通關程序。

三、相關業者

1. 運輸業者：為載運MCC貨物進入國境之國際航線運輸業者，亦得為MCC貨物操作人（即T3轉運申請書申請人）；其向海關申報進口艙單應詳細申報貨物名稱、艙單類別代碼填報「3」、貨物存放處所填報經海關核准卸存MCC貨物之貨櫃集散站業者代碼、收貨人填報MCC貨物操作人。

2. 承攬業者：為MCC貨物操作人（即T3轉運申請書申請人）；運輸業者如宣告進口主艙單下之貨物予承攬業者，其得向海關申報分艙單。

3. 貨櫃集散站業者：設置符合《海關管理貨櫃集散站辦法》第10條及第10-1條規定條件之轉口倉庫或轉口倉間者，得卸存MCC貨物，並在該集散站辦理T3轉運申請書之通關及後續與其他出口貨物之併櫃事宜之業者。

附註：海關修正《自由貿易港區通關作業手冊》部分規定，依轉口貨物輸往國外之通報規定，T3運申請書之進口編號，與進口艙單脫勾，不再核銷進口艙單；T3轉運申請書得分批或合併數批進口艙號申報，免再分割或合併艙單；從事轉口之港區事業應辦之通報手續，得依《關稅法》之規定，委託報關業者辦理，並應先向海關辦理與報關業者之委任關係，否則不予收單。

　　國外貨物進儲之通報部分，運輸業者向海關申報進口艙單後，自由港區事業即得以報單（F1外貨進儲自由港區，訊息格式簡5105A或簡5105S），向自由港區事業所在地海關通報進儲國外貨物。報單訊息經邏輯檢查合格、銷艙、經記錄有案，即發出進口貨物電腦放行通知（訊息格式簡5116或簡5116S），傳輸予自由港區事業及貨櫃（物）存放處所之倉儲業者（含港區貨棧）。自由港區事業自國外進儲為其他業者從事倉儲、物流、組裝、重整之貨物，如涉及需更正進口艙單收貨人為自由港區事業者，得備相關文件，向海關辦理。自由港區事業國外貨物進儲應辦之通報手續，得依《關稅法之規定》，委託報關業者辦理，並應先向海關辦理與報關業者之委任關係，否則不予收單。

　　輸往國外貨物之通報方面，自由港區事業於貨物進儲港區貨棧，港區貨棧傳輸出口貨物進倉證明書後，自由港區事業即得以報單（F5自由港區貨物出口，訊息格式為簡5203A或簡5203S）向其所在地海關通報，經邏輯檢查及比對進倉資料合格、海關記錄有案，即傳輸出口貨物電腦放行通知（訊息格式為簡5204或簡5204S）予自由港區事業、港區貨棧及港區門哨，憑以裝船（機）出口。自由港區事業輸往國外貨物如符合《自由貿易港區貨物通關管理辦法》第五條第二項之規定且於本自由港區內裝船（機）者，得申請船（機）邊免驗放行。自由港區事業輸往國外貨物，涉及國際規範或承諾，

依《自由港區事業輸往國外貨物輸出文件通報作業規定》，向目的事業主管機關申請相關輸出許可文件，以電腦傳輸資料或書面文件通報海關辦理查核，未經查核者，海關不予核銷或簽署。

第三節　個案分析

FREIGHT FORWARDER 海運 第三地 出口操作流程：（例）從上海出貨至泰國曼谷

OUR AGENT / PARTNER：上海代理行，泰國代理行

1. 接收客人的出貨通知：提供第三地出口商的聯絡資料（公司、TEL、聯絡人等）CFS、CY，我們再轉通知上海代理行安排船期，由上海代理行向當地船公司（carrier）booking。

2. 製第一程出口提單（HBL）與MBL：由第三地出口商提供第一程出口資料給上海代理行製第一程出口提單；由我們提供（指定）泰國代理行資料給上海代理行，以便他們提示給Carrier作MBL。

3. 編製LOT number（Booking note）與製第二程出口提單（Switch HBL）：提供第一程出口單給臺灣客人核對，並向他們索取「更改切結書」（更改出口商名稱，及眞正收貨人），以便製第二程提單（Switch HBL）等。

4. 確定on board date後，發出正式二程單（Switch HBL & debit note）及請上海代理行提供正式MBL。

切記：發行第二程出口提單時，**要確實收回第一程的3張正本提單**（因爲一筆貨只能有一套「提單」）或是「電放切結書」、「銀行擔保書」。

5. 發PER-ALERT給泰國代理行：MBL、switch HBL、國外帳單。

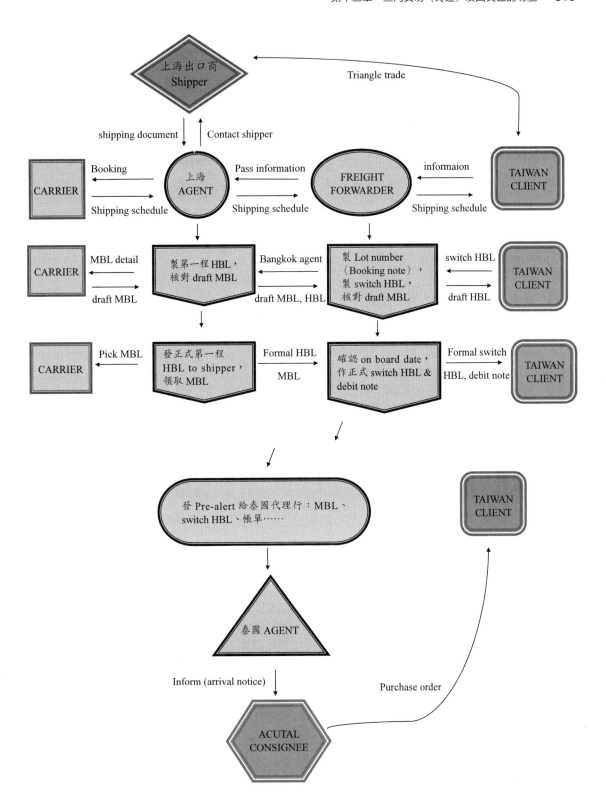

Carrier : **ALL-WORLD SHIPPING**		Bill of Lading OTI # 17745N
		For Combined Transport or Port to Port Shipment

SHIPPER	DOCUMENT NUMBER	B/L NUMBER
SCHUETZ CONTAINER SYSTEMS(SHANGHAI)CO.,LTD. NO.100 PUGONG RD,SHANGHAI CHEMICAL INDUSTRIAL PARK,SHANGHAI,CHINA	HZDE1612249 EXPORT REFERENCES	AWSL142301

CONSIGNEE
ASIA UNIO TAIWAN CO.,LTD.

DESTINATION AGENT
SIAM KARGO LOGISTICS CO.,LTD.
522/165 SOI SAPTANI ASOKE-DINDAENG BANGKOK 10320 THAILAND
TEL:+66-2-XX
FAX:+66-2-XX
ATTN:MR.XXX
POINT(STATE) OF ORIGIN OR F T Z NUMBER

NOTIFY PARTY
SAME AS CONSIGNEE

EXPORT INSTRUCTIONS

PRE-CARRIAGE BY	PLACE OF RECEIPT BY PRE-CARRIER	
EXPORTING CARRIER VOYAGE # BOX ENDEAVOUR V.21S	PORT OF LOADING SHANGHAI	LOADING PIER/TERMINAL
PORT OF DISCHARGE LAEM CHABANG	PLACE OF DELIVERY LAEM CHABANG	TYPE OF MOVE FCL-FCL	CONTAINERIZED ☑ Yes ☐ No

MARK AND NUMBERS	NUMBER OF PACKAGES	DESCRIPTION OF COMMODITIES In Schedule B detail	GROSS WEIGHT (Kilos)	MEASUREMENT (CBM)
420160006934 DFSU7057845/HAS44052 19	1 X 40' HIGH CUBE DRY 42 PACKAGES	EMPTY IBC DRUM CY-CY FREIGHT COLLECT SAY TOTAL FOURTY TWO PACKAGES ONLY	2562	58.464

TELEX RELEASE

(Conditions of Carriage Also Available @ www.allworldshipping.com)

Carrier has a policy against payment, solicitation, of receipt of any rebate, directly or indirectly, which would be unlawful under the United States Shipping Act, 1984 as amended.

DECLARED VALUE   READ CLAUSE 29 HEREOF CONCERNING EXTRA FREIGHT AND CARRIER'S LIMITATIONS OF LIABILITY.

FREIGHT RATES, WEIGHTS AND/OR MEASUREMENTS			Received by Carrier for shipment ocean vessel between port of loading and port of discharge, and for arrangement or procurement of pre-carriage from place of receipt and on-carriage to place of delivery, where stated above, the good as specified above in apparent good order and condition unless otherwise stated. The goods to be delivered at the above mentioned port of discharge or place of delivery, whichever is applicable, subject always to the exceptions, limitations, conditions and liberties set out on the reverse side hereof, to which the Shipper and/or Consignee agree to accepting this Bill of Lading. IN WITNESS WHEREOF three (3) original Bills of lading have been signed, act otherwise stated above, one of which being accomplished the others shall be void.
SUBJECT TO CORRECTION	PREPAID	COLLECT	

Issued at SHANGHAI, CHINA

By Shanghai HZD International Logistics Co., Ltd.
AGENT FOR THE CARRIER

	MONTH	DAY	YEAR
FORM-OCEHBL01 GRAND TOTAL	Jan	12	2017

圖 12-1　此圖為第一程 HBL

Shipper
(上海代理行公司名稱)

B/L No.
SHA178050040

Consignee
SIAM KARGO LOGISTICS CO., LTD.
522/165 SOI SAPTANI ASOKE-DINDAENG
BANGKOK 10320 THAILAND
TEL.:+66-2-xxx
FAX:+66-2-xx
ATTN:MR.

Notify Party
SAME AS CONSIGNEE

HASCO

上海 xxx　輪船有限公司
SHANGHAI HAI HUA SHIPPING CO., LTD.
TELEX: 337396 HASCO CN

Combined Transport BILL OF LADING

RECEIVED in apparent good order and condition except as otherwise noted the total number of containers or other packages or units enumerated below for transportation from the place of receipt to the place of delivery subject to the terms and conditions hereof. One of the Bills of Ladin., must be surrendered duly endorsed in exchange for the goods or delivery order. On presentation of this document duly endorsed to the Carrier by or on behalf of the Holder of this Bill of Lading: the rights and liabilities arising is accordance with terms and conditions hereof shall, without prejudice to any rule of common law or statute rendering them binding on the Merchant, become binding in all respects between the Carrier and the Holder of the Bill of Lading as though the contract evidenced hereby had been made between them. IN WITNESS whereof the number of original Bills of Lading stated under have been signed, all of this tenor and date, one of which being accomplished, the other(s) to be void.

Pre-carriage by	Place of Receipt		
Ocean Vessel Voy.No. BOX ENDEAVOUR 21S	Port of Loading SHANGHAI		
Port of Discharge LAEM CHABANG	Place of Delivery LAEM CHABANG	Final Destination (of the goods-not the ship) See Article 7 paragraph(8)	

Marks & Nos. Container. Seal No.	No. of containers or P'kgs	Kind of Package& Description of Goods	Gross Weight kgs	Measurement
420160006867 DFSU7057845 / HAS4405219 42 PACKAGES	42PACKAGES	EMPTY IBC DRUM 1×40' HC	2562KGS	58.464M3
		TELEX RELEASED		
	CY/CY SHIPPER' LOAD , COUNT & SEAL	FREIGHT PREPAID		

TOTAL No. OF CONTAINERS
OR PACKAGES (IN WORDS)　SAY TOTAL FORTY-TWO PACKAGES ONLY

FREIGHT& CHARGES	Revence Tons	Rate	text	Prepaid	Collect

ON BOARD

上海　國際船务代理有限公司
CHINA SAILING INTERNATIONAL SHIPPING AGENCY LTD.
Place and date of issue SHANGHAI 2017/01/12

Ex.Rate:	Prepaid at SHANGHAI	Payable at	
	Total Prepaid SHANGHAI (1)	No. of Original B(s)/L THREE	Signed for the Carrier

LADEN ON BOARD THE VESSEL
DATE　　　　　BY　　　(TERMS CONTINUED ON BACK HEREOF)

AS AGENT (1)
Printed in 2001

圖 12-2　此圖為第一程 MBL，其受貨人的資料由運輸承攬人提供給上海貨代。

SEA FREIGHT IMPORT BOOKING NOTE

LOT NO.: TR-0601004

MB/L#　SHA178050040　　　電放, SEA WAY , 正本　HBL#　　WCS-TR0601004

HBL#

1st VSL:　BOX ENDEAVOUR 21S　　　　HBL#

HBL#

2nd VSL:

ETD: 1/10 (SHA)　　　　　ETA: 1 / 19 (Laem Chabang)

FCL:　1x40HQ

LCL:　　　　　　　　　　　Port of Loading:　SHANGHAI

1)SHPR　SCHUETZ ××××

2)CNEE　×××　　　　　　　Port of Discharge: Laem Chabang 　(在泰國)

SHPR:　聯×××　　　　　　　　　　　TEL:　07-×××

FAX:

Broker:　　　　　　　　　　　　　TEL:

FAX:

船公司/同行:　　　　　　　　　　　TEL:

海華　　　　　　　　　　　　　　FAX:

匯率:　　　　　　　匯率:

1) S/R:

2) S/R:

1) COST.

2) COST:

1) Paid to AGENT: SHAHZDI　　　國外帳單:

2) Paid to AGENT: SIAM / BKK　　國外帳單:

Refund:

G. Profit:

MEMO:　1) Taiwan 作二程單

　　　　½ HBL →SHPR

　　　　½ .pre-alert

圖 12-3　此圖為運輸承攬人編製 Booking note 並製作第二程提單

Shipper ASIA UNIO TAIWAN CO.,LTD.			BILL OF LADING	B/L No. WCS-TR0601004

Consignee
THAI PEROXIDE CO
MAHATUN PLAZA BLDG., 16TH FLOOR,

BANGKOK 10330 THAILAND

Notify party

SAME AS CONSIGNEE

××××× **CO., LTD.**

Taipei, Taiwan.
Tel:886-2-XX　　　Fax:886-2-XX
E-mail:×××××

　　Received in apparent good order and condition unless otherwise indicated hereon the container(s) and/or goods hereinafter mentioned to be transported and/or otherwise forwarded from the Place of Receipt to the intended Place of Delivery upon and subject to all the terms and conditions appearing on the face and back of this Bill of Lading.
　　One of the original Bill of Lading duly endorsed must be surrendered in exchange for the Goods or Delivery Order.
　　IN WITNESS WHEREOF THE NUMBER OF ORIGINAL BILL OF LADING STATED BELOW HAVE BEEN SIGNED, ONE OF WHICH BEING ACCOMPLISHED, THE OTHER(S) TO BE VOID.

Pre-Carriage by		Place of receipt SHANGHAI,CHINA	For delivery of goods please apply to: SIAM KARGO LOGISTICS CO.,LTD.
Ocean Vessel BOX ENDEAVOUR 21S	Voy No.	Port of loading SHANGHAI,CHINA	522/165 SOI SAPTANI ASOKE-DINDAENG BANGKOK 10320 THAILAND
Port of discharge LAEM CHABANG		Place of delivery LAEM CHABANG	TEL:+66-2-XX　,FAX:+66-2-XX ATTN:MR.XXX

PARTICULARS FURNISHED BY SHIPPER

Container No. Seal No. Marks and Numbers	No. of Containers or pkgs	Kind of packages; description of goods or pkgs	Gross weight	Measurement
	1X40'HQ VVVVVVV	SAID TO CONTAIN : 42 PKGS SHIPPER'S LOAD & COUNT	2,562.00 KGS	58.464 CBM
DFSU7057845/HAS4405219/40'HQ/CY/CY/42PKGS/2562KGS/58.464CBM				
N/M		EMPTY IBC DRUM		
		"FREIGHT PREPAID"　SERVICE TYPE : CY/CY SAY TOTAL ONE (1) 40'HQ CONTAINER ONLY.		

Freight and Charges OCEAN FREIGHT	Revenue Tons	Rate	Per	Prepaid AS ARRANGED	Collect

**　SURRENDERED　**

Place of B(s)/L Issue JAN.12,2017	Number of Original B(s)/L (0)	×××××CO., LTD. JAN.12,2017 on Board Date

As Carrier

圖 12-4　此圖為運輸承攬人製作第二程提單給貨主

第十三章　供應鏈管理：個案研討分析

第一節　供應鏈管理概論

一、沿革

以國外惠普（HP）、戴爾電腦（Dell）等廠商要求國內電腦製造代工廠為例，供貨速度從「955」的要求開始，亦即95%的產品要在5天之內出貨給客戶，很快提升到「982」，也就是98%的產品要在2天之內出貨給客戶。近年以來更要求達到「1002」，也就是100%的產品要在2天內出貨給客戶。為向國外大廠客戶保證允諾達交（Available-to-Promise, ATP）以爭取訂單，國內資訊產業中的企業乃積極建置供應鏈管理的組織與運作模式。

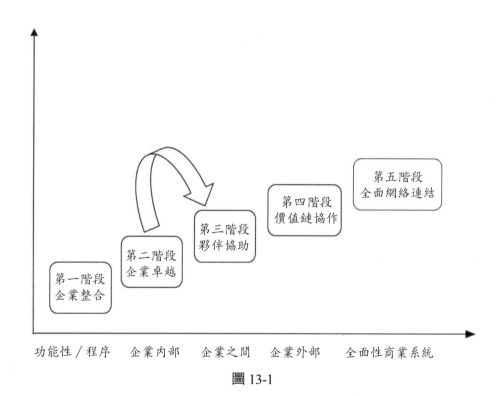

圖 13-1

長鞭效應（Bullwhip effect）

當供應鏈下游產生干擾時，愈往上游傳遞，干擾狀況會愈趨嚴重，造成需求的巨大不確定性。本質主要是由於供應鏈中的變異性所致，使顧客的需求在傳送過程中失真。長鞭效應問題之形成主要起因於最終顧客需求的小起伏，卻造成上游的製造與供應商需

求規劃上的大幅變動，且此效應所造成的影響可能導致供應鏈整個製造成本上升、存貨成本上升、補貨前置時間上升、運輸與人力成本上升以及產品可用性與收益下降。克服長鞭效應的方法，應該是讓供應鏈的成員對所需要的資訊進行交換，藉此能適時制定出合適決策。

二、供應鏈管理發展之驅動力量

漸漸注重消費者的需求、全球化的趨勢已然形成、政府貿易管制趨向自由化。

三、供應鏈管理之意義

供應鏈管理指的是涉及搜源、採購、轉換（生產）及物流等所有活動的規劃與管理。重要的是供應鏈管理包含與通路夥伴間——可能是供應商、中間商、物流商或顧客——的協調與協作。本質上，供應鏈管理整合了企業內部與企業之間的供應與需求管理。

供應鏈管理是一項整合性的功能，它的主要任務是在連結企業之內與企業之間的主要企業功能與企業程序，以形成一堅實、高績效的企業經營模式。它包含了上述所有的物流活動及製造作業，同時它驅動了與行銷、銷售、產品設計、財務及資訊科技等程序和活動間的協調。

供應鏈管理定義之詮釋

彙整上述幾個主要定義，可以了解供應鏈管理的特質是一個新的企業經營管理模式：管理的哲理是跨企業整合以創造更大的供應鏈價值；管理的終結目標是「創造顧客、股東及供應鏈成員顯著之價值」。營運目標則爲企業內部與外部供需間的有效整合——創新、集中力量、同步化、競爭力；管理標的則爲市場產品、服務與資訊。涉及的核心企業功能與程序包含搜源、採購、轉換（生產）及物流，介面功能與程序包含行銷、銷售、產品設計、財務與資訊科技。涉及的企業組織包含企業自體、通路夥伴——可能是供應商、中間商、物流商或顧客；營運方法著重在整合、協調與協作。

四、重要觀念

1. 延展性企業

基於市場全球化、生產力壓力、資源與產能有限、競爭白熱化、產業界限模糊化及科技進展快速等因素，新型態的組織關係與結構持續浮現於各個層次的經濟環節中。

豐田（Toyota）是1家成功的日本汽車製造商，也是準時製（Just-in-Time, JIT）生產科技的鼻祖，其有足夠的專業知識自己設計整部汽車，而它的汽車也的確都是自行設計。Toyota深知自己無法生產所有的零組件，乃根據零組件及子系統的策略重要性研擬委外生產決策；但因為它需要供應商的產能，所以把70%的零組件委外生產。Toyota不隨便選擇生產供應商，一旦選擇了，就與其維持長久的合作關係，並協助該供應商逐步提升經營能力與績效，成為延展性企業的最佳案例之一。

2. 虛擬整合

虛擬整合（virtual integration）是供應鏈成員間彼此緊密協作以取得集中式供應鏈管理的優點，同時又能保持成員各自獨立自主及控制權的一種實務營運模式。虛擬整合乃延展性企業之核心能耐，也是供應鏈管理主管之主要職責所在。

庫克首先改善供應鏈核心流程，將訂貨處理時間從10天降到5天，引進新的管理軟體，更精確估算未來，不是下一季或下個月，而是下一週的生產預測。同時將不符生產利益的生產和組裝工作轉給在新加坡、韓國和臺灣的電腦代工製造商，降低成品存貨成本，連運送、倉管都外包給專業的物流公司。如此不僅降低供應鏈整體成本，也使產品更快速地直接從工廠送達顧客手裡。

3. 策略聯盟

2家或2家以上企業基於共同之策略目標，從事相互經濟利得的企業活動，通常是屬於多方面、目標導向以及長期的一種夥伴關係。共同目標將促使雙方投入比一般性交易活動更多的資源，對聯盟的雙方帶來長期的策略利益，聯盟企業活動所產生之風險與報酬將由彼此協議互相承擔或分享。

4. 協同作業

供應鏈管理已成為企業管理的主要潮流，不少企業均積極投入建置供應鏈管理機制，從組織、制度、資訊系統、教育訓練等各個面向發展。但是供應鏈發展的關鍵成功

要素往往在於行為面，亦即企業與企業間的互動模式是否理想與健康。目前供應鏈管理的熱門用語「Collaboration」協同作業，簡稱協作。

5. 關係管理（relationship management）

(1) 風險：通常，一個高度專業化的通路成員，其通路風險較小。

(2) 權利：通常供應鏈成員中享受最大相對權力的人應該出來推動供應鏈之各項協作事宜。

(3) 領導地位：猶如一般企業需要領導者，供應鏈中亦然。

　　①可能是某特定企業，因其具有較大的規劃或經濟力量、較多顧客或全面性的買賣特許權。

　　②或可能是供應鏈中擁有超級力量的企業。

　　③或可能是起始推動供應鏈關係的企業。

第二節　相關知識

通路與基本作業

　　通路不包括不同的工商企業間之交易關係、相關製造與儲存設施（production and storage facilities）及連結這些設施的運輸路線（transportation lanes）與運具。通路存在之目的是要支援需求（demand）、供應（supply）與帳款（cash）的商業流程。管理通路的困難度重要源自複雜度（complexity）——由構造（structure）所產生，以及變異性——來自流量與流程（flow）特性。

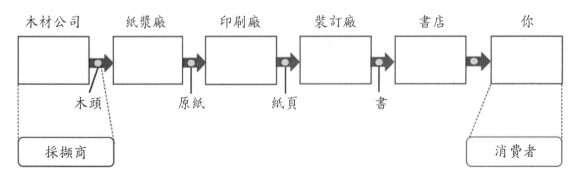

圖 13-2　書籍通示意圖

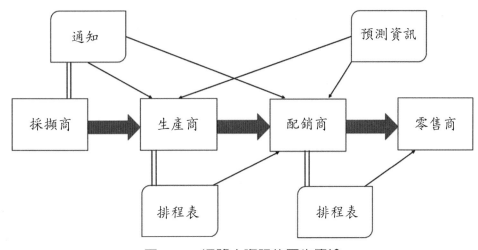

圖 13-3　通路中資訊的同步傳輸

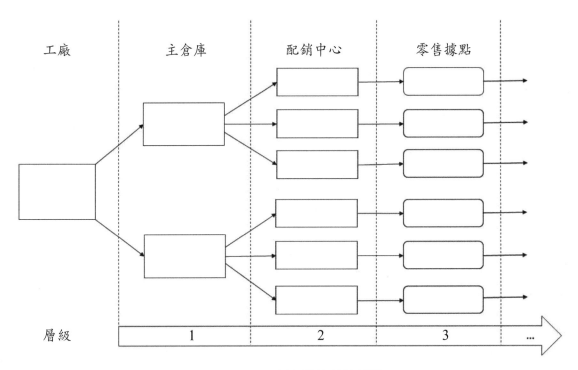

圖 13-4　工廠通路的配銷網路

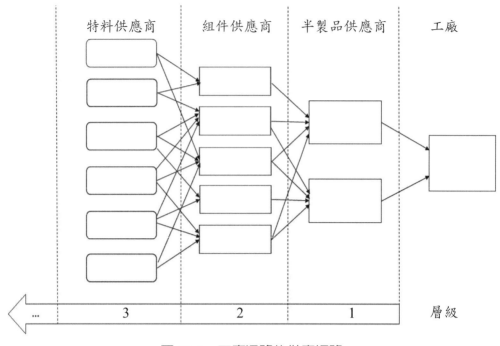

特料供應商　　組件供應商　　半製品供應商　　工廠

...　　　3　　　2　　　1　　　層級

圖 13-5　　工廠通路的供應網路

第三節　管理相關程序

一、六標準差

　　在1980年代期間，美國Motorola產品的製造良率僅有93.22%，即每一百萬個產品會有六萬六千個瑕疵品（defect）。如何自數百個原因中找出影響良率的關鍵因素，乃成為該企業的一個重要管理課題。1987年，Motorola資深品管經理Bill Smith的一份關鍵報告發現，產品線若能一次就將產品生產正確，那麼不須再修正的比例就會愈高，顧客滿意度也會愈高。

　　若能找出生產為何不能第一次就做對的原因，進而重新分析生產程序予以改良，就能逐步減少出錯的原因，甚至達到每一百萬件產品只有三、四個瑕疵品的高標準，而這麼小的錯誤率在統計上被稱為「六標準差（6σ）」。

　　六標準差就是在這樣的背景下由Motorola首先發展出來。發展初期僅著重於生產面的應用，後來像GE這些成功應用的企業，不只將其當成管理工具，更與激勵措施相結合，同時考慮到顧客的需求，把六標準差變成策略發展與文化管理的工具，將該方法的

應用在企業間發揚光大。（林宏達，2006）

　　「六標準差」的定義爲：「每百萬次的程序操作，只允許出現三點四個錯誤（3.4 PPM）。」推行六標準差活動的目的很簡單，就是經由設計程序並監控其日常操作。

　　六標準差的六大主旨爲：

1. 眞心以客爲尊：六標準差把顧客擺在首要位置。例如，六標準差績效的衡量從顧客做起，各項瑕疵的改進與否端視能否創造顧客滿意和價值而定。

2. 管理依資料和事實更新：六標準差的首項規則便是釐清評定業務績效要做哪些衡量，然後才運用資料和分析著手理解主要變數爲何。

3. 程序爲重、管理和改進：在六標準差，程序即行動所在。無論是設計產品、衡量績效、提升效率和顧客滿意度（甚或經營整個企業），六標準差視程序爲通往成功的交通工具。

4. 主動管理：在事前採取行動。

5. 協力合作無限：六標準差能擴大協力合作的機會，只要人們懂得自己的角色該如何配合組織的大方向，並能衡量與認知程序中各部門活動的關聯性。

6. 追逐完美，容忍失敗。

　　以IKEA的衣櫃爲例：

　　消費者經由IKEA官方網站選擇所屬產品，訊息經由資訊流的網路傳遞給店端的銷售部（商流）並聯結物流部及客服部（人流），再透過金流的整合，將六標準差的六大主旨發揮至極。

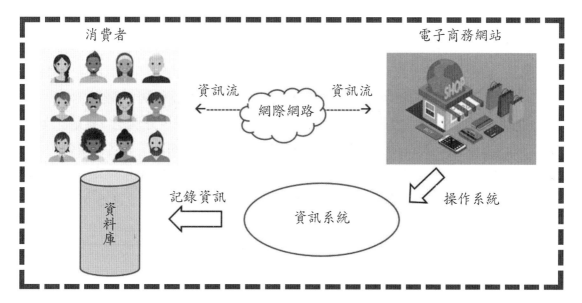

圖 13-6

1. 真心以客為尊

例如：網站上客製化的軟體，為了讓顧客可以製作自己想要的衣櫃，還可以搭配自己喜歡的配件。當顧客到賣場詢問時，我們認真聆聽用心服務，協助顧客找尋客製化衣櫃的各種配件，讓顧客有美好的購物體驗。

例如：因現在大部分人每個人的需求都不同，IKEA設計出網站讓顧客能夠客製化的產品，當最近有新的流行，會更新網站上的資訊，並給予顧客服務。

2. 流程為重、管理和改進

例如：下訂單、結帳、送貨（及時送貨），用軟體和顧客做繪圖內部配件及整體外部圖，以客人的衣櫃需求繪製出最相符的配置，確認完畢之後會核對商品完成下訂單的動作。

3. 主動管理

例如：在顧客向銷售員詢問衣櫃的資訊時，主動了解他的需求，例如尺寸可不可以客製化、衣櫃是否可以耐潮溼及耐重或衣櫃是否有實木，並提供顧客解決突發狀況的資訊。

4. 協力合作無限

例如：當消費者從官網上設計自己所理想的衣櫃，從銷售部門將資料送到客服部門做結帳，然後再透過合作的物流公司送到消費者手中。

5. 追求完美，容忍失敗

例如：衣櫃層板若無顧客所預期之耐重，我們會回收並給予顧客比其耐重的層板做替換，事後加以記錄各層板所能耐重之範圍並將紀錄資訊放入網站中供顧客參考。

六標準差透過DMAIC五階段的功能追求改善目標的達成，分別是「界定」（Define）哪個程序要加以改善、「衡量」（Measure）該程序的基準與目標績效、「分析」（Analyze）程序資料，已確定是哪些關鍵投入會影響關鍵的產出、「改善」（Improve）該程序使得產出可以達到最佳化，以及「控制」（Control）改善過後的程序。

二、精實六標準差

近年來，業界開始整合精實原理及六標準差的方法，並成功建立起精實六標準差的方法論及最佳實務，並從製造業慢慢推廣到其他產業。

精實方法和六標準差結合在一起的原因乃是兩者具有互補效益。精實方案雖能找出並去除流程中的浪費，但卻無法確保流程變異的統計性在控制之下；六標準差本身無法大幅改進流程速度或減少投入資本，但卻能藉由統計控制來掌握流程的穩定性。

精實六標準差（Lean Six Sigma, LSS）乃藉由快速改進顧客滿意、成本、品質、流程速度和投入資本等方面，以追求股東最大利益的方法。簡言之，LSS就是要把產品或服務做得又好又快。六標準差將重心放在如何使生產和企業流程更有效率；而LSS則在於流程的品質與速度。當六標準差無法大幅改善流程速度時，可藉由LSS來達成。此外，我們也可進一步地將LSS推溯至DLSS（Design for Lean Six Sigma），也就是提出把LSS的方法與工具應用在產品開發階段。

舉例來說，多數物料在製程中有95%是在等待被用、等待某人來提高它的價值或被閒置在成品倉庫。若能將這些等待時間減少八成，製造管理費和品質成本就可以減少兩成，而且還有較快交貨和較低庫存的好處。如果將精實六標準差原則用在無關延誤、成本、顧客滿意的流程步驟上，原來可能有的成效便無從顯現。就像其他的改進策略，要發揮精實六標準差方法最大的效果，則必須要知道在何處使力及如何決定優先順序。精實方案和六標準差結合所產生的綜效，舉例來說，可以讓某公司在2年內減少20%的製造管理費和品質成本，以及50%的庫存。

第四節　供需作業管理

一、需求作業管理

1. 溝通需求（communication demand）

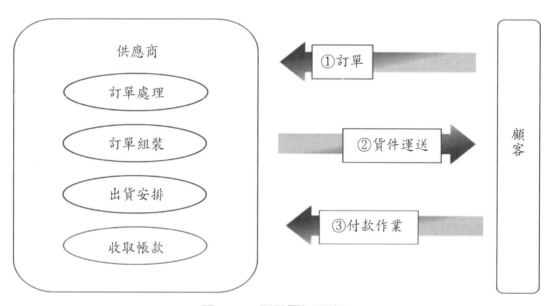

圖 13-7　訂單履行週期

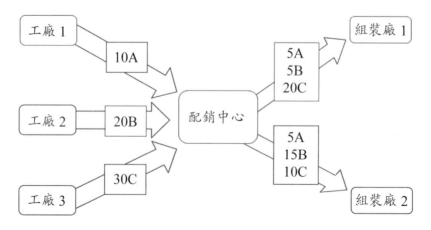

圖 13-8　合併與分裝運送

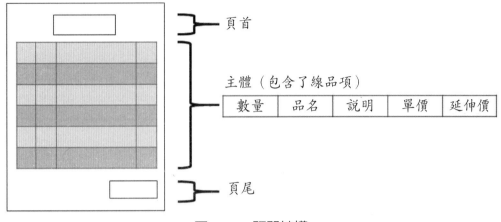

圖 13-9　訂單結構

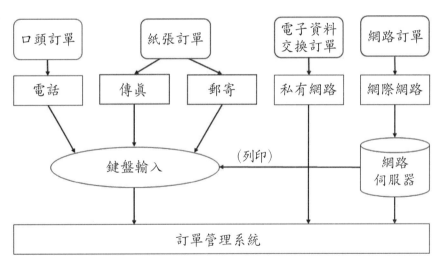

圖 13-10　接收訂單

二、供應作業管理

1. 啟動補貨

(1) 何時必須補充存貨？

(2) 每次補貨應採購多少量？

(3) 現場應維持多少存貨？

2. 決定訂購量

每次補貨應該訂購多少數量？該數量決定下一筆訂單和持有存貨的相對成本。**訂購成本**（order cost）是下一筆訂單，以及驗收該訂單的基本成本，與數量無關。**持有成本**（holding or carrying cost）是存貨在消耗之前的積存成本，包含儲存和搬運成本、因存貨而不能挪作他用的資金機會成本、因過時或損壞之價值損失，以及投保火險和竊盜險之成本。

3. 維持安全存貨

一個設施應該在現場維持多少存貨？EOQ模式之計算提供這個數量的第一個下限；隨時都應該有足夠的存貨在手上，以在補貨前置期間內仍能滿足顧客需求。

4. 強化補貨作業

企業能夠從此改變推向愈上游，企業就愈有可能從供應鏈中移除時間與成本，而非僅是在供應鏈中推來推去而已。

第五節　整合管理類型

一、通路供應鏈整合類型

1. 主－主型整合

主－主型整合（Primary and Primary channel participant integration），簡稱P-P型整合。係由主要通路成員中（包含供應商、製造商、批發商、零售商或消費者）的其中一位成員啟動整合的作業，通常為通路中較有影響力或具標竿效果的成員，帶領參與整合的通路成員進行通路整合的工作。例如，Wal-Mart與P&G間的供應商管理存貨（VMI）。

2. 主－專型整合

主－專型整合（Primary and Specialized channel participant integration），簡稱P-S型整合。由於通路技術的進步，許多傳統的主要通路成員面臨突破的困境，故他們會尋求專業物流公司或流通促進公司進行合作以改變既有的做法，希望藉由他們的技術合作

創造整合的契機。例如，魔術食品工業股份有限公司（摩斯漢堡）及其夏暉食品提供麥當勞所有商品的供應。

表 13-1 通路供應鏈整合作業構面

流通作業構面	作業內涵
商流	物權擁有、協商、財務融資、風險承擔、促銷活動
物流	實體持有與流通
情流（資訊流）	訂單管理與處理、情報與資料處理
金流	付款作業、收款作業
人流	跨組織營運機制的建立、人事異動與安排、人際溝通、人員訓練、人事管理、人員派遣

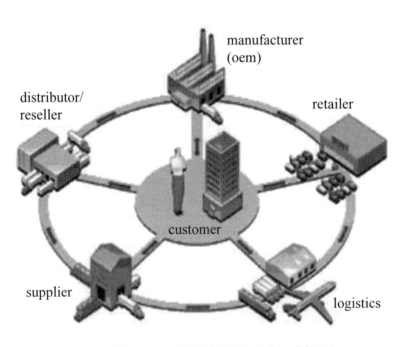

圖 13-11 通路供應鏈整合作業構面

二、供應鏈整合個案分析釋例——供應鏈整合

個案描述與分析

1. 整合成員

(1) 供應鏈整合主體：

①Wal-Mart與其上游包括製造商與批發商聯盟，建立快速回應系統。

②Wal-Mart與專業資訊公司NCR合作建置資料倉庫。

③Wal-Mart與製造商Warner-Lambert建立共同預測和補貨系統。

④Wal-Mart進行內部整合。

(2) 經營之產品類型：食、衣、住、行、育、樂等數萬種產品。

2. Wal-Mart 供應鏈整合互動關係

整合成員的互動關係如圖5.1之說明。Wal-Mart與其供應商建立合夥關係，供應商改變他們的業務處理方式，且為了對Wal-Mart的系統能有更快的回應，亦與Wal-Mart建立QR，而Wal-Mart並與NCR公司合作建置資料倉庫，提供各個零售店及供應商正確的商品資訊及商品銷售趨勢。Wal-Mart與製造商Warner-Lambert建立共同預測與補貨系統，並改善自己的物流系統，建構快速反應的運輸系統、衛星式通訊系統，以及改變管理控制的方法使人員工作更具效率。

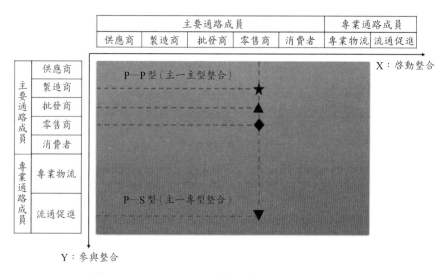

圖 13-12　Wal-Mart 供應鏈整合互動關係圖

註：★：Wal-Mart與製造商整合。▲：Wal-Mart與批發商整合。◆：Wal-Mart內部整合。
　　▼：Wal-Mart 與 NCR 公司整合。

三、全球供應鏈論壇程序整合模式

供應鏈網路結構

1. 誰是供應鏈成員？

供應鏈成員可分為以下兩類：

(1) 供應鏈的主要成員：指在商業程序中實際執行作業和（或）管理，製造特定的產出以滿足特定顧客或市場的獨立公司或策略事業單位。

(1) 供應鏈的支援性成員：僅提供資源、知識、公共事業或資產給供應鏈主要成員的公司。

2. 網絡結構的規模範圍有多大？

供應鏈結構的範圍主要在第一階顧客／供應商資源結合與管理，更進階的管理則會整合第二階、甚至是第三階的顧客／供應商。不同階層的成員組合形成水平結構關係，例如，核心企業與其第一階重要顧客間的關係，彼此間可以導入供應商管理存貨的供應鏈管理營運模式；同一階層的不同成員間可以形成垂直關係，例如，第一階段供應商包含物料商與物流公司，透過兩者的合作將物料送交核心企業。

3. 供應鏈成員不同的連結關係

圖13-14顯示供應鏈成員間圍繞核心企業形成不同整合程度的連結關係，包含管理性程序連結、稽核性程序連結、非管理性程序連結與非成員性程序連結等四種不同的連結方式。網路結構中與核心企業相關的結構包含供應鏈成員及非供應鏈成員，例如，以宏碁電腦為核心企業，其供應鏈成員為聯強國際、全國電子等通路業者，其非供應鏈成員為新竹貨運（協助全國電子運送產品）。

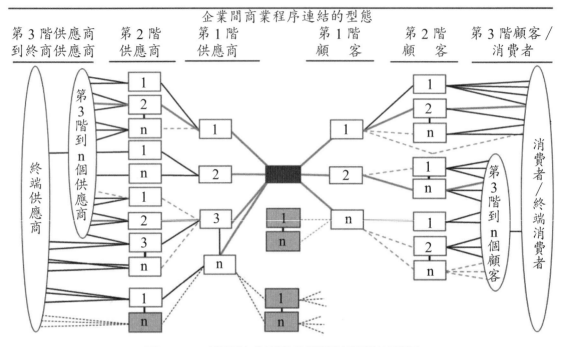

圖 13-13　　供應鏈成員間商業連結關係的種類

註：管理性程序連結；稽核性程序連結；非管理性程序連結；
　　非成員性程序連結；核心公司；核心公司供應鏈成員；核心公司非供應鏈成員

第六節　供應鏈協作

供應商管理存貨最佳實務

　　VMI（Vendor Managed Inventory）是一種供應鏈的協作模式，也稱為供應商管理庫存。這種模式是由供應商即時取得顧客的銷售及存貨水準電子資料，並以之建立起一套有效的存貨管理系統，負責為顧客規劃並維持存貨於最佳狀態，使供應鏈的存貨水準大幅降低，更避免了傳統補貨方式的缺貨機率及不必要的存貨持有成本及風險。

　　VMI是基於供應鏈夥伴間資訊分享，以解決供需的問題，來增進供應鏈效能的一種供應鏈協作管理模式。在一個VMI系統中，供應商依據之前與顧客所協定的範圍，決定每一個商品在代管場所的適當存貨水準，並使用適當的存貨政策來維持這些水準。在

開始階段，VMI政策建議必須被顧客同意，但是許多VMI專案執行一段時間後，顧客就完全放手讓供應商管理。這種形式的關係最有名的例證為Wal-Mart及P&G。他們的夥伴關係起始於1985年，已經大幅改善P&G產品在Wal-Mart的銷售週轉率及供應鏈的存貨水準。許多VMI專案都很成功，例如，Dillard百貨公司（迪拉德百貨公司）是一家美國奢侈品百貨連鎖店，在29個州擁有約289家商店，總部位於阿肯色州小石城。目前，商店數量最多的地區是佛羅里達（42家）和德克薩斯州（57家）；JC Penney（傑西潘尼是美國最大的連鎖百貨商店之一，總部位於美國德州普蘭諾，在全美擁有賣場1106家，雇員116000人，為全球500強企業之一，主要銷售男裝、女裝、童裝、珠寶、鞋類、飾品和家居用品等，其銷售額增加了20～25%，而存貨週轉率改善30%，這種協同存貨管理模式因而成美國百貨用來達成「快速回應」的一個重要方法。

當執行一項VMI的協助專案時，供應商與零售商的每日接觸將會銷售與行銷人員轉移到物流人員。這意味對銷售人員的激勵或薪酬必須有所調整，因為零售商的存貨水準是由供應鏈需求主導，而非價格與促銷策略。當供應商同時服務許多相互競爭的零售商時，機密的資料也一併會由各個零售商提供給供應商。在許多案例中的策略夥伴關係都使得零售商的存貨大大的降低，供應商必須確定店面額外的剩餘空間並沒有用來圖利供應商的競爭者。

在VMI的夥伴關係中，在零售商售出貨物前，貨物所有權依舊為供應商所擁有。這種關係的好處對零售商而言是明顯的，因為有較低的存貨成本。當由供應商擁有存貨時，它將會盡可能更有效地管理這些存貨。

在VMI中，零售商提供需求的資訊，而供應商做出供貨的決定，因此，雙方能完全掌握供應數量的變異性。而這些知識可以利用來降低整體系統成本與改善全面的系統服務水準。對供應商的好處則是有較佳的服務水準、邊際費用的降低以及存貨成本的減少，這些好處都是非常明顯的。供應商應該能夠去降低預測的不確定性，才能更佳地協調生產與配銷。更具體而言，預測不確定性的降低，將會導致安全存貨的降低、儲運成本的減少、服務水準的提升，進而減低通路的長鞭效應。

VMI執行時必須考量以下幾個重點：

1. VMI契約中的條款必須經由雙方協商同意，包括關於物品所有權，以及所有權轉移的決策、性用條件、訂購責任以及績效衡量，例如，服務貨存貨水準等。

2. 在策略夥伴關係中，供應商通常比顧客具有更多責任，而這將迫使供應商去聘請人員以負荷此一責任。在供應商方面的花費常常因管理責任的增加而變多。而且，存貨在一開始通常都會轉回供應商，一般而言，對於供應商的存貨成本將會

增加。因此，建立出一個雙贏的契約關係來使雙方共享降低的系統存貨成本是較具持續性效果的要件。

3. 如果沒有整合性資訊系統，則需由供應商與零售商共同開發。這些資訊系統必須讓雙方都能輕易的使用。採用先進科技是必要的，而先進科技是十分昂貴的。

4. 雙方皆必須建立一套有效的預測系統，開發出一套戰術性的決策支援工具，用來協調存貨管理與運輸政策。這套系統開發將取決於夥伴關係的特性。

5. 在傳統上一直處於對立的零售商與供應商的關係中，培養互相信任的關係是導入VMI協作模式最基本的工作。

案例：台商在中國大陸 VMI 的模式

目前台商在中國大陸所採用的VMI模式主要是由供應商所成立，供應商將全球各產地的原料運送至保稅區所設立的供應商管理庫存配送中心（VMI Hub），在VMI中心內保持2～3星期的存貨，以便支應台商資訊硬體業者隨時生產的需求。此時的原物料屬於保稅狀態，為供應商所有，等到下游資訊製造廠下訂單，才進行通關使續送到顧客廠房，原物料的所有權也才跟著移轉至製造商手上。

台商資訊產品製造依據訂單生產，在原物料送入庫之後即時製造，待完成時即可安排出口貨內銷給顧客。對於製造商而言，在此VMI模式運作下，幾乎不會有原物料庫存的產生，此亦為目前台商企業積極推展VMI的原因。原物料VMI在中國大陸盛行之主要原因是這種協作模式不但可以免除原物料資金的積壓、避免原物料價格大跌的風險，又可以降低企業本身的倉庫面積，需要物料時可再申請VMI中心通關進入廠區，此一模式尤其受到筆記型電腦企業之青睞。目前在上海地區設於海關保稅區內的VMI中心多為中資企業所掌握，例如，新寧、飛力等，憑藉著地方政府的保護以及當地海關良好的人脈關係，提供蘇州或昆山工業區資訊產業重鎮之VMI服務。

然而隨著中國大陸政策的鬆綁，品牌商不斷要求製造成本下降之因素，許多台商對於VMI之管理能力要求水準愈來愈高，逐漸產生有專業物流服務業接手VMI新管理，或者由大型製造商自行成立VMI更新的趨勢。台商物流企業，如中菲行航空貨運承攬與鴻霖物流亦進入物流服務市場，可見未來在中國大陸VMI之經營模式愈趨成熟，相關物流服務之競爭也會愈趨激烈。

資料來源：摘自池惠婷，經濟日報，2005年11月25日

表 13-2　台商電子業 VMI 倉庫管理模式分析

倉庫管理模式	應用對象	說明
由供應商自行管理倉庫	以臺灣為生產基地的製造業者	・臺灣廠地貴，節省倉儲空間利用 ・運送路程短，零件商、通路商服務水準高，不易出錯 ・資訊應用成熟度高，可建立虛擬 VMI 倉管理
中心廠建立 HUB 倉庫管理	以大陸為生產基地之大型電子製造業者	優點： ・倉庫在生產線旁，管控容易 ・大陸廠地便宜，倉庫成本低 缺點： ・通關耗時，零件流通性差，高價電子零件供應商配合意願低 ・由中心廠管理，無法滿足供應商的資訊需求
委由大陸地區公共保稅倉管理	以蘇州、昆山、珠江三角洲為生產基地之電子製造業者	定義： ・公共保稅倉為台商電子製造業集中地區所衍生的第三方物流服務，提供倉儲、通關、轉倉等服務 特色： ・零件疏通性高，供應商配合意願高

資料來源：億科國際公司提供，DIGITIMES 企業 IT 整理，2006/9　　　製表：廖珮君

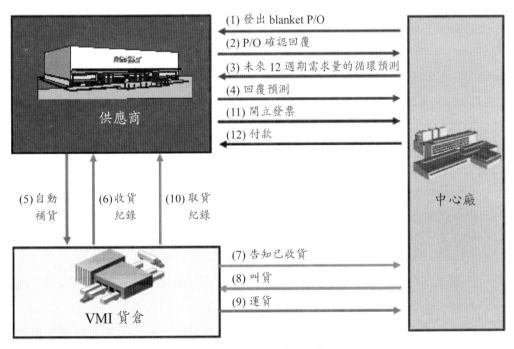

資料來源：億科國際公司提供，DIGITIMES 企業 IT 整理，2006/9
製表：廖珮君

圖 13-14　VMI 一般作業流程

第七節　供應鏈財務與績效管理的關係

連結績效指標與財務指標

　　將目標對應到立論原則上很簡單，但是實務操作可能很快地就變得相當複雜，以致於唯一了解不同目標對利潤聯合影響的方法，是將這些目標建立在供應鏈分析模式中，並觀察其變化。為了了解衝突是如何快速產生的，請參考圖13-15所顯示的營收與支出簡單觀念模式。這個系統有企業可以掌握的四個投入項目，以及一個產出──利潤。圖的右邊顯示有兩種連結線，利潤隨營收增加而增加，但利潤卻隨支出增加而減少；接下來，營收可以因單價或銷售量的上升而增加，支出則可以因容量或物料成本的下降而減少。

　　不過這裡存在一個微小的衝突，即當價格超過某一點時將使買方退縮而減少銷售數量，正如圖中所顯示價格與銷售量之間的負連結。這意味著價格對營收有著衝突的效應：在低價時，提高價格可增加營收，但在較高價格時，提高價格反而會造成營收的減少。能使利潤達到最高的那一點當然是設定此產品的一個好價格，但這個價格是多少呢？他取決於分析模式的一些細目：參數值、個別變數關係的特性等。至少在這個模式中，減少物料成本始終會增加利潤，但卻沒有任何簡單法則能夠指出漲價或降價將如何影響利潤。

　　這不是一項特別深刻的見解：每位經理人都知道價格涉及單位利潤與銷售量之間的互抵關係。但是隨著增加幾個目標，圖13-15這個模式將變得更有趣。圖13-17用評量供應鏈績效的三個普遍指標來說明同一個利潤基本模式：前置時間、供品率（fill rate），以及存貨（inventory）。這些評量指標會如何出現在供應鏈目標是相當明顯的：幾乎每家公司都想降低它的前置時間、改善它的供品率，以及降低它的存貨水準，但是這些目標是相容的嗎？

　　設考量存貨水準的效應。從圖13-16左邊的連結看到，高存貨水準會增加容量成本（capacity cost）與物料成本（material cost），所以減少存貨必定能減少支出。但是，擁有較多的存貨卻能夠達到較高的供品率與較短的前置時間；所以在這些目標之間產生了衝突。當然，有其他方法能夠改善前置時間與供品率；舉例來說，企業可以藉由將存貨推向更接近顧客來減少前置時間，但是這會使容量成本上升，因為此舉需要更多的儲存設施。簡言之，在沒有仔細了解整體系統的情況下，沒辦法預測改變任何這些評量指標後的效應。

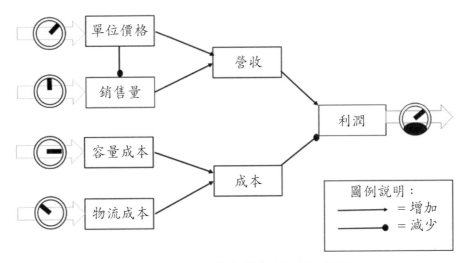

圖 13-15　一個營收與支出的基本模式

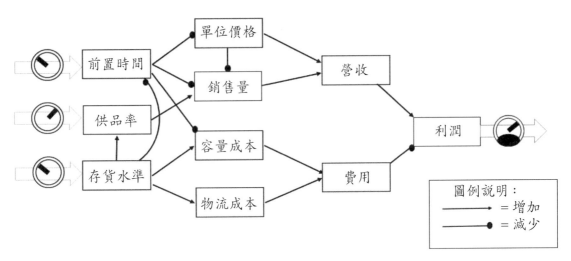

圖 13-16　使評量指標與利潤協調一致

第八節　供應鏈的資訊管理

一、供應鏈資訊科技的目標

　　供應鏈資訊科技的首要目的在於緊密且有效地連結生產點、銷配或採購點，使資訊流向能追隨商品實際的流向。這使供應鏈成員可以根據實際的資訊來規劃、追蹤及估計

前置時間，對產品狀態有興趣的任何成員都能獲取這些資訊。爲了善用資訊，企業必須蒐集、存取、分析以達到協作爲前提分享這些資訊。供應鏈管理資訊追求的目標有如下四點，茲分述之：

1. 資料蒐集

基於零售商需要知道所下訂單的狀態、物料供應商要能事先預測製造商的訂單，這將需要取得其他企業資訊中的資料及內部功能或區域的資料。此外，供應鏈成員必須依各自的需要來解析資料，如一個花生供應商在判定花生糖或花生醬需求時，他要把需求轉換成所需花費的花生磅數。因此，磅數轉換表類似物料單，在整個資訊系統中都是必要的。爲滿足顧客的查詢，所需查詢的資訊可能座落在企業的不同地點，或甚至在不同的企業裡。蒐集資訊的目標乃在藉由開發單一接觸點資訊系統，來供應所有供應鏈成員所需的資訊，亦即提供給顧客或資訊需求者，不管經由何種模式（例如，電話、傳眞、網路、電話亭）或是系統中有誰在查詢的情況下，均可經由一個資訊系統接觸點來取得所需資訊。

2. 資訊存取

在許多企業裡，資訊系統猶如一座座的島嶼，每一座島嶼代表一個企業功能系統，顧客服務是一個系統、財務系統又是一個，而製造系統和配送系統又各有其獨立的系統。

以銀行應用軟體系統爲例，可以經由電話、電腦或是自動提款機使用和銀行櫃檯人員一樣的帳目查詢系統。雖然如此，在單一接觸點的查詢系統上，這些系統對顧客所有帳戶的資料連結仍有待改進，例如，可否透過存款帳戶系統，同時查詢貸款的資訊。

3. 供應鏈分析

資訊系統可應用於分析製造、組裝、倉儲以及配送產品最佳的方式，使供應鏈的資源利用達到最佳效果。

4. 供應鏈夥伴間之協作

(1) 企業因爲在供應鏈上扮演不同的角色，故可能需要整合顧客的採購系統、需要將供應商連結到企業的系統或協作平台。

(2) 協作成爲供應鏈管理之焦點，具備有效連結供應商能力的新系統稱爲供應商關

係管理（SRM）；而在供應鏈的另一端，顧客關係管理（CRM）則嘗試對顧客需求提供更好的接觸與了解。

案例：聯強維修網──顧客 e 網打盡

聯強為此設計了兩個中央系統模組，一個是針對燦坤等大型經銷商設計的系統對系統聯繫方式；另一個則是針對為數眾多的經銷商門市提供ASP系統，讓經銷商的門市人員可以上此系統填寫修報單，再直接列印收執聯號碼給消費者，藉此整合供應鏈下游通訊產品經銷商為數龐大但屬於較零散、片段的維修作業資訊。

以供應鏈下游作業整合之基礎，透過資訊的分析及加值，一方面作為聯強內部相關策略制定的參考，一方面以電子資料交換等方式即時提供市場資訊給供應鏈上游的品牌大廠，作為其對產品的品質、零件庫存管理及產品製造、研發等決策的重要依據。

二、供應鏈的資訊系統設計與結構

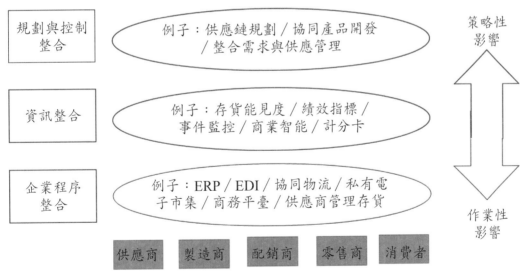

圖 13-17 供應鏈無隙縫整合之資訊科技結構

第九節　全球供應鏈

一、全球供應鏈策略的發展

根據有關資料的統計，供應鏈管理的實施可以使企業總成本下降10%，而在企業準時交貨率方面亦提高15%以上，訂貨生產的週期時間可縮短25～35%。這些資料均說明了，採用供應鏈管理的企業在不同構面上都獲得了進展，其中又以「訂購週期縮短」最為明顯。能生產這樣的結果，完全得益於供應鏈夥伴的相互合作、利用彼此資源的經營策略。採用供應鏈管理模式可使企業在最短時間內尋找到最好的合作夥伴，用最低的成本、最快的速度、最好的產品贏得市場，然而受益的並不只一家企業，而是一整個企業群體。

企業全球供應鏈策略的發展可從只採用一些全球性供應商的國內導向企業到一個真正的整合性全球供應鏈，以下分別說明之：

1. 全球供應商
2. 全球配銷系統
3. 海外生產
4. 整合性全球供應鏈

二、全球供應鏈的驅動力量

1. 全球市場的力量

全球市場力量包括了由外國競爭者所帶來的壓力及外國顧客所創造的機會。即使企業並不從事國外的商業活動，但是外國競爭者在本國市場的出現卻能大大地影響其商業活動。為了成功防衛本國市場，企業必須要進入國外市場。

知名日本管理顧問大前研一（Kenichi Ohmae）指出：「人們都想成為全球公民，因此，這些想賣產品給大眾的企業也必須成為全球性的企業。」

特殊市場經常引領一些技術領域提升的驅動力。

2. 科技的力量

在世界上的不同地區與地點，有不同的替代零件與科技可加以利用，而且許多成功的企業家必須具有能夠快速有效利用這些資源的能力。為達到這個目標，對一家企業而

言，設置緊鄰這些科技或零件來源地的研究、設計及生產設施是有其必要性的。許多企業發現在製造設備附近設置研發設施可以縮短產品上市的時間。

3. 全球成本的力量

便宜的勞工已足以支持海外生產的效益。然而最近以來，諸如運輸、關稅等其他類型的全球成本力量的影響性已變得愈來愈重要。建立一棟新供應鏈設施的資金成本常常會超過勞工成本的考量。

4. 政治與經濟的力量

政治與經濟的力量對於邁向全球化也可能有著很大的影響，如匯率波動、區域貿易協定等。對全球企業而言，在歐盟、環太平洋或北美自由貿易區內可能具有獲取原料或製造上的優勢，或是可以重新設計生產過程以避免關稅課徵。

不同的貿易保護機制也將會影響全球供應鏈的決策。例如，關稅及進出口配額會影響產品應該從何處進口，而引導企業在最適合的國家或區域中製造產品，更進一步的管制。

三、全球供應鏈管理的要務

其中最大的挑戰之一，就是建立能夠幫助企業實現並保持卓越績效的具有活力之供應鏈，儘管現在面臨供需關係發生變化，商品供應和價格大幅波動，匯率亦起伏不定，不可預見的地緣政治事件隨時可能發生，以及需要滿足成熟市場和新興市場較高增長需求的複雜情況；另一方面，傳統的供應鏈已難以克服現在的經濟動盪對於企業經營業績的衝擊。最成功的公司把供應鏈運作與企業的價值主張結合起來，並投資於那些最具股東價值回報的業務領域。

四、全球運籌與國際物流管理

對一家發展全球化的企業而言，「全球運籌管理」就是該企業進行全球市場行銷、產品設計、顧客滿意、生產、採購及供應及物流等活動時，整體的管理體系。「全球運籌管理」的核心精神便是快速回應市場的變化與顧客的需求，同時將經營成本、庫存壓力與風險降至最低，進而創造整體經營的最大綜效。企業全球運籌管理可定義為：

企業全球運籌管理乃相關支援企業全球策略所需之「物」，含原物料、生財機具、半成品、成品、備用零件、廢棄物及一般供應用品及專業服務的控制系統的設計與管理。

五、全球直配商業模式

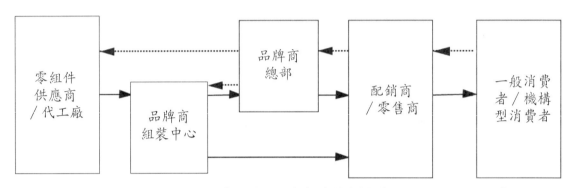

圖 13-18　傳統間接通路商業模式——庫存適供應鏈（Make-to-Stock, MTS）

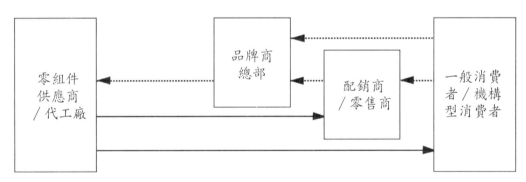

圖 13-19　現代化直接通路商業模式——接單式供應鏈（Make-to-Ordre, MTO）

1. 1998年以前：95%的訂單要在5天內完工交貨。
2. 2000～2006年：98%的訂單要在2天內完工交貨。
3. 今日：100%的訂單要在2天內完工交貨。

　　為迎接這些更嚴苛的要求，代工廠與知名國際物流公司聯合推出由生產廠快速將成品直接配送到全球各地品牌商的顧客要求交貨地點之物流服務模式，使得在歐美等國家的交貨速度可以在3～5天完成。

　　品牌商不再維持自有的組裝中心，而是採取100%委外生產的模式，而在物流方面

則由工廠直接配送產品給下游的經銷通路顧客或是網路購物的消費者與一般大型機構的消費顧客。

這種結合快速全球接單生產及快速全球配送的創新供應鏈，2000年前主要在臺灣運作，被稱之爲臺灣直送模式（Taiwen Direct Ship Model, TDS）；2000年後因爲全球筆記型電腦生產基地逐漸轉移到大陸，因此大陸的中國直送模式（China Direct Ship Model, CDS）也開始全面興起。目前這類營運模式可以處理品牌廠商全球市場的主要訂單，在7～14天之間完成接單到交貨的週期，而且是由工廠快速生產並直接交貨到顧客手中。

這種結合快速全球接單生產及快速全球配送的供應鏈商業模式，目前已經在筆記型電腦、數位相機、客制化鞋子、手錶等許多高單價且生命週期短的全球性商品中獲得愈來愈多的採用，此一模式稱之爲**全球直配商業模式**（Global Direct Distribution Business Model, GDD）。

六、全球直配案例

1. Ocado（歐卡多）可以說是相當成功的一個案例了，現已被評爲英國最好的在線超市，市值高達11.8億英鎊，目前公司有超過5000名員工。

英國最大的B2C零售商，他們除了售賣生鮮外，也賣其他食品、玩具和醫藥產品等來支持。Ocado的經營模式一種爲純線上獨立運營模式，依靠大型客戶服務中心進行集中儲存、撿裝和配送。這家生鮮電商龐大的物流系統和配送區域覆蓋了英國70%的範圍。

這套倉儲配送體系布滿英國，這套體系中，運費是一個亮點，面額運費以及包月／半年／全年套餐模式，配送時間可以自選。2015年Ocado的貨品準時率高達95.3%，貨物精準率達到99.3%。

爲了解決效率問題，這套體系包含2個運營中心和16個前置中轉站。其中1/3訂單由運營中心直接配送至客戶，2/3先經由驛站。系統核心是智能分揀中心和物流體系，比如Ocado物流中心啓動自動儲存解決方案，由AutoStore提供將包括31個機器人，實現高效的自動化作業。

目前Ocado倉庫能支持21500個品項儲存，並完成高精準的額分揀流程。物流車輛按照單獨的箱體排列，分別對應不同的冷藏溫度，適用於不同生鮮食品的倉儲需求。（參考資料：https://kknews.cc/tech/x5mareg.html）

2.仁寶與Fedex共同為HP創造出全球直配模式

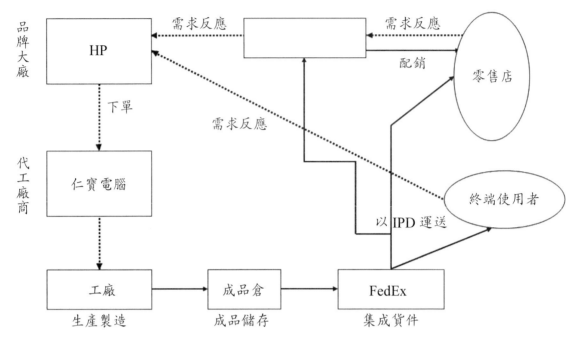

圖 13-20　HP、仁寶與 Fedex 合力建構的筆記型電腦全球直配商業模式（實線表實體物流；
　　　　　 虛線表虛擬資訊流）

第十節　供應鏈保安

一、背景說明

　　當某一供應商的供應網路遭到入侵或破壞時，所有供應鏈的零件流程都可能會受到
波及而產生不良影響。包括作業延遲、喪失重要原料或是輸入資料受到影響等，一如在
生產線開頭發生的小故障及可能會讓整個生產活動徹底停擺一樣。

二、供應鏈風險與保安

1. 風險管理

風險定義：事件發生之可能的後果，而該事件發生之後果對達成企業或組織目標之影響不利。風險可定義爲組織或個人發生損失的機率及損失嚴重性二者的組合，而意外事件風險則爲意外事件發生的可能機率以及事件發生的後果之組合乘積。

2. 快速復甦企業之營運模式

(1) 在人和文化上投資：在員工身上有很大部分的投資是在教育訓練。此外，許多企業投資大量金額於特殊干擾事件之教育訓練——發展並演練緊急處理程序以及模擬干擾事件的發生，使員工學習如何回應這些狀況。反覆練習是很難受歡迎的，但是這些練習卻可以加強員工的應變能力，這類訓練的目標應該將保安及快速復甦這兩項能力社會化，以使所有員工對威脅狀況能時常提高警覺並迅速反應。最後，高度彈性的組織似乎存在員工熱愛工作與組織文化的特質。這種文化意味著員工受到尊重，並給予所需訊息和訓練，但是這些員工被期許能夠超越職責範圍、穿越障礙，進而達成企業的目標。

(2) 快速復甦投資的適切性

組織必須超越企業永續規劃（business continuity planning）的思維，依循保安及品質管理採用的做法，建立保安措施，避免在干擾事件發生後再來補救。不確定性增加使得需求預測變得非常具有挑戰性，其主要原因包括：

①許多產品的款式激增

②產品生命週期縮短

③顧客期望持續增加

④全球化

⑤資訊與通訊連結力

3. 國際標準組織供應鏈保安 28000 驗證

國際ISO組織於2007年11月正式公告供應鏈保安（security）管理系統國際系列標準（ISO 28000）。ISO 28000供應鏈保安管理系統系列標準包含ISO 28000、ISO 28001、ISO 28004及ISO 28003，適用對象包括所有供應鏈上的業種。其中港口和船舶設施、貨物承攬、船務代理、貨車以及倉棧經營業者適用ISO 28001，而大公司貨主或製造業則

適用ISO 28000。因此後續茲就ISO 28000國際標準說明如後。

ISO 28000（供應鏈保安管理系統規格）乃以ISO 9000與ISO 14000系列為基礎所制定，規範保安管理系統採用PDCA（Plan、Do、Check、Action）循環，包含要件如圖13-21所示。其內容包含六大項。

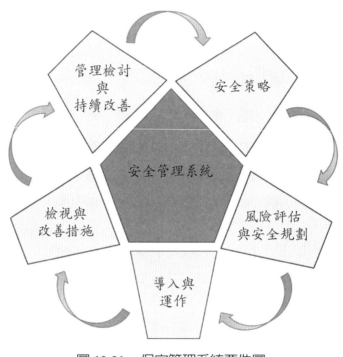

圖 13-21　保安管理系統要件圖

(1) 一般需求（general requirements）：規範業者須建立、製造文件、實施、維護及持續改善保安管理系統，以確保風險並控制及降低風險所帶來的後果。該保安管理系統需明確定義其範圍。業者如有外包作業，亦須確保外包作業在保安管控之中，其所需之管控與責任須規範在保安管理系統之中。

(2) 保安管理政策（security management policy）：規範最高管理者需依公司政策核定整體安全管理政策。

(3) 風險評估與保安規劃（security risk assessment and planning）：規範如何評估風險、法令規章之需求，安全管理目的（objectives）考量、目標（targets）設定以及安全計畫作成。

(4) 系統導入與實施（implementation and operation）：規範保安管理組織架構與權責、員工教育訓練與安全認知、建立保安資訊溝通管道、建構文件紀錄系統、文件資訊之管控、系統運作之管控、緊急措施與安全回復。

(5) 檢視與改善措施（checking and corrective action）：規範保安績效評量與監控、系統定期查核與改善、保安威脅之矯正預防措施、紀錄之管控、安全稽核。

(6) 管理檢討與持續改善（management and continual improvement）：規範最高管理者應於計畫的期間內，檢討保安管理系統，加以改善，以確保系統之適用性與有效性。

目前各國推動之優質廠商（Authorized Economic Operator, AEO）制度，均依據WCO SAFE架構中之「具備良好的商業記錄管理系統」規定，各國皆有訂定相關之要求。各國雖無強制要求AEO必須驗證通過ISO 28000國際標準，但部分國家如日本及新加坡等，體認到一般中小企業難有符合國際化且可配套之管理系統以符合AEO制度或規範，因此其政府均已積極於國內推展ISO 28000系列標準。關務總局訂定臺灣AEO驗證規範制度時，已納入ISO 28000保安管理系統國際標準概念，可同時在供應鏈保安及保安管理系統均符合國際化之要求，同時解決WCO SAFE架構中針對管理系統之要求，亦可節省企業因應此國際趨勢之成本。

三、企業實際案例

政府與企業夥伴關係（Public-Privat Partnerships, PPPs）

個案實例：海關—商貿反恐聯盟與貨櫃保安計畫

C-TPAT，海關—商貿反恐聯盟（Customs-Trade Partnership Against Terrorism）是美國國土安全部海關邊境護局（US Customs and Border Protection, CBP）在911事件發生後，為了管控每年進入美國的大批貨櫃，由美國海關推動，與進口商、物流業及製造廠協同合作，所倡議成立的一種自願性計畫。

自2002年5用30日起至2004年中，全球已有超過6500家美國及外國企業申請成為C-TPAT成員（這代表了近四成的美國進口總值），當中4000家已通過CBP審核，獲頒C-TPAT證書。而參與這項計畫的成員將依據C-TPAT所訂立的保安建議去強化其有關設施、人員、程序及付運方面的保安措施及管理，內容涵蓋八大範圍：

1. 程序保安（Procedural security）。
2. 文件處理（documentation processing）。
3. 實體保安（physical security）。
4. 出入監控（access controls）。
5. 人員保安（personnel security）。
6. 教育訓練（education and training awareness）。
7. 申報艙單程序（manifest procedures）。
8. 運輸保安（conveyance security）。

凡符合保安建議的貨櫃抵達美國時或無須經海關檢驗即可過關，或至少保證貨櫃可以最快放行。要符合建議，便要確保貨櫃在出發前，門栓即已裝有可以偵查並記錄所有意圖開櫃動作的科技設備——RFID電子標籤便是其中之一。

第十一節　永續供應鏈

一、綠色供應鏈管理

綠色供應鏈管理的觀念首先由歐美在1990年代中期提出，發展迄今已有許多不同的觀點。一般認為，綠色供應鏈管理是一種在整個供應鏈中不僅考量財務因素，更綜合考慮環境與資源效率的現代化管理模式。綠色供應鏈管理以綠色製造理論與供應鏈管理技術為基石，涉及供應商、生產商、銷售商及顧客的參與，其目的是為了使產品從材料獲得、加工、包裝、運輸、使用直到報廢處裡的整個過程中，對環境帶來最小的影響、對資源利用效率產生最高價值。綠色供應鏈管理乃在將環境融入到整個供應鏈設計中，以善用資源並達到環境保護的目的，降低生產與銷售活動帶給人類與環境的危害。終極目標，則在追求經濟效益與環境效益的最佳化，確保經濟與環境的永續發展。

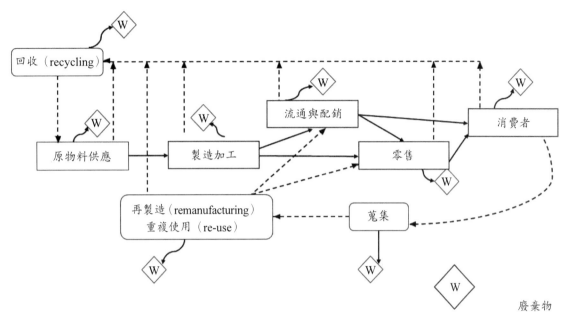

圖 13-22　綠色供應鏈一般性結構

　　將企業社會責任納入到企業的供應鏈經營之中，可以創造出永續性的供應鏈型態，帶給企業如表13-3中許多的價值，更能增加供應鏈的競爭優勢，包含增加營收與市占率、節省開支以增加盈餘、提升生產力、吸引與維持有價值的員工、降低風險與容易籌措資金等。

表 13-3　永續供應鏈的商業價值

價值主張	效益
增加營收與市占率	・遵守各國的法規能夠接觸更多的市場與顧客 ・增進與監管機構的關係 ・獲取忠誠顧客 ・品牌價值提升，獲取更多忠誠顧客與市場價值
節省開支以增加盈餘	・減少製造與配銷的花費 ・確保持續性的改善 ・減少水、能源與燃料的花費
提升生產力	・員工認知自己參與環境改善，進而促進創新與生產力的提升
吸引與維持有技能的員工	・公司聲望提高，易吸引員工加入 ・正向的員工士氣，易留存員工
降低風險／容易籌措資金	・降低遭受環境威脅的風險 ・增加與利害關係人的關係 ・建立與提升股增、銀行與金融機構的名聲

1. 綠色設計

案例：綠色革命從原材料開始

如：IKEA意識到，除了木材之外，最主要的碳排放來源應該是棉花原料的使用。以2012年為例，IKEA合計使用了16萬公噸的棉花，而根據澳洲昆士蘭大學的學者研究，平均一捆（1 bale）的棉花（約227公斤），從種植到最後做成原料，大約會引發226公斤的溫室氣體，相當於一公斤的棉花原料就會產生一公斤的溫室氣體，這包括灌溉的電力、收割、清洗等工序。

近年來，由於氣候異常，全球棉花的收成從2011年開始逐步下滑，從1.26億捆（bale），到2014年大約僅能收成1.16億捆。雖然棉花近年並無漲價的狀況，不過海運的運輸成本卻逐年攀升，因此取得棉花的總成本還是上揚的。

此外，棉花也會牽涉許多永續發展的議題，例如超量使用灌溉水、殺蟲劑，或是不良的工作環境、雇用童工等。而愈是像IKEA這樣的大企業，就愈不能發生這種事。光是殺蟲劑這件事，其背後的資料就相當令人吃驚！以印度為例，棉花種植大約使用了全國5%的可耕地，但是整體的殺蟲劑使用量卻占了54%，而且棉花田的維護需要大量人力，特別是婦女、童工是這個產業的主要勞動力。

為解決這個問題，IKEA在2005年與世界自然基金會（World Wide Fund for Nature）合作，推動一系列的棉花管理再造計畫（Better Cotton Initiative, BCI），希望有效改善棉花原料整個生命週期過程的勞工與環境議題，並希望在2020年以前，全球可以有30%的棉花來自這個計畫。

2. 綠色行銷

「綠色行銷」可定義為：「一種能辨識、預測和滿足顧客綠色需求，並用以獲得利潤並謀求永續發展的管理程序。」綠色行銷主要強調要將綠色思想貫穿到整個行銷程序中，它仍然重視顧客需求的滿足、認同行銷的基本理念，但強調企業的行銷必須滿足顧客需求與創造企業利潤，同時要顧及生態環境的保護，求取顧客、企業以及環境的共生共存，確保人類的永續生存與發展。

綠色供應鏈是達成綠色行銷目標的主要方式，透過綠色行銷與供應鏈的有效結合，可使永續發展的思想貫穿於企業的行銷活動之中。綠色行銷屬於社會行銷的範疇，要求企業將注意力從單純追求利潤轉向注重地球生態環境的保護，對產品、定價、配銷以及促銷進行綠色規劃、執行與控管，實現企業自身利益、消費者和社會利益以及生態環境利益的統一，促進經濟與生態的協調發展。

3.綠色物流

綠色物流（green logistics）的範疇包括正向物流與逆向物流，正向物流包括綠色採購、製造、運輸、倉儲與包裝等，從原料端到消費者端的產品流通活動；逆向物流則為資源處置、資源回收、資源再生等活動，乃回收或廢棄物品從消費者端往回收處理商端流通之活動。

拜資訊科技蓬勃發展之賜，物流產業已從傳統走向現代化，然而在環境保護觀念逐漸落實與消費者意識高漲的時代，綠色物流將開啟現代物流的新視野。資訊科技的推廣與普及使綠色物流更具效率，例如，智慧型車載資訊通訊系統（Intelligent Transportation Service）與衛星定位等相關產品，即提供運輸業者計算出最佳路徑，以減少運輸時間；又如，在可回收之零組件嵌入RFID標籤，使產品於生命週期結束進行資源處置與回收時，即可快速分辨零組件的再利用狀況。

二、綠色物流管理

企業物流包括原物料取得、產品生產及銷售的所有活動，主要由供應物流、生產物流、銷售物流和逆向物流四大子系統所構成。綠色物流就是在閉環物流體系各個環節的活動，如運輸、儲藏、包裝、裝卸、流通加工及廢棄物處理等，採用環保技術，以提高資源利用率、降低環境汙染，繼以減少物流活動對環境的衝擊。

企業發展綠色物流的主要驅動力量：

1.綠色物流有利企業取得新的競爭優勢

綠色物流的主要目標在於促進企業物流活動與生態環境的協調，進而達成企業與社會永續發展的成效。日益嚴峻的環境問題和日趨嚴厲的環保法規，使企業為了持續發展而必須積極解決經濟活動所造成的環境問題。改善不當的產銷模式、建立綠色物流體系，將可取得高於競爭對手的相對競爭優勢。如果一家企業想要在競爭激烈的全球市場中持續發展，它就不能忽視日益明顯的環境要求。對各家企業而言，發展綠色物流並不代表會帶來經濟上的損失，因為符合甚至超越政府與環境組織的要求，很可能使企業減少物流與營運成本，從而增強其競爭力。

(1) 綠色物流可節約資源，提升企業重視永續環境的社會形象。

(2) 綠色物流是符合國際環保規範的有效策略。

隨著社會進步與經濟成長，世界資源日益短缺，同時由於製造所帶來的環境汙染持

續加劇，為了保持人口、資源與環境共生相容的永續發展狀態，許多國際組織與國家政府相繼制定環境保護和資源保護相關協議與規範。

2. 綠色供應商的選擇

由於政府對企業環境行為的要求愈趨嚴格，產品物料必須符合環保要求，因此，在綠色供應物流中，有必要增加供應商選擇和評價的綠色與環境績效指標，針對供應商供應材料的綠色與環境績效進行考評。

3. 廢棄物料的處理

企業正向物流產生廢棄物料的來源者要有兩類：一類是生產過程中的不良品與物料，如產品加工過程中產生的廢品、廢件、鋼鐵廠產生的鋼渣、機械廠的切削加工形成的切屑等；另一類是流通過程中產生的廢棄物，如被捆包的物品解捆後產生的廢棄木箱、編織袋、紙箱、捆繩、毀損品等。由於可用垃圾場與掩埋容量的日益縮減，廠商尋找減少廢棄物料的解決方案就顯得更為重要。一方面，廠商要加強進料與用料的運籌安排；另一方面，在產品的設計階段就要考慮資源回收、再生與可得性等要求，降低產品流通過程中廢棄物料的產生。

4. 產品設計、包裝和標示

綠色物流系統始於產品設計階段，企業應採用產品生命週期分析等技術，設計出可提高整個生命週期綠色環境績效的產品。

5 綠色運輸體系

原物料與產品運輸是非常重要的物流活動。運輸對環境的影響主要來自三個方面，首先是交通運輸工具使用了大量的能源；其次，是運輸過程中排放出大量的有害氣體，同時產生噪音污染；第三是當運輸易燃、易爆等危險原料或產品時，即可能引起爆炸、洩漏等破壞環境與造成重大傷亡的重大事故。企業如果不採取綠色運輸系統，將會增加經濟成本與社會環境成本。

三、建立逆向物流系統

1. 舊產品回收：回收舊產品是逆向物流系統的起點，它是決定逆向物流能否獲利的關鍵點。

2. 舊產品運輸：產品一旦由回收商與處理商蒐集後，接著，就是將它們運送對回收作業場，進行檢查、分類及處理。

3. 檢查與清理：回收舊產品的測試、分類、分級與清理，是一項屬於勞力與時間密集的工作，但是企業可透過設立品質標準、使用感測器、條碼，以及其他技術使測試作業自動化，如此即可大幅改進這項作業的時效。

4. 修理或復生：企業從回收產品中獲取價值主要透過兩種方式來達成：第一取出其中有用的元件，經過修理後重新感應；第二是將舊產品全部整修後，再重新銷售到二手市場。

5. 再生產品的銷售：回收產品經過修理或復生後，即可投入到市場進行銷售。

四、閉環供應鏈的發展

　　將產品正向供應鏈和逆向供應鏈整合起來管理，即稱之為閉環供應鏈管理（closed loop supply chain management）。

閉環供應鏈案例介紹

　　IBM是最早認識到顧客退回的產品中存在巨大價值，並且尋找機會來利用這些價值的企業之一。IBM認識到逆向物流產品將愈來愈重要，因此，在1998年建立了一個新的部門——Global Asset Recovery Services（GARS），來管理自全球退回的產品。GARS管理遍布全球的二十五個分支結構，負責蒐集、監察和分配回收的產品。IBM在全球有九個再加工工廠，每個工廠負責一個系列產品的再生產，再生產的產品將會藉由網際網路拍賣等形式進行銷售。由於產品生命週期的縮短使的再生產產品的整體有效性變得愈來愈差，因此，IBM考慮以重新利用零組件的方式來使用回收產品的價值增加。尤其是將產品拆卸之後，將一些零組件用於產品維修。另外，可將其他拆卸下來的一些普通零件在市場中銷售，其他的剩餘物可銷售給廢棄物回收站。透過這種方式，IBM使最後埋入地下的廢棄物只占全部最初購入原料的很小比例。

　　但是2002年以前，IBM的分拆作業僅僅是一種偶然的、附帶的活動來進行。每當有

回收的產品時，IBM的工程師們便拆下高價值的、他們認為維修作業會需要的零件，如硬碟和一些較貴的電路卡。然後他們將這些零件與待修的零件一起放入倉庫，等待進入零組件管理環節進行檢測和修理。因為零組件資訊管理系統不支援這種自身的供給，因此，計畫人員必須採用手工更改系統的辦法來使得系統知道這些零組件。每當計畫系統MRP系統產生對這種零組件得需要，計畫人員便以手工方式將這個對新零組件或維修組件的需要刪除，然後用這些拆卸下來的零組件代替。

漸漸地，隨著回收產品的增加，IBM認識到分拆作業將會給企業帶來大量的節約。然而，企業目前採取的分析政策的缺點是很明顯的。最主要的是，IBM沒有考慮分拆作業中採用先進的資訊科技，這阻礙了系統性來開發與利用此一資源。再者，IBM也沒有考慮到分拆作業與零組件計畫系統的協調和溝通。這些原因都將導致分拆作業環節分拆了一些對企業沒有用的零組件，而將維修環節需要的零組件扔掉了。

為了克服這些缺點，IBM邀請荷蘭的一些研究人員進行研究，目的是要讓這些研究人員提出一些建議，將分拆作業系統地整合到零組件規劃系統，使之成為零組件的一個正常來源。根據研究人員的研究結果和建議，IBM採取了以下幾項措施：

1. 根據未來一段時間對零組件的需求預測來進行分拆作業獲得所需的零組件，而且再放入倉庫之前先對所有分拆零組件進行檢測。
2. 改變從前個別分析的模式，採用系統的原則，使分拆的零組件總量達到數百萬件。而且使分析的種類從幾種高價值的零組件變為包含大量的可銷售零組件。

透過這個變革，IBM降低了零組件的平均成本並且增加了從回收產品中得到的價值，總計收益達每年數百萬美元。由於採用這些建議的效益顯著，IBM目前正將分拆作業整合零組件管理系統，使之成為一種系統認定的正常的零組件來源。

五、碳足跡管理

氣候變遷是一項緊迫的環境議題。人類絕大部分的日常活動會導致溫室氣體的產生，這是我們面對氣候變遷時的重大挑戰。碳足跡評估作為一項新服務，能夠基於每日的能耗計算，有效評估二氧化碳排放對環境的影響，為降低碳排放以及遏止全球暖化提供有效途徑。

碳足跡評估幫助企業了解其生產活動對氣候變遷的影響，制定相應的策略實現減排，同時透過精實的碳中和生產流程以節省可觀的成本。此外，供應鏈過程中，對碳排放活動進行有效的監管與彙報，為企業履行永續發展的承諾提供可靠依據。能建立低碳

的生產管理流程。

　　碳足跡（Carbon Footprint）係指一項活動（Activity）或產品的整個生命週期過程所直接與間接產生的二氧化碳排放量，為提供碳足跡計算一致性作法，自2008年英國制定PAS 2050以來，至今已成為許多國家／組織建置碳足跡制度之主要參考及仿效之依據。日本隨之於2009年公告其碳足跡標準TS Q0010，而世界企業永續發展協會與世界資源研究院針對產品與供應鏈之溫室氣體計算與報告於2011年10月公告新標準。另一方面，國際標準組織也積極訂定產品碳足跡標準ISO 14067，預計2013年正式公告。面對這股趨勢，我國也在2009年研議臺灣碳足跡與碳標籤機制，經濟部、環保署等政府單位並相繼投入資源，提供業者在產品減碳上必要的協助，以因應碳足跡標識及驗證的國際趨勢，進而提升我國產業綠色競爭力。

第十四章　全球運籌管理

第一節　兩岸三通：捷安特打造供應鏈整合兩岸零組件──臺灣組裝

筆者於1986年進入到飛格國際通運有限公司（原先公司的名稱並非叫Fiege）。記得當時的客戶將近有60%的出口產品是腳踏車及零組件。當時大陸還未開放，可是已有相當多的腳踏車製造商考量到成本的問題，也冒著風險及可能投資失利之下，慢慢將工廠轉移至大陸，特別是廣東、福建沿海的地區。供應鏈就像是一個群聚，一旦脫離這個群聚要生存，就會有很多問題產生，如成本、調貨、派工等。筆者因爲工作的性質且有幸的機會下，經常與國內的大廠如捷安特、愛地雅、太平洋自行車、建大輪胎、正新輪胎等各大公司、行號、廠商及品牌單位有許多的交集。也更因此對臺灣因腳踏自行車這個領域在全球實占有一席之地而感到驕傲。

由於當時兩岸之間還沒有開放（1987年11月2日起開始受理登記探親），同時也未有網際網路，所以一切的作業只停頓在運輸與倉儲這個階段。也就是如圖14-1中，60年代分割式物流時期。

雖然兩岸未直航，但是因爲任職的公司是外商公司，大陸往來臺灣的船隊頻繁，只是船隊無法直靠臺灣。大部分是在香港轉船或至石垣島換旗幟，這些運輸的模式，基本上除了成本增加外，更造成時間的浪費，是毫無效率，且也降低了臺灣的競爭力。

筆者的碩士論文特別就兩岸三通爲個案，來探討自行車（Bicycles）的供應鏈整合，其不僅可以提升臺灣的競爭力，更因此創造不可預期的利基。此時網際網路漸漸盛行以及資訊科技的發展，使得企業爲全球化的布局以及產業的分工更加積極，因此如何整合企業，依據經營策略作爲分布全球的各據點的各種資源。這段時間也就是：圖14-1中，80年代整合雛型時期到90年代一體整合時期。

網際網路與高科技通訊的發達已將全球所有電腦連結起來，形成地球村有疆無界，原有供應鏈的物流配送已不能滿足分秒必爭的競爭。現在的企業無不是在求競爭、求快、求變、求新，很多的原物料、半成品、成品都必須依指定時間，送到指定的地點交給指定人。像這樣有效的流程管理方式與組成規劃、執行控制的流程，其實都包括在我們所探討的物流，也就是「運籌」範圍。

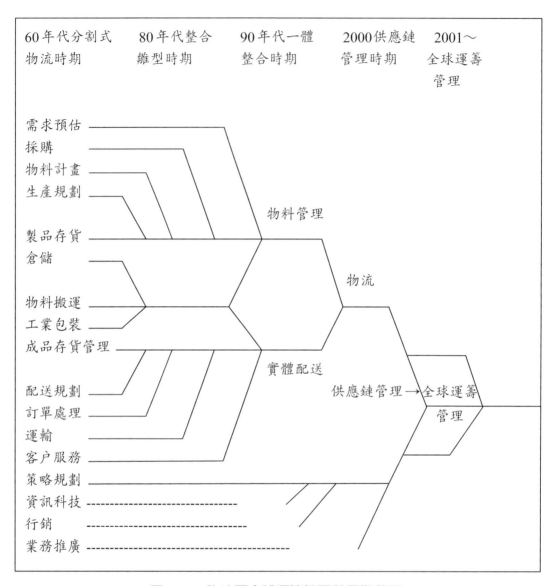

圖 14-1　物流至全球運籌管理發展階段圖

第二節　供應鏈至全球運籌管理

　　在商品流程方面，大都根據顧客實際提貨數量做為雙方交易的依據，把貨物送至客戶當地的倉儲中心，或海外組裝中心（Configuration Center），針對顧客依據實際不同訂單、不同規格的需求，運用供應鏈管理，將組裝地點推近市場，在客戶當地設立組裝

中心，並依據客戶所下之銷售預測，適時地提供成品或半成品運送至海外組裝中心，再由規劃中心依據客戶的實際訂單之需求，於加工組裝後運送給顧客，嚴格掌握原物料的前置時間，將組裝完畢之完成品，直接運送給客戶。

　　企業在多個國家規劃並且執行企業運籌管理等活動，透過完善的流程，以滿足顧客的需求同時降低成本，提升企業競爭力。同時也是企業全球化經營活動中，從原料的購置開始，直到將產品送達顧客手中的一系列活動。其中，物料流程中，物料和零組件的來源可能來自於當地生產、海外生產或採購，其採購、運輸、庫存的安排，需視產品特性、生產製程與市場需求特性而定，其目標在於減少存貨、降低運輸成本，而且能快速反應市場的需求變化，並走向全球運籌管理（Global Logistics Management，GLM）的趨勢。

第三節　臺灣的優勢及個案研討分析

　　亞太營運中心（英語譯名：**Asia-Pacific Regional Operations Center**）是中華民國政府於1990年代推動的經濟政策，以發展臺灣成為亞太地區的經濟樞紐為目標。所謂的「營運中心」是指六項專業中心，包括製造中心、海運轉運中心、航空轉運中心、金融中心、電信中心和媒體中心。亞太營運中心概念最早是由日本經濟學家大前研一在1993年間提出，時任經濟部部長蕭萬長採納了這個想法，並將「推動臺灣成為亞太營運中心」做為接下來幾年李登輝政府的經濟政策主軸與口號。原本政策上制定推動的時程分為三階段，第一階段為1995年至1997年、第二階段為1997年至2000年、第三階段則從2000年開始。三階段的目標分別是改善臺灣經濟體質、調整經濟結構，並在2000年成為亞太營運中心後繼續鞏固這個地位。

　　臺灣由於地點位置的先天優勢（**圖14-2**），能夠使世界各國的經貿活動，尤其是臺灣的資訊、通訊及電子產業無論是產品的供應、下單、運輸、銷售，都能快速、便捷的在此運籌中心完成。在發展全球運籌管理有以下幾個項利基：

1. **地理位置優越**：臺灣位居亞太中心位置，與亞太各大貿易國之主要港口的平均航行時間不長；而同時臺灣地理位置與西太平洋各國之大城市平均飛行時間也不長，這在先天地理位置上具有相當的競爭優勢。
2. **國家基礎環境建設改善**：隨著全球追求「上下游垂直整合」、「專業分工」的供

圖 14-2

　　應鏈潮流下，臺灣企業在思考推行國際化的營運之餘，思考進入國際市場的競爭策略與目的，仔細地評估自身的產業競爭利基。提供在地組裝、出貨運送及後勤支援等服務，並將原本的接觸對象延伸到配銷商或顧客。以改變昔日運作的模式，建立區域性的據點，貼近當地消費市場，雙方猶如「命運共同體」，產品創新、後勤支援、關鍵零組件的掌握及服務成本低將是致勝關鍵。

　　但由於之後的政黨輪替和國際情勢的變化，該計畫的推動並未如預期中順利。2000年陳水扁政府執政後，擱置亞太營運中心計畫，改為推動建設臺灣成為「綠色矽島」，因此亞太營運中心計畫在2000年後就不再是中華民國經濟政策的主軸，但綠色矽島政策最終並未獲得成功。

　　對此，筆者對於亞太營運中心計畫在2000年後的停滯相當遺憾。在筆者的觀念中，中華民國擁有得天獨厚的優勢，就是極佳的地理位置，正位居亞洲的中心點。向西的中國大陸當時是全球最大的製造業中心；向北，我國也是日本重要半成品（OEM、ODM）的製造中心（當時我就任的公司固定安排大同公司的產品海運至日本）。

　　也因為整個政策的改變，當時全球最大的航商也慢慢遠離臺灣轉至大陸設置營運中心，高雄港的吞吐量也慢慢下滑。前總統馬英九上任後雖試圖再推亞太營運中心計畫，但為時已晚，因為許多大型企業一旦建立他們新的營運中心，是不可能再重新修正，更何況在商言商，利益永遠擺在當頭，畢竟企業考慮的是永續經營，因為那是基本的生存之道。

　　有幸於馬前總統的睿智，開放三通，在處於2007～2009年全球的經濟危機之餘，中華民國仍能安然渡過。

　　現在我們來看一個有趣的例子，每當筆者上課時都會拿來與同學討論：

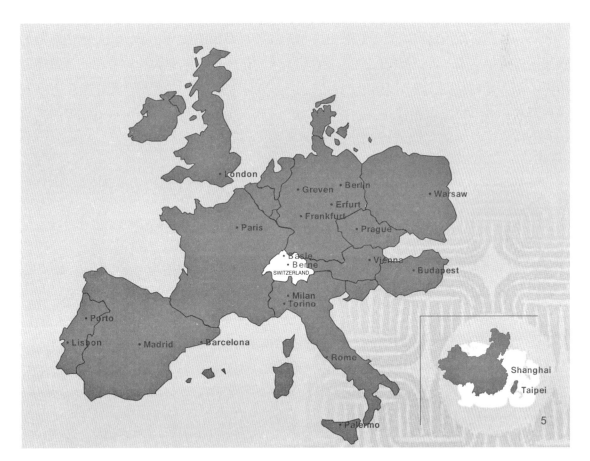

圖 14-3

　　這是歐洲大陸地圖，瑞士這個小國（占地面積：41,285平方公里），比臺灣大一點（臺灣的總面積為36,188平方公里），既不靠海，也無天然資源，在歐洲歷史上，600

多年來僻處山區，只能在列強環伺中求生。但令人驚訝的是：

「瑞士經濟是世界最為穩定的經濟體之一。其政策的長期性、安全的金融體系和銀行的保密體制使瑞士成為避稅投資者的安全避風港。瑞士是世界上最為富裕的國家之一，人均收入處在世界最高行列，同時有著很低的失業率和財政赤字。由於擁有發達的金融產業，服務業在瑞士經濟中也占有日益重要的地位。

瑞士是一些重要國際政經組織，如聯合國、WTO、IMF、世界銀行、OECD的會員，WEF「全球競爭力報告」，瑞士長期高居總排行世界第一。」

首先，我們來看看瑞士的地理位置位在歐洲大陸的中間地帶，在我們談論運籌的所謂HUB（中心）。東邊是共產國家，西邊是民主自由的國境。在第一次、第二次世界大戰時，在無資源及為保障國內的歷史文物，並避免戰事的波及、迫害傷及國內無數的國民，成為中立國。若以運輸的角度來看瑞士，它是一個全歐洲大陸相當棒的運籌轉運中心。筆者在Fiege工作時，因為工作的需求必須經常到瑞士或歐洲等國作業務考察及客戶拜訪，看到瑞士有相當完善的物流系統，分別在Basle、Zurich、Chiasso等的物流中心。

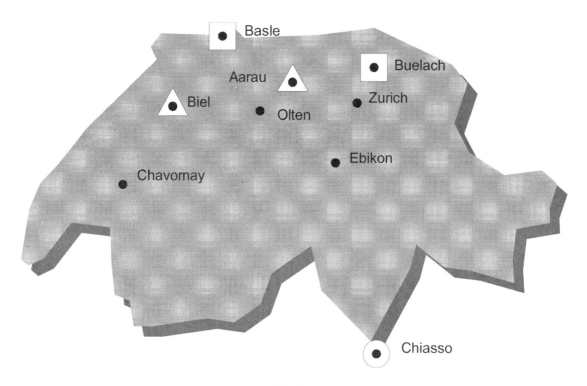

圖 14-4

我們都知道物流中心的建構除了考量位置的重要性外（運輸成本、效率、快速），特別是都建設在國與國的邊界。其中考量到的還包括了保險、稅率、特別是貨物遭受搶劫、偷竊、遺失等的賠償。所以相當多的物流中心建立在瑞士的邊界，如Basel（德國的邊界）、Chiasso（義大利的邊界）（如圖14-4），因為瑞士政府的保險更具保障。

據當時的同事的敘述，他們從事運輸配送、轉運的歷史可以追溯到百年，也就是公司的歷史經營至今，至少三代了。筆者很慶幸能有機會在此公司工作，也因此看到許多相關物流的作業：如組裝、再製、貼標籤等的知識，藉由這些基本的知識，了解到為何這家公司能生存如此久，因為他們的企業願景：除了幫客戶創造附加價值外，並經由彼此領域的相關業者聯盟，營造出更多的商機，讓他的所有合作夥伴能在他們的專業領域，享有豐碩的果實。瑞士就是因為扮演著西歐、東歐重要的橋樑，來往的貨物愈多，國家的收入就愈多，就業機會也更多。國家的錢多，當然就能招募全世界頂尖的人才，從事於研發、設計、擴大建設，怎麼能不強呢？筆者也確認相信物流（運籌= Logistics）的真正起始點應該是在歐洲。

臺灣雖無天然資源，但所幸我們的地理位置實在太具先天的優勢了。政府在這塊土地上要如何善用，應該是不難。政策上、方向上，除了要開放，更要為百年以後為考量為標的。

筆者就以近日與客戶的個案簡單的來做一個分析：

有一個客戶其工廠在上海，中國。由於該出口的產品，因中國政策的因素（或經營的策略），大陸的產品不能直接從上海運輸至Manila（菲律賓）及Port Kelang（馬來西亞）。因此，決定將某些產品要出口至菲律賓及馬來西亞的貨櫃先進口至Kaohsiung（臺灣）。

然後在臺灣的自貿中心先拆櫃、卸貨，換上Made in Taiwan的標籤，再裝櫃出口。

我們姑且不要問此家客戶的成本增加多少，但若沒有利潤、賠本的生意誰會去做？但真正我們要正視的是這進、轉、出及其所衍生出的作業、所衍生出來的工作量、其中不乏金流、物流、資訊流、人流、商流，其實是創造出無限商機！為什麼上海說要設立自貿區，政府馬上執行，現在上海的貨櫃吞吐量已近全球第三（僅次於香港、新加坡）。

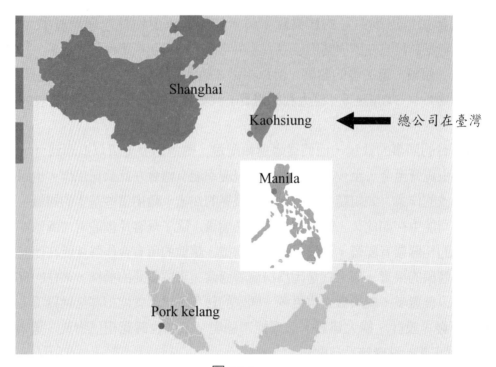

圖 14-5

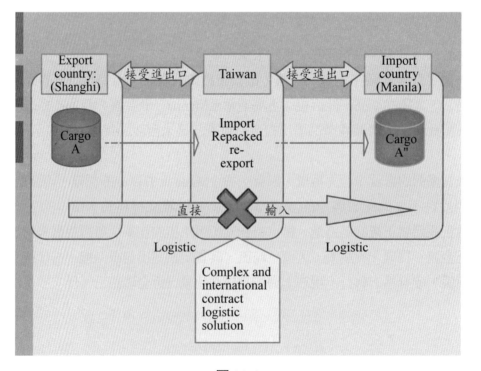

圖 14-6

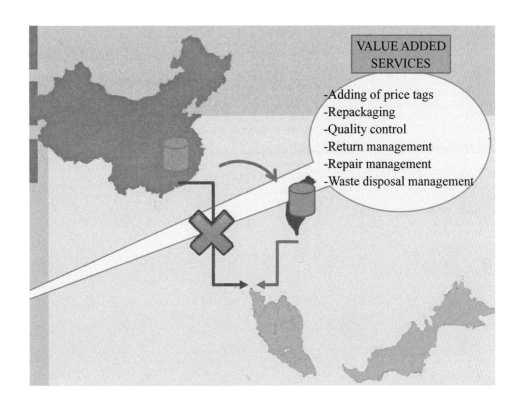

　　這只是一個小小的例子，足以證明運籌所帶來的龐大的商機。臺灣要如何正視這個利基（全球運籌管理），除了政府的心態、策略、教育都必須一起並進。政策、建設、教育都不是喊喊口號，換了執政後，建設就停止。而是十年、五十年甚至百年的規劃。

附錄 I　　表單範例

Shipper
IND.,CO.,LTD.

MT B/L

ASE1-0907-0117

Negotiable Multimodal Transport Bill of Lading
issued subject to UNCTAD/ICC Rules for
Multimodal Transport Documents (ICC Publication 481).

Consigned to order of
BOBCAT PARTS SERVICE
A DIVISION ON DOOSAN TRADING LTD
BRABANTSTRAAT 4
2870 PUURS, BELGIUM

×××

股份有限公司
××× LIMITED
SUITE × , ×× building, No. ××.
×× Road, Sec.×, Taipei, Taiwan, R.O.C.
Tel: +886-2-2709-××××
Fax: +886-2-2709-××××
海運承攬運送業許可證：海攬(基)字第560號

Notify address
CONSIGNEE AND
FIEGE NV
GOTEBORGWEG 2 2030 ANTWERPEN
TEL 32 3 541
CONTACTS: BART LOOS UND RITA VAN DER WILT

Declared value	Place of receipt TAICHUNG, TAIWAN	
Ocean Vessel YM UTOPIA V.08W	Port of loading KAOHSIUNG, TAIWAN	S/O no.
Port of discharge ANTWERP	Place of delivery ANTWERP	Freight payable at DESTINATION	Number of Original Bs/L THREE(3)

Marks and numbers	Number/kind of packages	Description of goods	Gross weight/Measurement	
/ \ / HFA \ / 15672 \ /GPX-BELGIUM\ \GP0114275/ \ / BELGIUM NO.1-475 MADE IN TAIWAN R.O.C.	475PIECES	SHIPPER'S LOAD,COUNT & SEAL 1X40'HQ(FCL) CY-CY S.T.C. TIRE FREIGHT COLLECT	15893.500KGS	65.000CBM

KKFU7669505/40'HQ/CY-CY
475PIECES/15893.5KGS/65CBM

LADEN ON BOARD
YM UTOPIA
08W
AT KAOHSIUNG,TAIWAN
ON JUL.06,2009

SAY TOTAL: ONE FORTY-FT.HQ CONTAINER ONLY.
according to the declaration of the merchant

For release of cargo apply to	Freight and charges
×××ANTWERPEN NV GOTEBORGWEG 2, 2030 ANTWERPEN, BELGIUM TEL: 32-3-541 FAX: 32-3-541 (ACCT); 32-3-541 (O/P)	OCEAN FREIGHT AS ARRANGED
	Place and date of issue TAIPEI / JUL.06,2009

RECEIVED in apparent good order and condition, unless otherwise noted
herein, at the place of receipt for transport and delivery as mentioned
above. One of these Multimodal Transport Bills of Lading must be sur-
rendered duly endorsed in exchange for the goods. In witness whereof
the original Multimodal Transport Bills of Lading all of this tenor
and date have been signed in the number stated above, one of which being
accomplished the other(s) to stand void.

Stamp and signature

The goods and instructions are accepted and dealt with subject to the
Standard Conditions printed overleaf.

××× **Ltd.**
As Carrier

Shipper			**MT B/L**	
			Negotiable Multimodal Transport Bill of Lading	
			issued subject to UNCTAD/ICC Rules for Multimodal Transport Documents (ICC Publication 481).	

Consigned to order of

Notify address

Declared value	Place of receipt		
Ocean Vessel	Port of loading		
Port of discharge	Place of delivery	Freight payable at	Number of Original Bs/L
Marks and numbers	Number/kind of packages	Description of goods	Gross weight/Measurement

according to the declaration of the merchant

For release of cargo apply to	Freight and charges
	Place and date of issue
RECEIVED in apparent good order and condition, unless otherwise noted herein, at the place of receipt for transport and delivery as mentioned above. One of these Multimodal Transport Bills of Lading must be sur-rendered duly endorsed in exchange for the goods. In witness whereof the original Multimodal Transport Bills of Lading all of this tenor and date have been signed in the number stated above, one of which being accomplished the other(s) to stand void.	Stamp and signature
The goods and instructions are accepted and dealt with subject to the Standard Conditions printed overleaf.	As Carrier

Shipper			BILL OF LADING	B/L No.	

BILL OF LADING

B/L No.

××× 運 通 有 限 公 司
××× **CO., LTD.**

×F, No. ×, ××× 　　Rd., Taipei, Taiwan.
Tel: 886-2-8773-××××Fax: 886-2-2731-×××
E-mail: ×× @ ×××.com.tw

Consignee

Received in apparent good order and condition unless otherwise indicated hereon the container(s) and/or goods hereinafter mentioned to be transported and/or otherwise forwarded from the Place of Receipt to the intended Place of Delivery upon and subject to all the terms and conditions appearing on the face and back of this Bill of Lading.
　One of the original Bill of Lading duly endorsed must be surrendered in exchange for the Goods or Delivery Order.
　IN WITNESS WHEREOF THE NUMBER OF ORIGINAL BILL OF LADING STATED BELOW HAVE BEEN SIGNED, ONE OF WHICH BEING ACCOMPLISHED, THE OTHER(S) TO BE VOID.

Notify party

For delivery of goods please apply to:

Pre-Carriage by	Place of receipt
Ocean Vessel	Voy No.	Port of loading
Port of discharge	Place of delivery

PARTICULARS FURNISHED BY SHIPPER

Container No. Seal No. Marks and Numbers	No. of Containers or pkgs	Kind of packages; description of goods or pkgs	Gross weight	Measurement

Freight and Charges	Revenue Tons	Rate	Per	Prepaid	Collect

Place of B(s)/L Issue	Number of Original B(s)/L

××× **CO., LTD.**

on Board Date

As Carrier

出口廠商名稱、詳細地址、電話、傳真。
(視情況需要，亦可免標示)

SST Technologies Inc.

No.176, His Men Road Sec 1, Tainan, Taiwan, R.O.C.

Tel: 886-6-265-7869 Fax: 886-6-265-7419

PACKING LIST
說　明

流水編號：(可免填)
須與商業發票號碼一致

製作日期：
須與發票日期一致

記述貨物大品名及數量，須與商業發票同欄位記述一致

No：OB-123-03

Date：July. 30, 2002

PACKING LIST of　5 Sets Spare Parts for Automotive Seats

Marks & Nos.

For account and risk of Messrs.　ABC Manufacturing Co., Ltd.

3236 Elliott Avenue , Seattle , WA 98001 U.S.A. ←(抬頭人: 須與商業發票同欄位記述一致)

Tel：253-923-6699 ext.2336 Fax：253-922-6688 Attn：Mr. David Wang

Shipped by　SST Technologies Inc. ←發貨人(出口廠商)

Per　U-Line Express ←經由何者方式運送（或稱經由何種運送工具運送）

From　Taiwan, R.O.C. ←啟運地　　to　U.S.A. ←目的地

ABC
Seattle
P/O No. A1233
C/No. 1-2
Made in Taiwan
R.O.C.
麥頭 (可免填)

Packing No.	Description of Goods	Quantity	Net Weight	Gross Weight	Measurement
(包裝件號)	Spare Parts for Automotive Seats ← (大品名)				
C/No.1	Armrest (Item No. 100) ←(小品名: 細項名稱)	3 sets	9.0 kg	10.5 kg	50x60x45 cm
C/No.2	Armrest (Item No. 102)	2 sets	4.0 kg	5.5 kg	50x60x45 cm
	貨物記述(Description of Goods)：請記述：貨物的大品名、小品名、規格即可不須再附加說明(如用途、材質、成份等)	(數量)	(個別淨重)	(個別毛重)	(個別尺寸)
Total		5 sets	13.0 kg	16.0 kg	

(總計數量)　(總淨重)　(總毛重)

Say Total One Carton Only. ← (總計件數、箱數、棧板或木箱)

SST Technologies Inc.
→ (同商業發票製作人之簽名) ←

Export Manager ← (單位職務)

(請務必配合蓋章) →　公司章　　負責人私　章

統一發票專用章
統一編號

SST Technologies Inc.

No.176, His Men Road Sec 1, Tainan, Taiwan, R.O.C.

Tel: 886-6-265-7869 Fax: 886-6-265-7419

INVOICE

範 例

No : OB-123-03   Date : July. 30 , 2002

INVOICE of   5 Sets Spare Parts for Automotive Seats

For account and risk of Messrs.   ABC Manufacturing Co., Ltd.

3236 Elliott Avenue , Seattle , WA 98001 U.S.A. Tel : 253-923-6699 ext.2336 Fax : 253-922-6688

Attn :Mr. David Wang

Shipped by SST Technologies Inc.   **Per** U-Line Express

Sailing on or about   July. 30 , 2002   **From** Taiwan, R.O.C.   **to** U.S.A.

L/C No.   Contract No. P/O No. A1233

Marks & Nos.	Description of Goods	Quantity	Unit Price	Amount
◇ ABC Seattle P/O No. A1233 C/No. 1 Made in Taiwan R.O.C.	Spare Parts for Automotive Seats -------------------------------- Armrest (Item No. 100) Armrest (Item No. 102)	3 sets 2 sets	Ex Works USD20.00 USD20.00	USD60.00 USD40.00
Total		5 sets		USD100.00

Say Amount Total U.S. Dollar One Hundred Only.

Say Total One Carton Only.

Sample of No Commercial Value.
Value For Customs Purpose Only.

Country of Origin : Taiwan, R.O.C.

N.W. :   15.0 kg
G.W. :   16.2 kg
Measurement :   50 x 60 x 45 cm

SST Technologies Inc.

_____

Export Manager

YCS Express Airway Bill No.   123456789

公司章

負責人
私　章

統一發票專用
章
統一編號

附錄 II　英文名詞解釋

1. Administration Office 管理辦公室

此可泛指一般的管理辦公處所，本書則指貨櫃場的行政辦公室。

2. AIRPORT OF DEPARTURE 始發站機場

填始發站機場的全稱，若機場名稱不明確，可填城市名稱。

3. AIRPORT OF DESTINATION 目的地機場

填目的地機場，不知道機場名稱時，可填城市名稱。

4. Alameda Corridor Charge, ACC 快速通過費

Alameda Corridor Charge是美國洛杉磯轉運內陸點的貨，為避開市區塞車，再造一條快速道路，名為Alameda Corridor，因使用這條快速道路所加收的過路費。

5. Alliance 聯盟

為跨越運費同盟公司與非運費同盟公司間的一種船公司聯營組織，多以Alliance為名，如：Global Alliance、Grand Alliance。

6. Asia-North America Eastbound Rate Agreement, ANERA 亞洲／北美東行運費協定

由亞洲往北美的船公司所組成的東向運費協定，已於1999年4月30日停止運作。

7. Additional Premium, AP 船舶逾齡保險費

當船舶年齡超過十五年後，所承運的貨物會被保險公司加收船舶逾齡保險費，但可因航運公司或貨品種類而例外。

8. Arbitrary 轉運附加費

為對轉運至卸港以外目的地所加收的附加費。

9. Arrival Notice 到貨通知書

為於貨物運到目的地之前，運送人所發予提單上所列受通知人的通知書，以便其準備提領貨物手續。

10. Back Dating 倒填裝船日

因託運人已過信用狀約定之出貨裝船期，乃請求運送人將提單裝船日倒回填製，例如：實際裝船日為8月22日，而請求運送人將提單裝船日倒填為8月20日即是。

11. Bullwhip effect 長鞭效應

當供應鏈下游產生干擾時，愈往上游傳遞，干擾狀況會愈趨嚴重，造成需求的巨大

不確定性。

12. Bunker Adjustment Factor, BAF 燃油調整附加費

遇國際船用燃油價格大幅調高時，為挹注增加的燃油成本，船舶運送人於是加收燃油調整附加費，通常稱BAF。

13. Bank's Guarantee 銀行擔保

進口貨常因貨物較單據早到，變通的做法為請銀行擔保，以便先行提貨，銀行為此出具的為擔保提貨書。

14. Bill of Lading, B/L 提單

為運送人所簽發，表示運送人收貨及裝船，及運送人與貨主有關運送權利與義務的運送單據。

15. Break Bulk Container 散裝貨櫃

為承運散裝貨品的一種特殊貨櫃。

16. Currency Adjustment Factor, CAF 幣值調整附加費

遇一國幣值大幅變動時，為挹注匯兌時的損失，船舶運送人於是加收幣值調整附加費，通常稱CAF。

16. Cargo Damage 貨物毀損

為造成貨物損失的原因之一，「貨物毀損」指貨物遭致損壞而減損其價值，但貨物的形體仍在而言。

18. Carrier 運送人

為承擔運送責任的人，是否擁有運輸工具並非判定運送人的依據，簽發提單才是。

19. Cubic Meter, CBM 立方公尺

長寬高各一公尺的體積即為一立方公尺，為一般工業產品取以計算運費的基礎。

20. Construction Difference Subsidy, CDS 造船差額補貼

為美國政府為鼓勵其航業公司向美國造船廠定造新船，而對與國外船廠造船成本差異所提供的補貼。

21. Cell 胞巢

係指全貨櫃輪的船艙結構，因導軌的設置，使其形狀有如細胞，這樣的裝置乃稱

「胞巢」。

22. Cellularized Ship 胞巢化船舶

全貨櫃輪的船艙為胞巢式設計，因此胞巢化船舶即專指全貨櫃船而言。

23. Centralized Inspection Area 集中查驗區

為方便我國海關對進口貨的查驗，貨櫃場須有進口集中查驗區的設置。

24. Container Freight Station, CFS 貨櫃貨貨倉

不滿整櫃的進出口貨櫃貨，通常在貨倉進行，此貨倉即稱CFS，此種作業方式也稱為CFS。

25. Cost and Freight, CFR 成本與運費價

為國際貿易的報價條件之一種，賣方所報價格包含貨物成本與運費，故船運由賣方決定，運費亦由他支付。

26. Charge 費用

與運費相對，為因使用運輸所發生運費以外之其他支出。

27. Chassis System 車架式

為貨櫃在陸上以不落地為原則，一律置於車架上即是。

28. Cost Insurance and Freight, CIF 成本保險及運費

為國際貿易的報價條件之一種，賣方所報價格包含貨物成本、貨物保險費與運費，故船運由賣方決定，運費亦由他支付。

29. Class Certificate 船級證明

為船舶安全，須經驗船（中華民國為中華民國驗船中心）並授予船級，船級證明用以證明該輪已具某機構驗船並授予船級。

30. Clean B/L 清潔提單

為提單上未有關於貨物表面情狀的批註者。

31. Carriers Own Container, COC 運送人自有貨櫃

運送人自有貨櫃係指貨櫃係由運送人，但貨櫃所有權不以屬運送入為限，亦可以租櫃為之。

32. Combined Transport 複合運輸

為自收貨地至交貨地間的運輸過程中，涉及兩種以上的運送方式。

33. Combined Transport B/L 複合運輸提單
因複合運輸而簽發的提單即是。

34. Commodity Rate 按品目運費
即運費報價隨貨品之不同而異者。

35. Common Carrier 公共運送人
針對一般大眾提供公共運輸的人，即稱爲公共運送人。

36. Company Guarantee 公司擔保
即由公司法人出具擔保，即稱爲公司擔保。

37. Conference Certificate 運費同盟證明
中東地區的貨主根據其當地商會的建議，信用狀上常約定限使用運費同盟船公司，因此運送人須出具運費同盟證明，以符信用狀要求。

38. Consignee 受貨人
提單上載明接受貨物的人，即稱爲受貨人。

39. Consolidation 併櫃作業
對於不滿整櫃的零擔貨載，由運送人代爲收取貨物，並且進行併櫃作業的方式即是。

40. Consolidator 集貨商
代爲集貨及併裝的業者，即稱爲集貨商。

41. Container Control Center 貨櫃管制中心
爲貨櫃集散站負責管制貨櫃進出，包括：檢查、過磅、放行及接收登記等。

42. Container Note 貨櫃轉送單
爲自碼頭邊來往於內陸貨櫃場，憑以轉送貨櫃的憑證。

43. Container Seal Number 貨櫃封條號碼
爲劃分運送責任誰屬，例要在貨櫃上加上封條，爲便於區分起見每支封條均有編號，即是貨櫃封條號碼。

44. Copy B/L 副本提單
運送人簽發提單時，例會加發幾張不具物權及流通功能的副本提單以供貨主辦理貨物保險、產地證明及領事館簽證等之用。

45. Customs Office 海關辦公室

為設於貨櫃場內，供海關關員辦公的場所，由其監管貨物及貨櫃進出貨櫃場。

46. Container Yard, CY 貨櫃堆場

整櫃貨物直接進出於貨櫃存放場地，即為CY，此作業方式於是稱為CY。

47. Discussion Agreement, DA 討論協定

此種協定為船公司間一種非正式的組織，以討論穩定海運市場為主要目標，此種協定即稱為「討論協定」。

48. Destination Delivery Charge, DDC 目的地交貨費

在目的港為了交貨，將發生各種作業與成本，運送入於是收取相當費用，即是「目的地交貨費」。

49. Deferred Rebate 延期回扣

為運送人該給予貨主的回扣，設定條件要貨主繼續交運，並在某一定期間後才支付的方式即為「延期回扣」，如能運用得宜，可成為競爭的一大利器。

50. Delay 延遲

貨物未在約定時間或無約定時，未在合理時間內到達者，即謂延遲。

51. Demurrage Charge 貨櫃延滯費

進口貨櫃未在免費期內提領者，對貨櫃租金成本及使用貨櫃場地，船公司所收取者即為貨櫃延滯費。延遲愈久，金額愈高，有督促貨主儘速提櫃的目的。

52. Description of Goods 貨物情狀記載

為提單上關於貨物情狀、內容、數量、件數及其他相關記載者即是。

53. Detention Charge 貨櫃留滯費

貨主自貨櫃場提領貨櫃後，未在免費期內送回者，即會被加收貨櫃留滯費。同樣地，放得愈久，被收得愈多。

54. Direct Consigned B/L 直接記名式提單

即提單受貨人欄直接記載受貨人名稱者。提單即使為直接記名式，依然可以背書轉讓之。

55. Delivery Order, DO 小提單

為進口商最終憑以提領進口貨載的單據，換言之，進口商提領進口貸的文件為小提

單，而非以正本提單提貨。

56. Documentation Fee 文件費

運送人因製作及簽發提單，故收取文件費以爲補助。

57. Dry Cargo Container 乾貨貨櫃

裝運一般雜貨的普通貨櫃。

58. Due Diligence 充分注意

海上公共運送人必須對貨物的收取、搬移、運送等盡充分注意的義務。

59. Equipment Interchange Receipt, EIR 貨櫃交接單

爲拖車公司代表貨主提交空重櫃時，與貨櫃場方面就貨櫃表面情況會同檢查後所簽發的表格，以確定櫃損時的責任歸屬。

60. Fuel Adjustment Factor, FAF 燃油調整附加費

因國際油價大幅變動時，運送人所加收的費用項目之一，以挹注燃油成本的增加。

61. Freight All Kind, FAK 不分品目運費

爲運費的高低，除一些特殊貨品，如：危險品、冷凍貨等外，不因貨品之不同而異者。

62. False Description 虛假申報

在運費高低隨貨品而異時，部分貨主爲逃避高運費而虛報品，即屬虛假申報。

63. Free Alongside Ship, FAS 船邊交貨價

爲貨主買賣條件之一，賣方須負責送貨至出口港船邊。

64. Full Container Load, FCL 整櫃貨

由貨主自行使用整只貨櫃的船運條件，貨櫃將來往於貨櫃堆積場（CY），故此種方式稱爲CY。

65. Far Eastern Freight Conference, FEFC 遠歐運費同盟

爲遠東至歐洲間的運費同盟，因歐盟法令的改變，已在2008年10月18日終止運作。

66. Fighting Ship 戰鬥船

屬海運的惡性競爭手段之一，通常爲運費同盟公司用來對抗非運費同盟公司。乃將

船期刻意安排在競爭對手之前，以干擾其攬貨。

67. First Leg Ship 一程船

在有轉船的情形，第一段航程所用的船舶，即稱為一程船，為源自大陸的名詞。

68. Fixed Day Weekly 每週固定日船期

船舶結關日安排在每週固定日期的服務方式，即稱為每週固定日船期。

69. Flat Rack Container 平板櫃

即貨櫃結構為一平板式，方便超大型貨物，如：機械、鍋爐等之裝卸，即為平板貨櫃。

70. Floating Yard 浮碼頭

為因應香港貨櫃碼頭的高額作業成本，所發展出來在中流裝卸的獨特貨櫃作業方式，取其可以大幅降低成本，碼頭即稱為浮碼頭。

71. Federal Maritime Commission, FMC 聯邦海事委員會

為美國所設立，管理國際海上運輸的機構，其對海上運送人幾乎擁有生殺大權，誰能不懼怕三分？

72. Free On Board, FOB 船上交貨價

為貨主買賣條件之一，賣方須負責送貨至出口港船上為止。

73. Flag of Convenience, FOC 權宜船

為某種考量，包括：國防徵用、稅捐、國籍船員等，而將船籍註冊國外，並懸掛註冊國旗，此種船即稱權宜船。

74. Forklift System 堆高機系統

堆高機多用於搬運空櫃，此種系統即是堆高機系統。

75. Free Zone 自由貿易區

在某劃定特定區內，可以自由從事加工、更改包裝、轉運等作業，均不課徵關稅，此區域即稱自由貿易區。

76. Freight 運費

運送人為提供運輸服務，所收取的報酬為運費。

77. Freight Collect 運費到付

運費到目的地才由受貨人支付予運送人的方式，為運費到付。

78. Freight Conference 運費同盟
由數家船公司所聯合組成，就會員共同利益，特別是運費條件，相互決定與監督，以維持會員公司共同利益者。

79. Freight Prepaid 運費預付
運費在啓運地，由託運人支付予運送人的方式，爲運費預付。

80. Freight Forwarder 承攬運送人
以自己之名義，爲他人之計算，使實際運送人運送貨物而受報酬之人。

81. Frequency 船期密度
爲定期船每一航次的間隔，即爲船期密度。

82. Full Container Ship 全貨櫃輪
全船結構，特別爲裝載貨櫃而建者，即爲全貨櫃輪。

83. Gantry Crane 橋式起重機
設置於貨櫃碼頭上，專爲裝卸貨櫃的起重機。

84. General 一般性
本書專指船舶運送人的服務，以服務一般貨主的一般需求爲考量，於是稱船舶運送人的服務爲一般性。

85. General Average 共同海損
在發生海難時，少數的犧牲是爲大多數的利益時，獲得施救的部分，須對被犧牲部分分擔其損失，即爲共同海損。

86. General Purpose Container 普通貨櫃
爲屬一般用途的貨櫃，六面除櫃門可開關外，均爲水密構造，使用上最爲普遍。

87. Ground System 地上系統
爲直接將堆積地上的存放方式，爲地上系統。

88. Hanging Container 吊衣櫃
專爲吊掛成衣而裝置的貨櫃，爲吊衣櫃。

89. Hot Line 熱線
本書所指爲船公司間，爲互相查詢對特定客戶報價及有關事宜，所建立起來的諮詢

系統，即稱爲熱線。

90. House B/L 分提單

指承攬運送人所簽發的提單。

91. Hub Port 核心港口

因爲船舶愈造愈大，船舶的高昂營運成本，使無法靠泊每一港口，故次要港口將以集貨船轉運至幾個核心港口，是主要航線的趨勢。

92. Inter-Asia Discussion Agreement, IADA 亞洲運費討論協定

爲由亞洲地區船東所組成，跨越運費同盟與非運費同盟的非正式運費協定，而以IADA名之。

93. Inland Container Depot, ICD 內陸貨櫃場

即位於內陸的貨櫃場，而ICD一般又指功能較爲簡易的，例如：無海關駐場、無CFS者等，與Inland Container Terminal有些不同。

94. Incorporation by Reference 參照併入

以附註方式引用某些條款或規定，但不將完整條文條列的方式。

95. Independent Action 獨立行動權

爲北美航線依據美國1984年《航業法》規定，運費同盟會員公司得基於十天以內之通知，要求運費同盟對其運費或服務獨立報備的權利。

96. Independent Carrier 獨立運送人

即爲非屬於運費同盟的運送人。

97. Individual 個別性

指能針對個別貨主的運輸需求而提供服務的方式，稱爲個別性。

98. Inland Container Terminal 內陸貨櫃場

請參考前述Inland Container Depot的說明。

99. Insurance Broker 保險經紀人

以專業素養，仲介保險業務。

100. Intermodal Transport 複式運輸

爲自收貨地至交貨地間的運輸過程中，涉及兩種以上的運送方式。

101. Interior Point Intermodal, IPI 至內陸點複式運輸

為美國航線的複式運輸之一種，特指至美國的內陸點。

102. Informal Rate Agreement, IRA 非正式運費協定

跨越運費同盟與非運費同盟的非正式運費協定，可為一般性的名稱而中東航線的此種運費協定亦以IRA為名。

103. Itemized Rate 分品目運費

即運費的訂定隨貨物品名而異者。

104. International Standardization Organization, ISO 國際標準組織

為利於國際間的流通，而制定國際共同標準的國際組織。

105. Just-in-Time, JIT 即時化生產技術，又稱即時生產

是一種生產管理的方法學，源自於豐田生產方式。通過減少生產過程中的庫存和相關的順帶成本，改善商業投資管理戰略。

106. Joint Venture 合作經營

舉凡為共同承擔風險而成立的合作經營組織均是。海運公司間共同派船經營某航線的做法，亦稱Joint Venture。

107. Less-Than Container Load, LCL 併櫃

不滿整裝櫃的貨櫃運輸方式之一，貨主以卡車將出口貨物送到貨櫃場進行裝櫃，或是進口貨物，經貨櫃場拆櫃後，貨主以卡車提領回去的作業方式。

108. Loss 滅失

屬於貨損的原因之一，例如：貨物失竊或落海等，貨品整個形體滅失了。

109. Maintenance and Repair Area 貨櫃維修區

為貨櫃場所設專為維修貨櫃的區域。

110. Marine Risks 海上風險

泛稱因海上的危險（perils on the sea），在從事海上運輸時，所可能產生對人身及財物損失的風險。

111. Marshalling Yard 貨櫃整裝場

貨櫃整裝場為供貨櫃臨時存放，以待做下一動作的場地，例如：做船邊作業包括自船上卸下，預備裝船，供貨主提領的交接場地等。

112. Master B/L 主提單

在有海運承攬運送人介入的運務，由船舶運送入簽發的提單即稱爲「主提單」。

113. Me Too 援用

在美國航線，依其1984年《航業法》之規定，對某現有的服務契約，其他貨主可要求以相同條件援用，即稱爲「me too」。

114. Micro-Bridge 微橋運輸

與IPI同義，爲至美國內陸城市的複合運輸。

115. Mid-Stream Operation 中流作業

爲香港的貨櫃裝卸作業方式之一，爲節省直靠碼頭的高昂成本，於是有以駁船靠泊船邊作業，即爲「中流作業」或「浮碼頭作業」。

116. Mini-Landbridge 迷你陸橋

屬美國航線的海陸複合運送之一，爲貨櫃自東岸港口卸下，經由內陸轉運至西岸港口交貨；或貨櫃自西岸港口卸下，經由內陸轉運至東岸港口交貨。

117. Minimum Rate 最低費率

以每一提單爲單位，所應收取的最低額運費。

118. Multimodal Transport Operator 多式運送人

爲自收貨地至交貨地問的運輸過程中，涉及兩種以上的運送方式。

119. Negotiable 可轉讓

正本提單除非有禁止之約定，否則可以經由背書而轉讓，即稱爲「可轉讓」。

120. Network Liability System 網狀責任制

爲複合運輸的責任制度之一，複合運送人的義務將依責任實際發生階段的國際或國內法律規定爲準。

121. Non-Conference 非運費同盟

即非屬運費同盟的組織與會員公司。

122. Non-Negotiable 不可轉讓

當提單有禁止之約定時，即爲不可轉讓，如副本提單。提單的受貨人欄是否爲直接記名式，非關提單的可否轉讓，即使爲直接記名式，仍可經由背書而轉讓。

123. Normal Rate 正常費率

為一般情形下適用的正規費率，與優惠費率對照。

124. Notify Party 受通知人

提單上受通知人欄所記載，於貨到之前，接受運送人通知的人。

125. Non-Vessel Operating Common Carrier, NVOCC 無船公共運送人

依美國1984年《航業法》定義：係指不直接經營船舶而提供海上運輸服務的公共運送人，其與船舶公共運送人的關係為託運人。

126. Ocean B/L 海運提單

即海上運送人所發出可轉讓的提單，與海上貨運單為不可轉讓之性質不同。

127. Operation Difference Subsidy, ODS 營運差價補貼

對懸掛美國國旗的輪船，因須符合美國法律的各種要求，營運成本較高，為維持其競爭力，故對此營運成本差價予以補貼即是。

128. Off Dock Terminal 離岸的碼頭

泛指設在港口岸邊以外的碼頭。

129. On Board B/L 裝船提單

為在貨物裝船後才簽發的提單，載有裝船日期者。

130. On Dock Terminal 岸邊碼頭

指設於港口岸邊上的碼頭而言。

131. On Wheel System 車架系統

原文意思指帶輪子的貨櫃，指貨櫃置於貨櫃車架而言，亦即貨櫃的車架系統。

132. Open Top Container 開頂貨櫃

指屋頂為開放式的貨櫃而言，可方便自頂端吊卸貨物。

133. Optional Charge 選擇卸港費

為貨物交運之時，因真正卸港尚未決定，乃要求運送人將貨櫃安排住一可選擇的位置，俟在船到第一個卸港前再通知運送人，對此種安排運送人將加收選擇卸港費。

134. Original B/L 正本提單
爲全套提單中，背面印有運送權利義務條款，具有流通與物權功能者，除非特別請求，一般運送人均簽發三張正本提單，三張具有同等效力。

135. Peak Season Surcharge, PSS 旺季附加費
這和空櫃調度費類似，只是此項費用既稱爲旺季附加費，可了解它是發生在旺季期間艙位較緊張時才加收。

136. Pendulum Service 鐘擺式航線
爲國輪公司陽明海運率先提出的航線觀念，爲以遠東爲中心，連貫美國與歐洲，恰似時鐘的鐘擺，故謂之爲鐘擺式。

137. Place of Delivery 交貨地
爲貨載在卸貨港以外地點交貨，該地點即謂之交貨地。

138. Place of Receipt 收貨地
爲貨物在裝港以外地點收貨時，該地即稱爲收貨地。

139. Platform Container 平台貨櫃
爲貨櫃結構爲一平台式，方便超大型貨物，如：機械、鍋爐等之裝卸，即爲平台貨櫃。

140. Port Congestion Surcharge 港口擁擠附加費
某一港口因經常性的港口擁擠，致船公司成本大增時，於是加收港口擁擠附加費，以資挹注此額外成本。

141. Port of Discharge 卸貨港
爲提單上所示，貨物應行卸船的港口，即爲卸貨港。

142. Port of Loading 裝貨港
爲提單上所示，貨物裝船的港口，即爲裝貨港。

143. Primary and Primary channel participant integration 主—主型整合
係由主要通路成員中（包含供應商、製造商、批發商、零售商或消費者）的其中一位成員啓動整合的作業，通常爲通路中較有影響力或具標竿效果的成員，帶領參與整合的通路成員進行通路整合的工作。

144. Primary and Specialized channel participant integration 主—專型整合

由於通路技術的進步，許多傳統的主要通路成員面臨突破的困境，顧他們會尋求專業物流公司或流通促進公司進行合作，以改變既有的做法，希望藉由他們的技術合作創造整合的契機。

145. Rate Agreement 運費協定

美國航線的運費同盟均稱爲運費協定，取其爲開放式，且以運費協議爲主要內容之故。

146. Received B/L 收貨提單

運送人於收到托運貨物時即簽發的提單，即爲收貨提單。

147. Reefer Container 冷凍貨櫃

貨櫃附有冷凍機器，可以保持冷凍或冷藏效果的貨櫃。

148. Reefer Plug Area 冷凍貨櫃區

因爲對冷凍貨櫃存放貨櫃場期間，必須供應電力運轉冷凍機器，並定時檢查溫度之設定，故須設冷凍貨櫃區以作服務。

149. Revenue Ton, R/T 收費噸

運費的計算基礎，依貨物的不同，可能從重量噸，也可能從體積噸，取以計算運費的噸量單位，特稱爲收費噸。

150. Roll-on and Roll-off, RO/RO 駛上駛下型

貨櫃的裝卸，如以貨櫃車直接拖上或拖下，即謂駛上駛下型。如用起重機吊上吊下，則爲吊上吊下型。

151. Round The World Service 環球航線

爲1984年長榮海運總裁張榮發先生所創見，異於傳統分段的航線，而將東西向航線連貫成環繞地球的航線，故稱爲環球航線，如今爲一些聯盟（alliance）的航運集團仿效。

152. Rules and Regulations 規則與規定

爲美國航線運價表的一個部分，係運送人向FMC報備，關於使用運價表的原則約定。

153. Said to Contain 據稱

對整櫃運輸的情況，因貨櫃係貨主自行裝拆，運送人無法知悉真正的裝載內容，故對整櫃貨件數的記載，另行註記「據稱」以示件數的記載係據託運人所告知。

154. Sea Waybill 海上貨運單

為海上運送人於貨物裝運以後所簽發的另一種單據，異於海運提單者，在於海上貨運單不具流通性，運送人可逕行交貨予上載之受貨人。

155. Seaworthiness 適航能力

是指船舶在船舶設備、船員配置及船舶給養等方面，均足以擔當某航線之航行任務而言。

156. Second Leg Ship 二程船

原為大陸用語，指第二段銜接的船運。例如：上海一香港一歐洲的話，二程船即指香港一歐洲的航段。

157. Segmented Liability System 分段責任制

運送責任的歸屬，如依運輸階段逐段分開處理的話，即屬分段責任制。

158. Semi-Container Ship 半貨櫃輪

即船舶的設計建造，既可裝運貨櫃，也可裝載一般雜貨，為與全貨櫃輪相對應。

159. Service Contract 服務契約

為運送人與貨主所簽的契約，約定包括：船位、貨量、運費等服務條件。

160. Shifting Charge 翻艙費

因為某種原因，例如：變更卸港等，致貨櫃在船上必須翻艙時，船公司所收取的費用即是。

161. Shipper 託運人

將貨物交運給運送人的人即是。

162. Shipper's Letter of Instruction 託運書

是託運人用於委託承運人或其代理人填開航空貨運單的一種表單，表單上列有填制貨運單所需的各項內容，並應印有授權於承運人或其代理人代其在貨運單上簽字的文字說明。

163. Shipper's Load and Count 貨主裝櫃及計數

為整櫃貨的情形，係由貨主自行裝櫃及計數。

164. Shipping Act, 1984 美國1984年《航業法》

為美國現行關於航業管理及振興的法律，為雷根總統在1984年簽署生效者。

165. Ship's Gear 船上吊桿

為配備於船上的起重機，如無此設備則稱無吊桿（gearless）。

166. Slot Charter 租艙位

有合作關係的船公司間的合作形式之一，互相租用一船上的若干船位使用即是。

167. Shipper's Owned Container, SOC 貨主自有櫃

即貨主所交運的貨載，其使用的貨櫃係由貨主自行提供。

168. Shipping order S/O 託運單

為託運人提出運送要約的格式，例由運送人提供，亦為託運人就其貨物內容、情狀、數量等資料，向運送人為通知的正式格式。

169. Storage 倉租

因貨物存放於貨櫃倉庫，貨櫃場所收取的倉庫使用及管理費。

170. Straddle Carrier system 跨載機系統

貨櫃場內重裝貨櫃使用跨載機為之時，即稱為跨載機系統。

171. Strike Risk 罷工風險

因碼頭罷工造成損失的風險，即為罷工風險。

172. Stuffing Charge 裝櫃費

為運送人所收取，委請貨櫃場代為將零裝貨裝進貨櫃所收取的服務費。

173. Sub-Contractor 履行輔助人

為輔助運送人履行運送契約，接受運送人轉包（sub-contract）一部分作業的人，或可稱為轉包運送人契約人。海運承攬運送人的履行契約方式，為典型的履行輔助，乃將相關資源組織起來，完成運送責任。

174. Subrogation Letter 代位求償書

貨損經理賠以後，受理賠償的一方例會請受益人出具代位求償書，以便賠償人向應

負責的一方求償。

175. Sufficient Packing 充分包裝

爲貨物的包裝度，須能防護運送途中的正常的外力作用，保護貨物，達到如此的程度始稱爲「充分包裝」。在運輸途中發生貨損時，充分包裝與否，往往成爲判定責任歸屬的依據，勿掉以輕心。

176. Surcharge 附加費

爲在正常運費以外所收取的附加費，例如：燃油變動附加費、幣值變動附加費等。

177. Survey Report 公證報告

爲判定貨損發生的原因與程度，請公證人做公證檢查後，所作成的報告即是。

178. Tallyman 理貨員

貨櫃場收取零裝貨時，代表場方點收及就貨物表面做檢查者，即爲理貨員。

179. Tank Container 槽形貨櫃

爲特殊貨櫃之一種，爲槽形（tank）構造，以裝運食用油、潤清油、及石化產品等。

180. Tariff 運價表

爲制定運價的表格，結構以美國航線最爲完整與複雜，大部分航線則相當簡易，可能只是數頁或一頁而已。

181. Telex Release Fee 電報放貨費

託運人不再寄送正本提單，避免遺失，而將全套正本提單在出口地即交還運送人，由運送人發電報通知國外交貨，即稱「電報放貨」，爲此所收取的費用稱爲電報放貨費。

182. Temperature Controlled Container 控溫貨櫃

爲特殊貨櫃之一種，因貨櫃上附裝冷凍機，可以控制溫度。

183. Twenty-Foot Equivalent Unit, TEU 二十呎當量單位

爲貨櫃的計算以二十呎櫃當量爲單位，四十呎櫃則換算成二個二十呎櫃當量。

184. Terminal Handling Charge, THC 貨櫃場作業費

爲運送人所收取，作爲支付在貨櫃場作業的費用。原義甚爲單純，唯如今此項收費

已成爲一項變相的收費，致屢引起貨主強烈抗議。

185. Through Transportation 一貫運輸

爲貨物自啓運地至目的地經由一種以上的運輸方式，但其與貨主間的責任則由提單簽發人，一貫負擔的，即調爲「一貫運輸」。

186. Total Logistics Service 統合物流服務

指從事提供完整物流的服務，在各行各業分工合作的專業趨勢下，爲提高服務的附加價值，物流服務業者應朝擴大服務的深度與廣度的目標發展，始可迎接挑戰。

187. Transit Time 運送時間

爲自啓運地之交貨地間，在途所耗的時間，爲貨主所在意的服務內涵之一。

188. Transtainer System 換載機系統

指在貨櫃場的堆場上，以換載機作爲吊卸重裝櫃的機械。

189. Trade Stabilization Agreement, TSA《航線穩定協定》

屬北美航線，跨運費同盟與非運費同盟間的《航線穩定協議》。可再分：TSA、WTSA及CTSA三個組織，分別爲遠東至美國、美國至遠東及遠東至加拿大。其運作均以艙位限制及制定共同運費及附加費爲穩定運價手段，有本航線上十三家主要航運公司參加，包括我國的長榮海運與陽明海運。

190. Trans-Pacific Westbound Rate Agreement, TWRA 越太平洋西向運費協定

爲自北美至遠東的西向運費同盟，已在1999年4月30日解體。
即爲自北美至遠東的運費同志，北美航線則以運費協定爲名。

191. Unclean B/L 不清潔提單

爲在提單上載有對貨物表面情狀批註字眼的提單，例如：外箱潮濕、彎曲變形等。

192. Uniform Liability System 統一責任制

指在複合運送所涉的責任，不論其損害發生階段均適用相同制度者，爲達到此目標，必須另訂一套國際規則，並不容易。

193. Unimodal B/L 單式運輸提單

爲就單式運輸方式所簽發的提單。

194. Unit Liability Limitation 單位責任限制

國際運輸下，運送人所負的損害賠償責任並非是無所限制的，除非事先通知，並載於提單上，運送人以每一單位為準，有其賠償最高額的限制，例如：我國《海商法》對每一貨運單位的責任限額定為九千元新臺幣。

195. Unstuffing Charge 拆櫃費

為運送人委託貨櫃場代受貨人進行拆櫃作業時，所收取的拆櫃勞務費用。

196. Vessel Operating Common Carrier, VOCC 船舶公共運送人

指營運船舶的公共運送人，其營運之船舶可為自有、租用，甚至只是租用他公司船位。

197. War Risk 戰爭兵險

戰爭在一般保單屬除外不保項目，必須另行加保，例如：在兩伊戰爭期間，對進入荷姆茲海峽的船隻均須另加高額保費，始能享有戰爭兵險保障，出荷姆茲海峽後即再恢復正常保費。

198. VGM: "Verified Gross Mass" 核實貨櫃重量

國際海事組織（International Maritime Organization）修正「《國際海上人命安全公約》第6章」的內容，規定載貨貨櫃於上船前，必須先核實貨櫃重量。此「核實貨櫃重量規則」將從2016年7月1日起施行，禁止沒有核實過重量的裝貨貨櫃上船。適用範圍為全球須遵守《國際海上人命安全公約》規定的貨櫃船。

199. Way Port 順載港口

為遠洋的航運公司在其船舶航經亞洲航線時，以調度空櫃的觀點收取亞洲區間貨載，即稱為「順載」。由於順載的成本考量基礎不同於專營的業者，對市場的影響不小。

200. Vendor Managed Inventory, VMI 供應商管理庫存

是由供應商即時取得顧客的銷售及存貨水準電子資料，並以之建立起一套有效的存貨管理系統，負責為顧客規劃並維持存貨於最佳狀態，使供應鏈的存貨水準大幅降低，更避免了傳統補貨方式的缺貨機率及不必要的存貨持有成本及風險。

201. virtual integration 虛擬整合

是供應鏈成員間彼此緊密協作以取得集中式供應鏈管理的優點，同時又能保持成員各自獨立自主及控制權的一種實務營運模式。

參考書目

一、中文部分

1. 蘇雄義，《供應鏈管理原理、程序、實務》，智勝文化事業有限公司。

2. 蘇雄義，《物流與運籌管理》，華泰文化，2005.1.（二版）。

3. 交通部，《國家貨運發展政策白皮書》，2004.9。

4. 張志清，《航業經營與管理》，航貿文化，2002.9.1.（第二版）。

5. 曾俊鵬，《海運承攬運送業的理論與實務》，作者自印，1997.12。

6. 陳明和，《海空運輸實務論集》，航貿文化，1995.8。

7. 李復甸，《貨櫃運送之法律問題》，聯經出版事業公司，1980.3。

8. 《美國1984年海運法》，長榮出版，1984.12。

9. 《信用狀統一慣例》，國際商會1993年修訂版，國際商會中華民國總會印行，1995.4.（第五版）。

10. 《信用狀統一慣例UCP500（1993年修訂）》，財團法人金融人員訓練中心，1994.3.（第三版）。

11. 《國貿條規1990年版（INCOTERMS 1990）》，國際商會中華民國總會印行，1994.2.（第五版）。

12. 《中國物流年鑑2002》，中國物資出版。

13. 《台灣物流年鑑2003》，經濟部，2004.6。

14. 范迪蔚、吳偉銘，「國籍貨櫃航商船舶大型化行為之研究」，國立高雄第一科技大學運輸與倉儲營運系碩士論文，2001.6。

15. 丁士展、曾國雄，「定期航運航線規劃與收益管理之研究」，國立交通大學交通運輸研究所，2003.7。

16. 張有恆，《運輸管理》，華泰文化，2015.01。

17. 劉南英、楊東連，《商事法概要》，2010.09。

18. 台灣全球運籌發展協會（GLCT）。

19. 宋文官主編，《運輸管理實務》，高等教育出版社，2010.07。

20. 呂錦山、王翊和著，《國際物流管理（第二版）》，滄海書局，2010。

二、英文部分

1. *Lloyd's List.*

2. *Containerisation International.*

3. *Lloyd's Freight Transport Buyer.*

國家圖書館出版品預行編目資料

國際運輸經營管理：理論與案例探討／柴澄麗
著. －－二版. －－臺北市：五南, 2020.09
　　面；　公分
ISBN 978-986-522-225-3(平裝)

1.運輸管理　2.國際貿易

557　　　　　　　　　　　109012916

1F97

國際運輸經營管理：
理論與案例探討

作　　者 — 柴澄麗 (507.1)

發 行 人 — 楊榮川

總 經 理 — 楊士清

主　　編 — 王正華

責任編輯 — 金明芬

助理編輯 — 曹筱彤

封面設計 — 鄭云淨、王麗娟

出 版 者 — 五南圖書出版股份有限公司

地　　址：106台北市大安區和平東路二段339號4樓

電　　話：(02)2705-5066　　傳　　真：(02)2706-6100

網　　址：http://www.wunan.com.tw

電子郵件：wunan@wunan.com.tw

劃撥帳號：01068953

戶　　名：五南圖書出版股份有限公司

法律顧問　林勝安律師事務所　林勝安律師

出版日期　2017年8月初版一刷
　　　　　2020年9月二版一刷

定　　價　新臺幣500元

經典永恆・名著常在

五十週年的獻禮──經典名著文庫

五南，五十年了，半個世紀，人生旅程的一大半，走過來了。

思索著，邁向百年的未來歷程，能為知識界、文化學術界作些什麼？

在速食文化的生態下，有什麼值得讓人雋永品味的？

歷代經典・當今名著，經過時間的洗禮，千錘百鍊，流傳至今，光芒耀人；

不僅使我們能領悟前人的智慧，同時也增深加廣我們思考的深度與視野。

我們決心投入巨資，有計畫的系統梳選，成立「經典名著文庫」，

希望收入古今中外思想性的、充滿睿智與獨見的經典、名著。

這是一項理想性的、永續性的巨大出版工程。

不在意讀者的眾寡，只考慮它的學術價值，力求完整展現先哲思想的軌跡；

為知識界開啟一片智慧之窗，營造一座百花綻放的世界文明公園，

任君遨遊、取菁吸蜜、嘉惠學子！